Stefanie Stadon

DOWN UNDER IM WOHNMOBIL ERFAHREN

CAMPING IN AUSTRALIEN

Tipps und Tricks für Selbstfahrerreisen auf dem Fünften Kontinent

IMPRESSUM
Down Under im Wohnmobil erfahren. Camping in Australien
Tipps und Tricks für Selbstfahrerreisen auf dem Fünften Kontinent
Stefanie Stadon

Bibliografische Information der Deutschen Bibliothek
Die Deutsche Bibliothek verzeichnet diese Publikation in der deutschen Nationalbibliografie.
Detaillierte bibliografische Daten sind im Internet über http://dnb.ddb.de abrufbar

Redaktion und Lektorat: Andreas Walter

Satz und Layout: 360° medien

Gedruckt und gebunden:
LUC GmbH I Hansaring 118 I 48268 Greven I luc-medienhaus.de

Bildnachweis: siehe Seite 312

Sicherheitshinweis: siehe Seite 312

ISBN: 978-3-96855-005-3

Hergestellt in Deutschland

www.360grad-medien.de

Stefanie Stadon

DOWN UNDER IM WOHNMOBIL ERFAHREN

CAMPING IN AUSTRALIEN

Tipps und Tricks für Selbstfahrerreisen auf dem Fünften Kontinent

360° medien
mettmann

Inhaltsverzeichnis

Vorwort

Australien – wie geschaffen für einen *road trip*

Keine andere Reiseart verspricht ein solches Gefühl von Freiheit und Individualität wie eine Campertour quer über den Fünften Kontinent. Man ist unabhängig und fernab überfüllter Touristenpfade unterwegs. Nicht etwa feste Abfahrtszeiten oder Zielorte bestimmen den Reiserhythmus, sondern der eigene Entdeckerdrang. Allerdings kommt dem Camping Down Under eine etwas andere Bedeutung zu, als wir es hierzulande kennen. Statt mit Zelt und Schlafsack sind die Aussies meist mit einem Wohnmobil oder Caravan unterwegs. Und die Weltenbummler aus Übersee tun es ihnen gerne nach – so auch ich.

Seit meiner ersten Reise nach Australien im Jahr 2010 bin ich Feuer und Flamme für dieses Land und seine Art zu reisen. Seither kehre ich immer wieder zurück und erkunde Ecken und Winkel des Kontinents – natürlich am liebsten mit dem Auto. Kaum eine Reiseform vermittelt so viel Freiheit und Nähe zur Landschaft wie das Unterwegssein auf vier Rädern.

Meine private Roadtrip-Leidenschaft ging schließlich in den Beruf über. Mehrere Jahre lang vermittelte ich passende Wohnmobile an aufgeregte Australien-Urlauber und weiß daher gut, welche Informationen entscheidend sind, um angehende Selbstfahrer bestens vorbereitet – und vor allem mit der richtigen Erwartungshaltung – nach Down Under starten zu lassen. Oft begann die Beratung bei anspruchsvollen Etappenplanungen und endete mit dem Hinweis, dass ein Fahrzeug mit 140.000 gefahrenen Kilometern in Australien fast noch als Neuwagen gilt. Die Ausgangslage ist eben doch eine andere, als wenn man mit dem Zelt im Auto nach Italien fährt.

Aus diesem Grund gibt der erste Teil des Buches zunächst einen Überblick über das Streckennetz sowie die Routenplanung. Inhalte wie Verkehrsregeln, Straßenbelag, Distanzen sowie Jahres- und Saisonzeiten sollen dem Reisenden möglichst schon vorab ein gutes Fahrgefühl für Australien vermitteln. Dem Thema Reisen mit Kindern ist ein eigenes Kapitel gewidmet.

Anschließend dreht sich alles darum, das passende Wohnmobil für die bevorstehende Reise zu finden. Teil 2 umfasst Informationen rund um die verschiedenen Campermodelle sowie Vermieter und gibt Einblicke in die Preisgestaltung sowie Ausstattung der Fahrzeuge. Das Kleingedruckte des Mietvertrages darf dabei natürlich ebenso wenig fehlen wie der Exkurs zum Autokauf als Alternative zur Anmietung.

In Teil 3 geht es schließlich für den Leser hinauf auf die Straße. Der umfangreichste Abschnitt des Ratgebers beginnt mit der Abholung des Campers und befasst sich im

Mit einem Hitop-Camper ging es 2018 abseits der Wege durch das Hinterland von New South Wales.

Weiteren mit den Themen Pausen, Tanken oder den berühmten road trains, gibt Auskünfte zu Übernachtungsmöglichkeiten, behandelt mögliche Unterbrechungen und berichtet über den Alltag auf einer Camperreise.

Der 4. Teil stellt einige Routen exemplarisch vor. Kein Ratgeber übers Camping in Australien wäre vollständig ohne eine Erwähnung der legendären Great Ocean Road oder dem Offroad-Abenteuer Gibb River Road. Allerdings halten sich die Infos hier bewusst wage. Weder soll das Buch einen Reiseführer ersetzen noch dem Leser vorgeben, wo er idealerweise entlang zu fahren hat. Denn letztendlich sollte jeder selbst entscheiden, wohin ihn der Weg Down Under führt.

Teil 5 bildet schließlich mit zahlreichen nützlichen Internetseiten und persönlichen Tipps den Ausklang des Ratgeber und runden diesen thematisch ab. Darin enthalten sind nicht nur die Websites der Fremdenverkehrsämter oder Campingplatzverzeichnisse, sondern auch Packtipps sowie ein umfangreiches Camping-Wörterbuch. Reinschauen lohnt sich also.

Eine kurze Anmerkung noch zum Schluss: Der begrifflichen Einfachheit halber spreche ich im Folgenden allgemein von Campern, Campervans oder Wohnmobilen, ohne damit eine bestimmte Größenordnung bzw. Ausstattung des Fahrzeuges zu implizieren.

An diesem Punkt bleibt mir nur zu sagen: Ab hinein ins Fahrvergnügen Australien und „have a good one“!

Stefanie Stadon

Teil 1
Das Land – Selbstfahrerparadies für Unabhängige

Die Highways sind die Lebensadern des Kontinents.

Australien liegt am anderen Ende der Welt - ferner verreist es sich für uns kaum. Doch nicht nur die landschaftliche Traumszenerie sowie einzigartige Tier- und Pflanzenwelt, sondern auch die Gastfreundlichkeit der Einheimischen und schiere Größe Australiens lassen den Besucher eine Anreise von etwa 24 Stunden willig in Kauf nehmen. Auf einer Fläche von 7,6 Mio. Quadratkilometer findet jeder sein bevorzugtes Plätzchen. Paradiesische Strände treffen auf einsames Outback, vorzeitliche Regenwälder auf schillernde Millionenstädte. Australien trägt nicht umsonst den inoffiziellen Titel „Land der Extreme".

Down Unders Sehenswürdigkeiten mögen über eine riesige Fläche verteilt sein, doch sie sind durch ein Netz an endlosen Straßen miteinander verbunden. Entlang der gewundenen Küstenhighways, geradlinigen Hinterlandstraßen oder staubigen Outbackpisten entfaltet sich die wahre Mentalität des Fünften Kontinents. Hier kann der Reisende die Wunder und Weiten Down Unders im wahrsten Sinne des Wortes „erfahren".

Und wie ließe sich das besser tun als mit einem Wohnmobil? Selbst die Australier sind begeisterte Campingfans und haben ihrem Land ein großartiges Setup dafür verliehen. Dazu gehören eine immense Auswahl an Mietfahrzeugen sowie einladende Übernachtungsmöglichkeiten, traumhafte Selbstfahrerrouten oder schlichtweg ein öffentliches Toilettensystem, wie man es sich in Deutschland vergeblich wünscht.

Egal, ob in Nationalparks mitten im Grünen oder auf dem Campingplatz am Meer, bei einer Tour durch das Red Centre oder die Ostküste hinauf Richtung Great Barrier Reef, sei es ein Trip unter Freunden im klassischen Bulli oder als Familie in einem großen Motorhome – Australien offenbart ein Spektakel an Campingerlebnissen, das sich hervorragend auf die eigenen Wünsche abstimmen lässt.

Do as the locals do! Wer sich für einen Campingtrip in Australien entscheidet, lässt sich mitreißen von einer einzigartigen Euphorie des Reisens und wird dabei ein Stück weit selbst australisch. Dem Ruf der großen Freiheit, die dieser Kontinent wohl wie kein anderer verspricht, folgt man einfach am besten auf den eigenen vier Rädern. Denn keine andere Reiseart ermöglicht es zugleich, das Land ganz individuell zu entdecken und dabei Zeit und Raum selbst zu bestimmen. Eine Campertour durch Australien ist nicht weniger als eine atemberaubende, relaxte, abenteuerliche, mitunter unbegreifliche Reise.

1. Life is a Highway

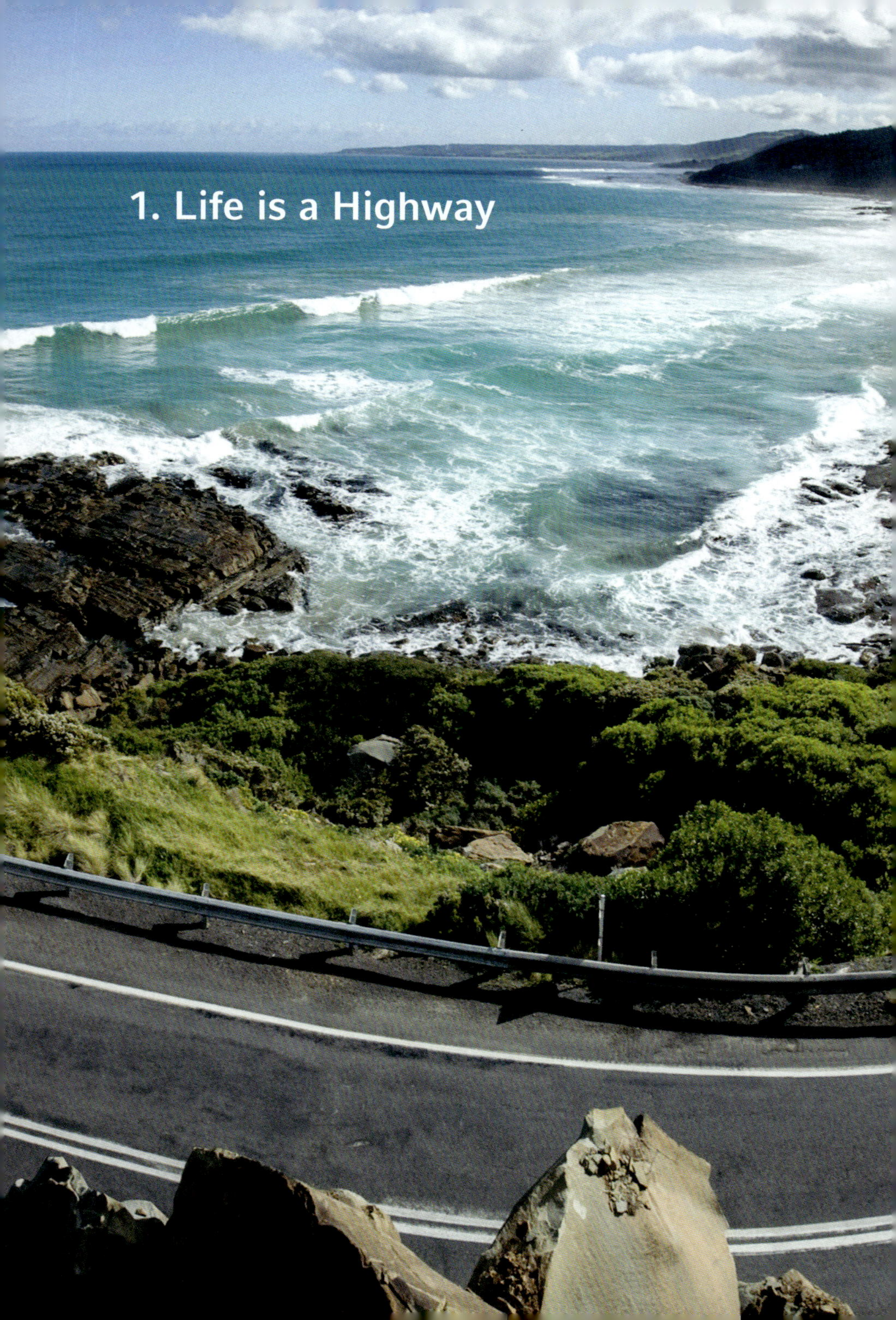

Great Ocean Road

1. Life is a Highway

In Australien spielt das Auto eine zentrale Rolle. Während man sich in den großen Städten gut mit öffentlichen Verkehrsmitteln fortbewegen kann, ist man außerhalb der Ballungsräume meist auf ein eigenes Fahrzeug angewiesen. Kleinere Städte liegen mitunter hunderte Kilometer voneinander entfernt. Nicht in jeder davon gibt es einen größeren Supermarkt geschweige denn Bekleidungsgeschäfte oder Freizeitvergnügungen. Bus- und Zuglinien sind oft deutlich dünner getaktet und bieten nicht immer die gewünschte Flexibilität.

Die Entfernungen, die in Australien mit dem Auto zurückgelegt werden, zählen zu den längsten der Welt. Sie begründeten nicht nur den Nutzen des Autos, sondern auch die Leidenschaft für das Fahren. Australier sind kein Volk von Spaziergängern. Irgendwo „hingehen" bedeutet nicht etwa, die Füße für das Laufen zu nutzen, sondern um damit das Gaspedal hinunterzudrücken.

Auf in den Urlaub mit dem eigenen Caravan

Camping macht glücklich

- Australische Camperurlauber sind im Allgemeinen optimistischer und aktiver als Nicht-Camperurlauber sowie deutlich weniger gestresst und gelangweilt.
- 96 % der Australier glauben daran, dass Camping sie glücklicher macht.
- 94 % der Australier sind überzeugt, dass Camping ihre Batterien auflädt, glückliche Erinnerungen schafft und sie die Natur mehr schätzen lässt.

Angaben basierend auf Real Richness Report 2018 der Caravan Industry Association of Australia (Aktueller Report, keine Neuerhebung seit 2018.)

1.1 Die Leidenschaft fürs Campen

Einheimische Camperurlauber

Wer einen großen Teil seines Alltages mit Vergnügen auf vier Rädern verbringt, tut das erst recht während des Urlaubs. Australien ist eine Campingnation. Aktuelle Branchendaten zeigen, dass der Caravan- und Campingsektor in Australien seit Jahren stark wächst. Im Jahr 2024 wurden rund 15 Millionen Campingreisen unternommen – mit deutlich über 50 Millionen Übernachtungen in Parks und Campgrounds im ganzen Land. Ende 2024 waren in Australien zudem über 900.000 Campingfahrzeuge registriert. Auch wirtschaftlich spielt die Branche eine bedeutende Rolle: Die Besucherausgaben bewegen sich im Milliardenbereich. Diese Zahlen verdeutlichen, welchen festen Stellenwert das Reisen mit Wohnmobil im australischen Alltag einnimmt. Vor allem das Verlangen, mehr vom Land zu entdecken, entfacht ihre Motivation. *On the road* fühlen sich die Australier glücklicher und ausgelassener als andere Reisende.

Niemand versinnbildlicht die Leidenschaft fürs Campen mehr als die *grey nomads*, auch *sundowners* oder *silver nomads* genannt. Die Ü55-Generation verkauft Haus und Hof und verbringt ihren Lebensabend fortan damit, im eigenen Wohnwagen oder Wohnmobil kreuz und quer durch Australien zu touren. Die Chance, ihnen zu begegnen und von ihren Geschichten zu erfahren, ist also sehr hoch.

Camping-Trends

Das sogenannte *gramping* bezeichnet den gemeinsamen Campingurlaub der Großeltern mit ihren Enkelkindern, zusammen gesetzt aus *grandparents* und Camping. *Glamping* ist die Kombinationvon Glamour, also Luxus und Camping.

Internationale Camperurlauber

Der Selbstfahrer-Markt ist für internationale Besucher seit vielen Jahren ein fester Bestandteil des australischen Tourismus. Das Land bietet dafür eine gut ausgebaute Infrastruktur und eine lange Camping-Tradition. Wer Australien mit dem Wohnmobil bereist, trifft auf ein Land, das auf diese Art des Reisens eingestellt ist.

Auch aus Deutschland reisen jedes Jahr viele Urlauber nach Australien. Laut aktuellen Tourismustrends besuchten im Jahr 2024 rund 160.000 bis 170.000 Deutsche das Land. Australien steht damit weiterhin hoch im Kurs – auch bei Reisenden, die das Land flexibel mit dem Camper entdecken möchten.

1.2 Das Straßennetz Australiens

Australien verfügt über rund 900.000 Straßenkilometer. Damit sichert sich der Kontinent einen Platz weit oben unter den Ländern mit dem längsten Straßensystem. Allerdings relativiert sich die Länge beim internationalen Vergleich: Deutschland verfügt über etwa 830.000 Kilometer, die USA über 6,7 Mio. Kilometer! Wenn man bedenkt, dass die USA annähernd genauso groß sind wie Australien, Deutschland hingegen deutlich kleiner, wird offensichtlich, dass ein immenser Teil des Fünften Kontinents nicht durch Straßen erschlossen ist. Dazu reicht ein Blick auf die Landkarte.

Szenische Küstenstrecken wie die Sea Cliff Bridge vor Sydney

Entlang der Ostküste

Die große Mehrheit der australischen Bevölkerung lebt an der Ost- bzw. Südostküste. In der Region zwischen Melbourne, Sydney und Brisbane ist das Straßennetz entsprechend weitläufig ausgebaut. Hier hat der Selbstfahrer eine große Auswahl an unterschiedlichen Streckenführungen, die ihn direkt oder auf Abstechern zum Ziel bringen. Die zentralen Routen führen meist an der Küste entlang und bieten die schönere Szenerie. Sie sind oft länger und während der Hochsaison deutlich verkehrsreicher. Als Alternative ist in der Regel eine kürzere Inlandsroute vorhanden, die jedoch weniger Sightseeing-Potenzial hat. Ein Beispiel dafür ist die Route zwischen Melbourne und Sydney. Während der Princes Highway auf fast gesamter Strecke entlang der Küste verläuft und ein Highlight der South Coast dem nächsten folgt, bietet die Inlandsroute über den Hume Highway höchstens mit der Hauptstadt Canberra eine „klassische Sehenswürdigkeit“.

Im Outback und entlang der Westküste

Je weiter der Urlauber von der Ostküste landeinwärts fährt, desto spärlicher werden die Straßen. Nur wenige Highways führen hier von A nach B, die Streckenführung ist für den Fahrer weitestgehend vorgegeben. Schaut man sich die Straßenkarten des Northern Territory und South Australias an, sticht eigentlich nur ein Highway besonders hervor: der Stuart Highway. Er verbindet über mehrere tausend Kilometer hinweg die regionalen Hauptstädte Darwin und Adelaide.

Nirgendwo offensichtlicher ist der Mangel an Straßen allerdings in Western Australia. Das ist nicht etwa inkompetenten Straßenbauern geschuldet, sondern der geringen Einwohnerdichte. Rund 3 Mio. Menschen leben im größten Bundesstaat Australiens, über 2,3 Mio. davon in und um Perth. Reger Verkehr herrscht hier nur im Süden. Auch wer mal eben schnell querfeldein durch Australien reisen möchte und nicht gerade einen Geländewagen hat, muss dafür erhebliche Umwege in Kauf nehmen. Die Luftlinie zwischen Perth und Alice Springs beträgt vielleicht nur 2000 Kilometer, doch gemessen in Straßenkilometern legt der Fahrer mühelos 3700 Kilometer zurück.

Je abgelegener und dünner besiedelt eine Region ist, desto spärlicher fallen also die Zufahrtswege aus. Ob diese dann auch für jeden Camper befahrbar sind, hängt maßgeblich vom Straßenbelag ab.

Das grobe Straßennetz Australiens

N
Mt Borradaile
KAKADU NAT PARK
Katherine
LAKEFIELD NAT PARK
DAINTREE NAT PARK
STAATEN RIVER NAT PARK
Port Douglas
Cairns
LAWN HILL NAT PARK
Tennant Creek
Townsville
GREAT BARRIER REEF MARINE PARK
Mt Isa
NORTHERN TERRITORY
Mackay
Alice Springs
DIAMANTINA NAT PARK
Wilson Island
Rockhampton
Gladstone
QUEENSLAND
SIMPSON DESERT NAT PARK
Bundaberg
WITJIRA NAT PARK
Maryborough
Sunshine Coast
SOUTH AUSTRALIA
LAKE EYRE NAT PARK
Toowoomba
BRISBANE
Bourke
Parachilna
FLINDERS RANGES NAT PARK
NEW SOUTH WALES
Broken Hill
Tamworth
Dubbo
Lord Howe Island
Whyalla
Port Pirie
WOLLEMI NAT PARK
Hawks Nest
Orange
Bathurst
Newcastle
Mildura
BLUE MOUNTAINS NAT PARK
SYDNEY
ADELAIDE
Griffith
Wollongong
Goulburn
Wagga Wagga
CANBERRA
Kangaroo Island
ACT
Albury
The Grampians
Bendigo
Wodonga
KOSCIUSZKO NAT PARK
VICTORIA
SNOWY RIVER NAT PARK
Ballarat
Mt Gambier
Geelong
MELBOURNE
Torquay
Spirit of Tasmania
CRADLE MTN LAKE ST CLAIR NAT PARK
Launceston
TASMANIA
Gordon River
HOBART

1.3 Der Straßenbelag entscheidet

Befestigte Straßen

Etwa die Hälfte der rund 900.000 Straßenkilometer sind befestigt, d.h. geteert, asphaltiert oder betoniert. Darunter fallen die *national highways* oder auch *nationalroutes* genannten Fernstraßen, die die Zentren der Bundesstaaten untereinander verbinden sowie Landstraßen, sogenannte *state roads*, die kleinere Städte im Hinterland mit den Hauptverkehrsadern verlinken. Jene sogenannten *sealed* oder *paved roads* bringen den Fahrer zu den wichtigsten Zielen des Landes. Wer mit einem Camper unterwegs ist, hat auf den klassischen Routen keinerlei Probleme, vorwärts zu kommen.

Asphaltierte Highways verbinden die Zentren des Landes.

Unbefestigte Straßen

Möchte man sich auf die verbleibenden, nicht befestigten Straßen wagen, benötigt man ganz klar einen Geländewagen. Die sogenannten *unsealed roads* werden auch als *gravel, formed* oder *dirt roads* bezeichnet. Dabei handelt es sich um Schotterstraßen, Sandpisten oder sonstige Wege mit losem Belag. Auf den Landkarten fallen sie zumeist in die Kategorie *other roads & tracks* oder *minor roads*. Sicherlich ist es jedem, der ein eigenes Auto hat, überlassen, ob er der Schotterstraße über Kilometer folgt und Schäden am Unterboden oder Kratzer im Lack in Kauf nimmt. Mit einem Mietcamper jedoch sind solche Abenteuerfahrten ein Risiko für jede Versicherungsdeckung. Doch dazu später im Teil 2 mehr.

> **TIPP: Straßenzustand**
> Falls die beste Karte nichts hergibt, ist, Internet vorausgesetzt, die Satellitenansicht bzw. Street View von Google Maps eine große Hilfe, um den Straßenbelag zu bestimmen.

Für Offroad-Fahrer ist Australien ein Paradies auf Erden. Mit einem Geländewagen und den nötigen Erfahrungen kommt der Abenteurer hier ganz auf seine Kosten. So ist die größte Sandinsel der Welt, Fraser Island. nur mit Geländewagen befahrbar. Und auch der Old Telegraph Track oder die legendäre Gibb River Road lassen sich, wenn überhaupt, nur mit einem 4WD bezwingen. Nähere Routendetails können in Teil 4 nachgelesen werden.

Roter Sand, soweit das Auge reicht

Nicht jede Route, die einen Highway im Namen trägt, ist übrigens befestigt. Zuverlässiger sind die Legenden der Straßenkarten. Je dünner eine Straßenlinie auf der Karte erscheint, desto unwahrscheinlicher ist fester Belag.

Fahren auf gut Glück

Nach eigener Erfahrung sind jedoch mitunter selbst die besten Reiseführer oder Karten irreführend. So standen wir während unserer Camperfahrt im Südwesten von Western Australia häufig vor dem Problem, dass der Weg zu einer angepriesenen Sehenswürdigkeit nur über eine unbefestigte Straße erreichbar war. In den Infobroschüren gab es dazu keinerlei Hinweise. Ein anderes Mal versicherte uns die Dame aus der Touristeninformation, dass unsere geplante Route zum Cape le Grand National Park ebenfalls ohne Weiteres mit unserem Hochdachcamper befahrbar sei. Ein wenig später tuckerten wir mit gefühlten 10 km/h über eine rote Schotterpiste, die zuvor auf der Karte von der netten Dame als *sealed* markiert worden war. In solchen Situationen heißt es abwägen. Handelt es sich um eine vergleichsweise kurze Zufahrtsstraße, kann diese auch mit einem normalen Auto unter Vorsicht und im schleichenden Fahrmodus befahren werden. Manchmal lässt sich das auch gar nicht vermeiden. Auf unserer Fahrt nach Kalgoorlie wurde der Highway auf recht langer Strecke neu asphaltiert, eine Umleitung gibt es im Outback nicht wirklich. Für eine gute halbe Stunde hieß es daher, ab aufs rote Fahrparkett und anschließend direkt in die Waschanlage.

Adopt a Highway

Entlang australischer Straßen tauchen immer wieder Schilder mit dem Hinweis „Adopt a Highway" oder ähnlichen Formulierungen auf. Dahinter verbergen sich meist freiwillige Programme, bei denen Gemeinden, Vereine oder engagierte Privatpersonen einen Straßenabschnitt übernehmen und regelmäßig von Müll befreien.

1.4 Fahr- und Verkehrsregeln in Australien

Linksverkehr

Die größte Sorge fahrender Touristen in Australien gilt in der Regel dem Linksverkehr. Selbst routinierte Autofahrer verbringen die erste Zeit hinterm Steuer unter höchster Anspannung. Doch die Gewohnheit hält oft schneller Einzug als gedacht. Denn wenn alle links fahren, schließt man sich dem als Fahrer naturgemäß an. Es bleiben einige wenige, heikle Verkehrssituationen, die besondere Aufmerksamkeit erfordern, z. B. das Abbiegen auf Kreuzungen. Als ich einmal von einem Aldi-Parkplatz fuhr, ertappte ich mich dabei, dass ich in der rechten statt linken Spur stand. Gott sei Dank kam in diesem Moment kein anderes Auto, mein Fahrfehler blieb also unbemerkt. In diesen Situation helfen Hinweise in den Mietcampern, die mehr als deutlich an den Linksverkehr erinnern und daran, dass man zuerst nach rechts und dann nach links schaut.

Gefahren wird links, gesteuert rechts.

Da auf der „falschen“ Straßenseite gefahren wird, befinden sich das Lenkrad, die Handbremse sowie der Schaltknüppel auf der anderen Seite im Auto bzw. werden mit der anderen Hand bedient. Keine Sorge, auch als Rechtshänder lässt es sich erstaunlich gut mit links schalten. Ebenfalls vertauscht sind Scheibenwischer- und Blinkerhebel, Ursache des Urlauber-Fahrerklischees schlechthin. So erkennt man einen Touristen im Auto leicht daran, dass er den Scheibenwischer benutzt, obwohl die Sonne scheint und währenddessen ohne zu blinken abbiegt. *No worries* – die Routine kommt schneller als erhofft und bleibt. Wer nach mehrwöchigem Australienurlaub erstmals wieder mit dem Auto zur Arbeit fährt, steigt mitunter auf der rechten Seite ein und greift mit den Händen vor sich ins Leere. So erging es zumindest einem guten Freund, der für drei Wochen mit uns im Camper tourte und die meiste Zeit auch fuhr. Zurück in der Heimat wunderte er sich tatsächlich, wer sein Lenkrad im Auto ausgebaut hätte, ehe er es auf der vermuteten Beifahrerseite wiederfand.

Der Linksverkehr und damit verbundene Fahrweisen beanspruchen die wohl größte Fahrkonzentration der Reisenden. So wird auf mehrspurigen Straßen in der linken Spur gefahren und auf der rechten überholt. Im Kreisverkehr fährt man im Uhrzeigersinn und nicht diesem entgegen. Aber Achtung, nicht alles findet „auf links gedreht“ statt: An Kreuzungen gilt wie hierzulande rechts vor links. Auch andere Regeln sind dem Fahrer von Zuhause vertraut. Autos auf der durchgehenden Straße haben Vorrang gegenüber Fahrzeugen aus Einmündungen. Ist die Linie auf der Straße unterbrochen, darf überholt werden; ist sie durchgezogen, heißt das Überholverbot. Es gilt unbedingte Anschnallpflicht. Telefonieren während der Fahrt ist nur mit Freisprechanlage erlaubt. Fahren unter Alkohol- und Drogeneinfluss ist strengstens untersagt. Die Promillegrenze liegt bei 0,05 Prozent. In manchen Bundesstaaten gilt darüber hinaus Rauchverbot im Auto, falls Kinder mitfahren.

Linksherum im Kreisverkehr!

Der Verkehr in Australien hat neben dem Linksverkehr weitere Besonderheiten zu bieten, die das Fahren nicht nur fließender, sondern auch ein Stück weit herausfordernder, aber vor allem sicherer machen.

Kreisverkehr

An Ampeln hält der Urlauber in Australien eigentlich nur in den größeren Städten. Außerhalb davon regelt sich der Verkehrsfluss reibungslos und schnell über Kreisverkehre, den sogenannten *roundabouts*. Fahrzeuge im Kreisverkehr haben Vorrang. Per Blinker wird bereits beim Einfahren die Richtung der Ausfahrt angezeigt. Mit dieser Regelung soll den wartenden Autos frühzeitig deutlich gemacht werden, wo im Kreisverkehr befindliche Fahrzeuge abbiegen. Wer nach rechts oder links blinkt, nimmt folglich die unmittelbar nächste Ausfahrt bzw. umrundet den Kreisverkehr. Kein Blinken indiziert das Fahren geradeaus. Die eigentliche Ausfahrt wird kurz vorher mit einem Linksblinken angedeutet. Aber selbst die Australier wissen mitunter nicht so richtig, wann genau sie eigentlich beim Rundendrehen blinken müssen.

Hook Turn in Melbourne

Hook Turns

Eine bei Touristen berüchtigte Verkehrsregel gibt es im Bundesstaat Victoria, genauer gesagt im Stadtzentrum von Melbourne. Hier regeln sogenannte *hook turns* das Abbiegen auf Kreuzungen mit Straßenbahnverkehr. Entsprechende Straßenschilder geben den Hinweis. Bei einem *hook turn* ordnet sich der Fahrer äußerst links ein, um rechts abzubiegen. Bei grüner Ampel fährt er bis zu einem ausgewiesenen Punkt auf die Kreuzung hinauf und biegt nach rechts ab, sobald die Ampel für diese Fahrtrichtung grün zeigt bzw. der Gegenverkehr dies zulässt. So werden die Straßenbahngleise nicht durch abbiegende Autofahrer blockiert.

Tramverkehr
In einigen australischen Städten verkehren Straßenbahnen oder Light-Rail-Züge. Haltestellen befinden sich nicht immer auf eigenen Verkehrsinseln. Autofahrer sollten daher besonders aufmerksam fahren und auf ein- und aussteigende Passagiere achten.

Außerhalb der Städte und Ballungszentren sind die Bahnübergange in der Regel unbeschrankt. Auch wenn kein Zug in Sicht ist, reduziert der Fahrer besser die Geschwindigkeit und schaut mehrmals nach rechts und links.

Straßenführung

Mehrspurige Straßen, wie wir es von den Autobahnen hierzulande kennen, gibt es Down Under nur selten. Außerhalb der Metropolen sind die Highways zumeist zweispurig, was ein Überholen gelegentlich ziemlich langatmig und herausfordernd macht. Hier leisten wiederkehrende Überholspuren, die *overtaking lanes*, gerade in kurvenreichen Gegenden Abhilfe. Auf riskante Überholmanöver sollte bei uneinsehbarem Straßenverlauf also verzichtet und stattdessen auf die nächste Überholspur gewartet werden.

Des Weiteren ist es ratsam, den rückwärtigen Verkehr im Auge zu behalten. Nähert sich z. B. ein Truck, ist zu bedenken, dass dieser einen deutlich längeren Bremsweg hat. Abruptes Stoppen oder Schleichen, weil man noch schnell das Känguru am Straßenrand fotografieren möchte, bringen jeden Truckfahrer berechtigterweise zur Weißglut und in die Bredouille. Wer sich mit einem australischen Lkw im Nacken nicht wohl fühlt, lässt diesen überholen. Der Truckfahrer zeigt sich dankbar. Andersherum indiziert dieser per Blinker, dass die Straße vor ihm frei ist und man ohne Mühe überholen kann. Auf australischen Straßen herrscht ein Geben und Nehmen.

Achtung Wildwechsel

Wildwechsel

Ebenso ist auf den regen Wildwechsel zu achten, gerade außerhalb der Städte. Kängurus, Emus, Rinder- und Schafherden sowie weitere wanderlustige Tiere schlendern ohne Rücksicht auf nahende Vierräder über die Straßen. Die Gefahr

Beliebtes Fotomotiv bei Urlaubern

ist zur Dämmerung besonders hoch, aber auch am Tage sollte im wahrsten Sinne des Wortes vorausschauend gefahren werden. Viele Farmen verlaufen am Highway entlang. Mitunter kreuzen Zäune die Straße. Sogenannte *grids*, in den Boden eingelassene Gitter, halten die Herden davon ab, Reißaus zu nehmen. Beim Überfahren dieser *grids* sollte der Reisende besser vom Gas gehen, ansonsten wird es ruppig.

Baustellen

Förderlich für langsames Fahren sind ebenso *dips*, plötzliche Fahrsenken, sowie *construction sites*, also Baustellen. Diese sind durch zahlreiche Verkehrshütchen markiert und bieten mit den Stoppschild-Haltern ein markantes Fotomotiv. Denn steht infolge der Bauarbeiten nur eine Fahrspur zur Verfügung, regulieren nicht etwa Ampeln den Verkehrsfluss, sondern Bauarbeiter, die nichts anderes tun, als ein Verkehrsschild mit den Aufschriften „Stop" und „Go" herumzudrehen. Und das bei jeder Wetterlage. Ein Lächeln und Danke-Sagen seitens des Fahrers gilt hier als Zeichen des Mitgefühls.

Geschwindigkeit

An die Geschwindigkeitsbeschränkungen in Australien hat sich so mancher Fahrer erst zu gewöhnen. Denn diese geben deutlich weniger Spielraum nach oben als in der Heimat. Auf den Highways gilt ein Limit von 100 bis 110 km/h. In Wohngebieten sind 50 km/h zugelassen, in beruhigten Straßen- oder Schulzonen 30 bis 40 km/h. Schilder am Straßenrand verweisen auf die geltende Geschwindigkeit. Wo es keine solchen gibt, z. B. entlang unbefestigter Straßen, gelten die Standard-*speed limits* des jeweiligen Bundesstaates. Nicht nur der Sicherheit wegen, sondern auch dem Geldbeutel zuliebe sollten diese strikt befolgt werden. Verhängte Bußgelder liegen deutlich über den uns geläufigen und erreichen schnell dreistellige Dollarbeträge.

TIPP: Bußgeldhöhe
Eine gleich aussehende, vorbeiziehende Landschaft, eine gerade Strecke sowie fehlender Gegenverkehr stören die Wahrnehmung der eigenen Geschwindigkeit mitunter erheblich. Ohne sich dessen bewusst zu sein, zeigt der Tacho schnell 120 bis 130 km/h. Also Fuß runter vom Pedal, sonst wird es teuer! Einen Überblick über die Höhe der Bußgelder gibt es im Teil 5.

Straßenkontrollen & Bußgelder

Die australische Polizei führt regelmäßig Verkehrskontrollen durch und zeigt bei Verstößen keinerlei Kulanz, auch nicht gegenüber Touristen. Mobile oder stationäre *speed cameras* messen die Geschwindigkeit. Alkoholpegel, Gurtpflicht, eventuell erforderliche Plaketten etc. werden penibel geprüft. Zu größeren Events oder an Wochenenden ist die Polizeipräsenz erhöht. Eine besondere Regelung tritt an Feiertagen in Kraft: Zwischen Weihnachten und Neujahr sind die Fehlerpunkte bzw. Bußgelder grundsätzlich doppelt so hoch wie üblich – eine wirkungsvolle Abschreckung zu verkehrsintensiven Saisonzeiten.

An Feiertagen wird verstärkt kontrolliert und in doppelter Höhe kassiert.

Verkehrsdelikte von Urlaubern sind nicht durch eine etwaige Versicherung des Vermieters abgedeckt. Ein Ticket fürs Parken im Halteverbot sollte, wenn möglich, umgehend beglichen werden. Gelangt der Bußbescheid zum Vermieter als Fahrzeughalter, droht neben dem eigentlichen Bußgeld eine zusätzliche Bearbeitungsgebühr. Wer versucht, durch Ausreise eventuellen Strafzahlungen zu entgehen, kommt wohl oder übel davon. Ob diese jedoch bei erneuter Einreise wieder ans Licht kommen, bleibt ein offenes Risiko. Darüber hinaus räumt sich der Vermieter über den Kreditkarten-Durchschlag das Recht ein, nachkommende Bußbescheide von der Kreditkarte zu berechnen.

Viehherden haben „Vorfahrt".

Plaketten im Fahrzeug

In einigen australischen Autos sieht der Urlauber an der Windschutz- und Heckscheibe eine L-oder P-Plakette. Die L-Plakette verweist auf einen Fahrschüler im Auto. Fahrer mit einem P-Schild befinden sich in der zwei- bis vierjährigen Probezeit. Das Anbringen der Plaketten ist Vorschrift in Australien.

Überblick über gängige Verkehrsschilder

- Geschwindigkeitsbegrenzung

- kommende Geschwindigkeitsbegrenzung

- Vorfahrt gewähren

- Kreisverkehr

- Einbahnstraße

- *hook turn*, d.h. links einordnen für Rechtsabbiegen

- kommende Überholspur

- links fahren, rechts überholen

- Abbiegen Verboten

- Umkehren Verboten

- kommende Baustelle mit Geschwindigkeitsbegrenzung

- kommender Stopp

- enge Brückenüberfahrt

- Umleitung

- kurviger Straßenverlauf

- Kreuzung

- linke Spur endet, rechts einordnen

- Gefahrenstelle, z. B. beschädigte Straße

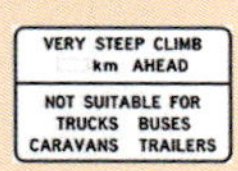

- kommender Fahrbahnanstieg, nicht für jedes Fahrzeug geeignet

- verkehrsberuhigter Bereich

- Schulzone mit Geschwindigkeitsbegrenzung

- Fußgängerübergang

- Fußgänger haben Vorrang

- runter vom Gas

- Bahnübergang

- falsche Fahrspur

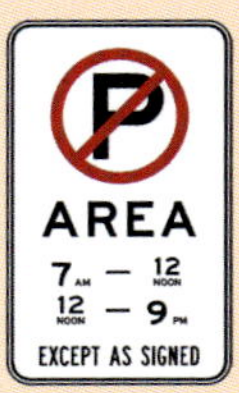

- Parkverbot

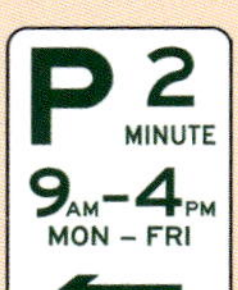

- Parkzeiten

- kreuzende Viehherden haben Vorrang

- drohender Wildwechsel

- Senke in der Fahrbahn

- Hochwasserkanal

- Schotterstraße

- rauer Straßenbelag

- loser Straßenbelag

- Viehgitter in der Straße

- Bodenwelle

- Rüttelstreifen auf Fahrbahn

2. Streckenplanung

Eine grobe Streckenplanung ist hilfreich.

2. Streckenplanung

Dass die Entfernungen in Australien größer ausfallen als in der Heimat, kann in Bezug auf eine geplante Camperreise nicht oft genug betont werden. Wohin möchte man fahren? Was möchte man unbedingt sehen, was nur vielleicht? Und wie viel Zeit hat bzw. nimmt man sich dafür? Diese Fragen sind die Eckpfeiler eines Trips mit einem Mietcamper. Sowohl der Abhol- und Abgabetag als auch -ort stehen fest. Damit ist der Reiseroute zwar nicht der Verlauf, aber die Richtung vorgegeben. Ein *open end* gibt es nicht, es sei denn, das Auto ist gekauft statt gemietet. Damit einher geht ein gewisser Freiheitsverlust beim Reisen. Die eigene Unabhängigkeit wird der bevorstehenden fixen Abgabe geopfert. Doch wer realistisch und bedächtig an die Planung herangeht, gibt nur so viel an Flexibilität auf, wie er wirklich muss. Zu berücksichtigen sind dabei sowohl die Saison als auch das Wetter. Den Anfang macht allerdings das Bewusstsein für die Weiten des Landes.

2.1 Zeit als Maß aller Dinge

Viele Reisende verbringen mehrere Wochen in Australien. Doch selbst in dieser Zeit lässt sich längst nicht jeder Winkel des Kontinents entdecken. Nur welche Strecken sind für diese Zeit realistisch und – viel wichtiger – auch empfehlenswert?

Kurvige Strecken reduzieren die Fahrgeschwindigkeit.

Entfernungen

Aus beruflicher, aber auch persönlicher Erfahrung weiß ich, dass die Entfernungen eine der größten Unterschätzungen für Camperreisen in Australien sind, gerade für Selbstfahrer. Natürlich möchte man möglichst viel sehen, wenn man schon einmal Down Under ist. Die Anreise war schließlich teuer genug. Und wer weiß, ob oder wann man das nächste Mal wiederkommt. So ist der weit abseits im Nirgendwo stehende Uluru wahrhaftig ein störrisches Hindernis für jede ambitionierte Reiseplanung. Auch wir haben bei einer Tour schon den Fehler gemacht, uns zu viel Strecke zuzumuten. So hatten wir für die Fahrt von Melbourne bis zur Gold Coast gerade einmal sieben Tage zur Verfügung. Zwar sind wir pünktlich am Ziel angekommen, aber von der Tour ist nicht viel in Erinnerung geblieben. Dafür war einfach zu wenig Zeit, die Szenerie und Erlebnisse entlang des Weges zu verinnerlichen.

Es mag schwer fallen, einen Routenabschnitt links liegen zu lassen, um andernorts mehr Zeit zu haben, aber weniger ist für Autoreisende in Australien tatsächlich mehr. Nur so kann man die Eindrücke unterwegs auch wirklich genießen. Eine machbare Strecke zu fahren und weiter entfernte Orte mit dem Flugzeug anzusteuern, sofern Zeit dafür bleibt, wäre eine weitere Alternative. Schließlich spricht nichts gegen eine Campertour von Melbourne nach Sydney, um von dort nach Alice Springs zu fliegen.

TIPP: Entfernungen richtig einschätzen

Um die Distanzen zu verinnerlichen, hilft es bei der Vorbereitung ungemein, in europäischen Dimensionen zu denken. Die Strecke Melbourne – Sydney entspricht der Entfernung zwischen Paris und Prag. Auf der Fahrt von Perth nach Darwin käme man in Europa nach dem Start in Madrid in St. Petersburg an. Natürlich kann der Urlauber die besagten Strecken auch in wenigen Tagen zurücklegen – mit einem Bleifuß und wenig Abwechslung zwischendurch. Doch wer will das schon?

Begrenzte Zeit

Erschwerend bei der Streckenplanung wirkt der begrenzte Urlaubsanspruch. Länger als ein Monat ist oftmals nicht drin. Es gilt, die Zeit ideal zu nutzen. Ob ideal bedeutet, so viel wie möglich zu sehen oder sich einen ausgewählten Zipfel des Landes genauer anzuschauen, ist Geschmackssache. Mit einem Camper hat man den Luxus, sein Tempo weitestgehend selbst zu bestimmen. Der Weg ist das Ziel – zugegeben ein vielleicht abgedroschenes, aber berechtigtes Motto für Wohnmobilfahrten Down Under. Letztendlich reist man nicht, um schnell von A nach B zu kommen, sondern um das C, D und E unterwegs zu entdecken.

Vierstellige Kilometerangaben sind keine Seltenheit auf den Schildern.

Drei Wochen in Australien sind eine tolle Zeit, um z. B. entspannt von Sydney aus die Ostküste nach Cairns hinauf zu fahren. Das australische Fremdenverkehrsamt empfiehlt Selbstfahrern für diese rund 2600 Kilometer lange Strecke eine Reisedauer von ca. zwei Wochen. Zum Vergleich: Für die Route Perth – Darwin (4030 Kilometer) sollten mindestens drei Wochen eingeplant werden, was nicht sehr viel mehr erscheint angesichts der deutlichen längeren Strecke. Warum also nur wenige Tage mehr? Ganz einfach: An der Westküste gibt es deutlich weniger zu sehen. Weit und breit nichts außer rotem Sand und weißem Strand mit ein wenig Asphalt und Zivilisation mittendrin. So fährt man in Western Australia längere Strecken am Stück und kommt schneller voran. An der dicht besiedelten Ostküste hingegen tourt der Selbstfahrer von einer Touristenattraktion zur nächsten, auch wenn es nur eine überdimensionale Banane in Coffs Harbour ist. Mehr Verkehr und häufigere Pausen sorgen hier für ein langsameres Reisen.

Einschränkungen

300 Kilometer am Tag sind ein machbarer und damit empfehlenswerter Fahrdurchschnitt. Man kommt gut vorwärts und hat genügend Zeit für Erkundungen und Pausen. An einigen Tagen wird vielleicht weniger gefahren, an anderen dafür mehr, weil z. B. das Wetter schlecht ist. So pendelt sich die Fahrdistanz im Verlauf der Reise auf ein gemächliches, aber stetiges Vorwärtskommen ein. Doch selbst die beste Theorie kommt in der Praxis gelegentlich ins Wanken. In

Zeitempfehlung für beliebte Routen, inkl. Sightseeing

Strecke	Distanz in km	Zeit, mind.
Melbourne – Sydney	880	5 Tage
Sydney – Brisbane	920	6 - 7 Tage
Brisbane – Cairns	1680	10 Tage
Perth – Darwin	4030	21 Tage
Darwin – Alice Springs	1500	6 Tage
Alice Springs – Adelaide	1540	6 Tage
Adelaide – Perth	2700	10 Tage
Adelaide – Melbourne	730	5 Tage

Queensland ist das die Dämmerung, die bereits gegen 17/18 Uhr den Himmel schwarz einfärbt und jede Weiterfahrt zum Konzentrationswagnis macht. Wer denkt, hier locker bis 21 Uhr auf den Straßen unterwegs zu sein, wird mit hoher Wahrscheinlichkeit von scheinwerfergeblendeten Kängurus ausgebremst. Auf Tasmania oder an der Küste zwischen New South Wales und Victoria reduzieren kurvige Straßen die Geschwindigkeit. 100 km/h zeigt der Tacho hier nur selten.

Und schließlich zerstört ein ganz natürliches Urlaubsverlangen die Kilometerplanung für den Tag – die Entdeckerlust. Eigentlich waren die Sightseeing-Aktivitäten des Tages abgehakt, als ein Einheimischer im Café von einem spektakulären Aussichtspunkt abseits des Weges erzählt. Was tun? Den Abstecher wagen und damit das Erreichen des Etappenziels riskieren oder ihn links liegen lassen und mit Bestzeit durchs Ziel fahren? Egal, für welche Variante der Urlauber sich entscheidet: Je großzügiger die Streckenplanung ist, desto mehr Zeit bleibt für ungeahnte Entdeckungen und desto entspannter lassen sich Verzögerungen abfedern. Denn beim Thema Pannen sind wir noch gar nicht angekommen, siehe Seite 182 ff.

2.2 Fahren nach Jahreszeit

Um eines der hartnäckigsten Klischees gleich zu Beginn auszuräumen – nein, in Australien scheint nicht an 365 Tagen im Jahr die Sonne. Hier fällt sogar Schnee, was für Camperreisen nicht unbedeutend ist. Als sechstgrößtes Land besitzt Australien mehr als eine Klimazone. Hier prallen tropische

Der Winter Australiens bringt Bodenfrost im Süden.

auf europäische Wetterverhältnisse, die sich grob gesagt am Wendekreis des Steinbocks die Hand reichen. Dieser durchläuft Australien von Exmouth in Western Australia über Alice Springs im Zentrum hinüber nach Rockhampton in Queensland.

Klimawandel
In den vergangenen Jahren häuften sich hierzulande die Meldungen über großflächige Buschfeuer bzw. Überschwemmungen in Australien, so z.B. die verheerenden Buschfeuer 2019/2020 im Südosten des Landes.

Wie auch im Kapitel 13.4 (siehe Seite 193) erwähnt wird, gehören beide Naturphänomene seit jeher zum Klima Down Unders dazu. Allerdings treten sie häufiger auf bzw. sind mitunter folgenschwerer.

Klima im Süden des Landes

Südlich davon herrscht weitestgehend gemäßigtes Wetter, das sich in vier Jahreszeiten aufteilt, die unseren entgegengesetzt sind. Der Frühling dauert von September bis November, die Sommermonate Dezember bis Februar gehen in den Herbst von März bis Mai über. Und zwischen Juni und August hält der australische Winter Einzug. Dieser fällt nicht annähernd so frostig aus wie unserer. Vielmehr entspricht er von den Temperaturen her dem Herbst. Einige Gebiete wie die Victorian Alps oder Snowy Mountains verwandeln sich allerdings in ein Winter-Wonderland mit Skipisten und Sesselliften. In den letzten Jahren meldeten auch die Blue Mountains bei Sydney oder die Grampians nördlich der Great Ocean Road Schneefall. Der sorgt aber in den seltensten Fällen für Chaos auf den Straßen. Doch es schadet nicht, den Vermieter nach Schneeketten zu fragen, falls man in den Wintermonaten in den höheren Lagen zwischen Melbourne und Sydney unterwegs sein möchte. Auch ohne Frau Holle sorgen Minusgrade nachts für Eiskristalle an den Fensterscheiben und vereiste Türen. Dickere Kleidung, gerade zum Schlafen, kann ich nur wärmstes empfehlen. Ist man an der Küste unterwegs, sind die Nächte spürbar milder.

Im Norden drohen zur Regensaison überflutete Straßen.

TIPP: Camping im Winter
Aufgrund der kühlen Außentemperaturen verbringt der Urlauber während der Wintermonate tendenziell mehr Zeit im Camper, vor allem abends. Die Campingstühle werden nur selten aufgestellt, die Markise so gut wie gar nicht ausgefahren. Hinsichtlich des Komforts sollte daher ein Fahrzeug gewählt werden, in dem man sich ohne Platzangst länger auf der Pelle hocken kann.

Während die Wintermonate einen Insektenschutz unnötig machen, gehören Mückennetze im Sommer zu den unbedingten Ausstattungsmerkmalen eines Wohnmobils. Nächtliche Temperaturen weit über 20 Grad sind keine Seltenheit. Wer unter diesen Umständen das Fenster nicht öffnen kann, da sonst unzählige Blutsauger mit der Arbeit loslegen, sitzt morgens sehr unausgeschlafen am Steuer. Auch eine Klimaanlage gehört nicht bei jedem Modell und Vermieter zur Grundausstattung. Bläst die Lüftung bei 35 Grad Außentemperatur zu viel heiße Luft ins Auto, sorgt selbst die beste Playlist beim schweißtreibenden Fahren für keine gute Laune. Doch all der Jammer ist vergessen, sobald die Füße ins Meer tauchen und vom Grill leckerer Steakgeruch hinüberweht. Schließlich ist man im Sommerurlaub!

Klima im Norden des Landes

Je weiter der Urlauber Richtung Norden fährt, desto mehr wird das Klima von der Trocken- und Regenzeit bestimmt. Während der *dry season* von Mai bis Oktober sind die Temperaturen angenehm warm bis heiß und das Wetter größtenteils trocken. Von November an hält die *wet season* Einzug in die Region der Kimberleys in Western Australia, in das Top End rund um Darwin im Northern Territory sowie auf der Cape York Peninsula und in der Region um Cairns in Queensland. Bis in den März hinein fällt wiederholt mal schwacher, mal starker Regen, tropische Gewitterstürme ziehen durch das Land, die Temperaturen sinken kaum, die Luftfeuchtigkeit ist extrem hoch, es wird unerträglich schwül. Der November ist zumeist der heißeste, unerträglichste Monat, Januar und Februar sind die nassesten Monate der *wet season*.

Von Camperfahrten hinauf in den Norden raten die Vermieter während der Regenzeit ab. Mitunter passen sie in den betroffenen Monaten die Öffnungszeiten ihrer dortigen Niederlassungen an oder schließen sie. Die Gründe dafür sind naheliegend: Mit einsetzendem Regen werden viele der Straßen überflutet. Davon betroffen sind nicht nur Zufahrtsstraßen, sondern auch die zentralen Highways. An ein Weiterkommen ist ohne Geländewagen nicht zu denken. Selbst wenn das Wasser allmählich zurückweicht, ist die Straße darunter oft so stark beschädigt, dass diese zunächst unbefahrbar bleibt. Sofern keine alternative Route zur Verfügung steht, hängt der Camper fest und die Reiseplanung kommt gehörig ins

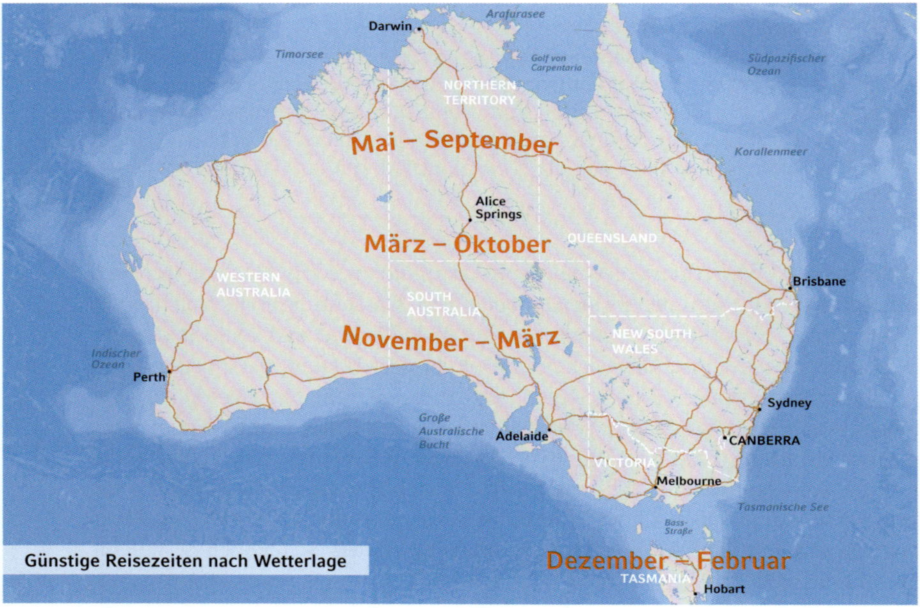

Günstige Reisezeiten nach Wetterlage

Wanken. Naht ein Zyklon, ist ein Wohnmobil darüber hinaus kein geeigneter Zufluchtsort. Wer zur Regenzeit fährt, reist auf eigenes Risiko und sollte daher vor allem Flexibilität hinsichtlich Zeit und Streckenführung einplanen. Sowohl der Rückgabeort als auch das Abgabedatum stehen bei Einbuchung fest. Gibt der Mieter den Camper aufgrund von Überschwemmung zu spät oder anderswo als vertraglich vereinbart ab, muss er mit nachträglichen Gebühren rechnen.

2.3 Fahren nach Saison

Ob in Australien Hoch- oder Nebensaison herrscht, ist an die Jahreszeit der Reiseregion gekoppelt. Zwischen Dezember und Februar zeigt sich im Süden der Sommer von der sonnigsten und die Hochsaison von der teuersten Seite. Wird es im April zunehmend kühler, bewegt sich der Touristenstrom allmählich in nördliche Gefilde. Mit der hier einsetzenden Trockenzeit kehrt das touristische Leben in den Norden des Kontinents zurück und läutet die *high season* ein, während der Süden in den wohlverdienten Winterschlaf geht.

Reisen in der Hochsaison

Eine Campermiete zur Hochsaison hat die gleichen Begleiterscheinungen, wie man es auch von der Flug- oder Hotelbuchung kennt: erhöhte Nachfrage, knappes Angebot, hohe Preise. Einen wesentlichen Unterschied gibt es jedoch: Nach

Last-Minute-Schnäppchen hält der Weltenbummler bei der Wohnmobilanfrage vergeblich Ausschau. Hier gilt: Je früher, desto besser! Erst wenige Wochen vor Abreise buchen oder gar erst vor Ort nachfragen, endet fast sicher ohne passendes Fortbewegungsmittel oder mit einer deutlich geschrumpften Reisekasse. Je näher die Hochsaison rückt, desto exorbitanter steigen die Mietpreise. Erfahrungsgemäß sind die günstigsten Modelle am schnellsten ausgebucht. Es kommt zum Dominoeffekt: Die Nachfrage stürzt sich auf den nächsten, halbwegs erschwinglichen Camper, bis auch dieser nicht mehr verfügbar ist. Hinzu kommen Mindestmieten. Über das Jahr liegen diese meist bei fünf bis sieben Tagen. Während der Hochsaison oder Feiertage betragen diese gut und gerne auch zehn Tage oder mehr. Auf diese Weise stellt der Vermieter eine bestmögliche Auslastung der Flotte sicher. Mehr dazu im 2. Teil des Buches.

Der Sommer in Sydney ist auch für Camperurlauber verlockend.

Auf die Spitze getrieben wird der Wettlauf um den Wunschcamper zwischen den Jahren, dem Reisezeitraum mit der höchsten Nachfrage. Die Mietpreise liegen weit über dem Jahresdurchschnitt, nicht selten bekommt der Anfragende schon Monate im Voraus ein „ausgebucht" zu hören. Selbst wenn noch Mietfahrzeuge verfügbar sind, ist unter Umständen der Wunschabholtag nicht mehr frei. Übersteigen die Abholungen und Abgaben die Kapazitäten des Depots, muss der Mieter auf den Folgetag ausweichen. Wer diese emotionale und finanzielle Achterbahn ungern fahren möchte, fragt den Camper für Mieten in der Hochsaison sehr frühzeitig an. Unter Umständen gibt es dann sogar noch einen *Early-Bird*-Rabatt.

TIPP: Camping zwischen den Jahren
Wer auf den eigenen vier Rädern an Weihnachten in Melbourne losfahren möchte um an Silvester in Sydney anzukommen, sollte allerspätestens im September sein rollendes Gefährt reserviert haben, um einen Spießrutenlauf nach verfügbaren und erschwinglichen Fahrzeugen zu vermeiden.

Zu den Feiertagen campen besonders viele Einheimische.

Neben der erhöhten Nachfrage an Wohnmobilen offenbart sich die Hochsaison während der Camperreise noch auf anderen Wegen. Zu den Touristen gesellen sich die Einheimischen, die ihren Sommerurlaub als begeisterte Camper ebenfalls *on the road* verbringen. Auf den gängigen Touristenrouten sind deutlich mehr Autos unterwegs. Außerdem ist es ratsam, am Tag zuvor bei Campingplätzen nach Verfügbarkeiten und Konditionen zu fragen. Unter Umständen sind bereits alle Stellplätze belegt oder an Mindestmieten von mehreren Nächten gebunden. Und natürlich sind die Übernachtungs- sowie Spritpreise auf einem Jahreshoch.

Reisen in der Nebensaison

Wer etwas klimaresistenter oder ungern in einem fahrenden Urlauberstrom unterwegs ist, liebäugelt mit einem Campingurlaub zur Nebensaison. Im Süden des Landes muss man sich dafür zwar etwas wärmer anziehen und im Norden gießt es unter Umständen aus Kübeln. Aber dafür kommt man in den Genuss überzeugender Vorteile: Wohnmobile sind in der Regel noch sehr kurzfristig und inklusive eventueller *low season discounts* preiswert zu buchen. Ist man mit seinem Wunschfahrzeug zum Schnäppchenpreis erst einmal unterwegs, teilt man die Highways höchstens mit einigen Trucks. Campingplätze sind leerer und ebenfalls deutlich günstiger. Meist kann der Besucher seinen Stellplatz frei wählen und steht nicht Tür an Tür mit einem anderen Camper. Und schließlich ist das Benzin spürbar billiger.

Leere Campinplätze im Winter bedeuten freie Platzwahl.

Vielleicht mag das touristische Angebot nicht ganz so ausgeprägt sein wie zur Hochsaison und eventuell zeigt sich der australische Petrus von seiner launischen Seite. Aber ein Campertrip zur Nebensaison ist nicht nur kostensparender, sondern bietet den Luxus, durch weniger Reservierungsstress mehr ins Blaue hinein fahren zu können. Letztendlich erblickt der Selbstfahrer in dieser Zeit Australien so, wie es nur wenige Urlauber zu Gesicht bekommen – fernab des gängigen Postkartenmotivs sozusagen. Gerade der Norden ist zur Regenzeit eine Augenweide: tosende Wasserfälle, riesige Seen, eine lebendige Tierwelt und Grün, so weit das Auge reicht. Nicht umsonst wird die *wet season* auch als *green season* bezeichnet.

Camping zur Hoch- oder Nebensaison – ein Vergleich

	Vorteile	**Nachteile**
Hochsaison	• Sommer, Sonne, Sonnenschein • Camping-Gefühl mit Barbecue, Fischen etc. • viele touristische Angebote • Outdoor-Aktivitäten • unterwegs unter Gleichgesinnten • ideale Straßenbedingungen • kaltes Bier schmeckt besser	• Mindestmieten für den Camper • teure Miet- und Unterkunftspreise • überfüllte Campingplätze • hohe Spritpreise • dichter Verkehr • Reservierungsstress vorab • stechende Plagegeister und aktive gefährliche Tiere
Nebensaison	• kurzfristige Camperbuchung möglich • günstige Miet- und Übernachtungspreise • leere Campingplätze • billiger Sprit • leere Straßen • Flexibilität • Australiens Natur von einer anderen Seite	• kältere Temperaturen (Winter) bzw. extreme Schwüle (Regenzeit) • schwierige Straßenverhältnisse (Schnee o. Flutwasser) • Camping findet eher im Camper als draußen statt • eingeschränktes touristisches Angebot • weniger Mitcamper

3. Reisen mit Kindern

Picknick mit Kindern am Pebbly Beach

3. Reisen mit Kindern

Trotz der mitunter beschwerlichen und langen Anreise nach Australien zieht es immer mehr Eltern mit ihren Kindern für einen mehrwöchigen Urlaub nach Down Under. Ein gemieteter Camper ist für die Familie oft das bevorzugte Reisemittel. In den Weiten des Internets findet der interessierte Leser zahlreiche Erfahrungsberichte und Reiseblogs zu diesem Thema. Bezüglich der Motivation stimmen fast alle Beiträge überein: Gerade die Elternzeit ist ein idealer Moment, um für längere Dauer ohne Zeitdruck weit entfernte Regionen zu entdecken. Auch wenn der Nachwuchs erst einige Monate alt sein mag, stellt dies für wenige Eltern ein Wagnis dar. Ganz im Gegenteil: Ein Baby erlebt den Flug sowie das Umherreisen meist entspannter als ältere Kinder oder gar die lieben Eltern – nämlich schlafend. Also nur weil Australien am anderen Ende der Welt liegt, sollte das keine Hürde für gemeinsame Familienurlaube sein. Es bedarf lediglich ein wenig mehr Vorbereitung und Recherche.

3.1 Australien – ein kinderfreundliches Land

Kinder erfreuen sich an den Tieren Australiens.

Sicheres Reiseland

Australien gehört zu den sichersten Reiseländern weltweit, die Kriminalitätsrate ist entsprechend gering. Außerdem verfügt das Land über einen hohen Hygiene- und Gesundheitsstandard, was besonders für Familien ein entscheidender Pluspunkt bei der Länderauswahl ist. Mit Englisch als Amtssprache gestaltet sich die Verständigung im Alltag sowie im Notfall außerdem sehr einfach. Die Lockerheit und Unbekümmertheit der Einheimischen zeigt sich ebenso im alltäglichen Umgang mit Kindern. So sorgen z. B. Stillen in der Öffentlichkeit oder auch schreiende Kinder für kein größeres Augenverdrehen.

Überzeugend ist vor allem die Infrastruktur des Landes. In den Supermärkten und Drogerien bekommen Eltern alle nötigen Dinge für den Nachwuchs, in den Apotheken im Bedarfsfall auch ohne Rezept hilfreiche Arzneien bei kleineren und größeren Wehwehchen. Es ist nicht erforderlich, mit einem Wochenvorrat an Windeln oder Babypuder im Gepäck nach Australien zu reisen. Öffentliche Toiletten mit Wickelräumen finden sich in jeder kleineren Stadt. Großzügige und gepflegte Spielplätze sowie Parkanlagen sorgen für Unterhaltung, die aufgestellten Sonnensegel für den nötigen Sonnenschutz der Kleinsten.

TIPP: Spielplatzsuche

Unter www.playgroundfinder.com (auch als App) finden Eltern eine Auflistung vieler Spielplätze für jeden Bundesstaat. Oder man entscheidet sich gleich für den größten Buddelkasten der Welt – Fraser Island.

Ebenso viel zu entdecken gibt es entlang der Strecke: Unzählige Zoos und interaktive Museen laden zum Besuch ein, Themenparks, vor allem an der Gold Coast, bringen selbst Mama und Papa zum Lachen. Und an den unzähligen Stränden lassen sich hervorragend unter professioneller Aufsicht der *life guards* Sandburgen bauen. Gerade für Aktivitäten in der freien Natur ist Australien ein regelrechtes Abenteuerland für die Kleinsten. Hier erleben und entdecken sie Dinge, wie sie es zu Hause nur aus Büchern kennen: tosende Wasserfälle, gigantische Bäume sowie super-süße oder spannende Tiere.

Gefährliche Tierwelt?

Hinsichtlich der bekanntermaßen gefährlichen Tierwelt Australiens herrscht oft Bedenken. Schließlich gehören giftige Schlangen und Spinnen genauso wenig zu den Dingen, die man Down Under unbedingt gesehen haben muss, wie berüchtigte Haie oder Quallen. Wer aufmerksam mit der nötigen Vorsicht durch das Land reist, geht jedoch kein Risiko für die Kleinen ein. Haben z. B. die Schuhe nachts draußen gestanden, genügt in der Früh ein Blick hinein, um sicherzustellen, dass keine Spinne darin genächtigt hat. Warnschilder am

Strand geben Aufschluss darüber, ob und wie sich der Nachwuchs bedenkenlos im Wasser abkühlen kann. Und sollte entgegen jeglichen Erwartens doch etwas passieren, ist die australische Ambulanz bestens auf solche Vorfälle vorbereitet.

3.2 Das Wohnmobil als ideale Familienkutsche

Heim auf vier Rädern

Ein Campingtrip ist die perfekte Möglichkeit, Australien als Familie unbeschwert zu erkunden. Das Heim auf vier Rädern verspricht eine Routine auch an fremden Orten, was gerade für die Kleinen wichtig ist. Sie schlafen jede Nacht im selben Bett, wenngleich vor anderer Kulisse, und ihr Spielzeug hat einen festen Aufbewahrungsplatz im Fahrzeug. Auch für die Eltern bedeutet ein Urlaub im Wohnmobil weniger Stress. So muss das Gepäck nicht ständig umgeladen werden und das Lieblingskuscheltier wird nicht im Hotel der letzten Nacht vergessen. Ein Camper entwickelt sich für alle Reisenden zu einem vertrauten Zuhause mit selbstgewähltem Tagesrhythmus. Als Schlafplatz eignen sich die zahlreichen

Camping in Australien ist auch ein Abenteuer für die Kleinsten.

Campingplätze des Landes. Gerade größere Ketten wie „G'Day Parks“ oder „BIG4 Holiday Parks“ sind überaus kinderfreundlich angelegt. Spielplätze oder Swimmingpools erfreuen das Kinderherz, gepflegte Wasch- und Kochküchen das Elternherz. Und da viele australische Familien selbst mit dem Camper unterwegs sind, entstehen hier kurzweilige oder langlebige Freundschaften zwischen Groß und Klein.

Richtige Auswahl & Planung

Damit den Sprösslingen bei der Fahrt nicht zu langweilig wird, sind die täglichen Strecken besser kurz zu halten. Stundenlanges Fahren, nur um des Vorwärtskommens willen, bringen selbst das geduldigste Kind früher oder später zum Zappeln. Regelmäßige Pausen oder Sightseeing zwischendurch sorgen stattdessen für die nötige Abwechslung. Um kindgerechte Outdoor-Aktivitäten sicherzustellen, sollte ein Augenmerk auf der richtigen Reisezeit liegen. Wer in den Wintermonaten unterwegs ist, riskiert aufgrund von schlechtem oder kaltem Wetter tendenziell mehr Aufenthaltszeit im Wohnmobil statt in der freien Natur. Im Hochsommer oder kurz vor der Regenzeit hingegen sorgen selbst schattige Plätze kaum für Abkühlung; der ständige Wechsel zwischen Klimaanlage und heißen Außentemperaturen schwächt das stärkste Immunsystem.

Um nicht nur stressfrei, sondern auch komfortabel zu reisen, achten Eltern bei der Camperauswahl besser auf eine großzügige Raumaufteilung. Die beste Planung

TIPP: Was tun für eine unbeschwerte Camperreise mit Kindern

- Den Campertrip gemeinsam planen: Aktivitäten zusammen auswählen, die Strecke auf der Karte nachzeichnen, Tagesetappen festlegen.
- Für Unterhaltung während der Fahrt sorgen: z. B. Malstifte, Kartenspiele oder Bücher. Weniger geeignet sind Puzzle oder Lego, da sie bei der Fahrt schnell in den Ecken des Campers verloren gehen.
- Mehrere Tage am gleichen Ort verbringen: Man „holt Luft" zwischen den ständigen Ortswechseln und hat mehr Zeit für längere Aktivitäten wie Wandern.
- Interessante Outdoor-Aktivitäten planen: Der Sonnenuntergang am Meer mag für Kinder nicht ganz so spannend sein wie für die Eltern. Daher auch für „Action" sorgen, wie z. B. bei aufregenden Bootstouren mit Krokodil-Spotting oder mit dem Quad über Sanddünen rauschen.
- Alternative Aktivitäten bei schlechtem Wetter: Die vier Wände eines Campers werden schnell erdrückend. Australische Museen sind z. B. weitaus interaktiver als hierzulande gestaltet und damit für Kinder besonders interessant. Auch bei heißem Wetter sind die klimatisierten Räume sehr erfrischend.
- Die Entdeckerlust schüren: Mit einer Einwegkamera halten die Kleinen ihre ganz eigenen Erinnerungen an den Urlaub fest.
- Feste Aufgabenverteilung: Alltägliche, kleine Aufgaben wie den Camper an den Strom anschließen oder, wenn erlaubt, das Holz für das Lagerfeuer sammeln, erhöhen nicht nur das Verantwortungsbewusstsein der Kinder, sondern auch das bewusste Erleben des Campings.

nützt nichts, falls kaum Stauraum für Spielzeug oder Windeln vorhanden ist und allabendlich das Gepäck umher geräumt werden muss, um die Schlafplätze zu schaffen. Auch die Sitzanordnung ist von Bedeutung. Bei manchen Campertypen liegen die Sitze im Innenraum an der Heckklappe und damit recht weit entfernt vom Fahrer.

3.3 Gesetzliche Vorschriften

Anforderungen an den Kindersitz

Australien genießt einen der strengsten Sicherheitsstandards, wenn es um die Mitnahme von Kindern in Fahrzeugen geht. So muss ein Kin-

TIPP: Vermietung von Kinderzubehör fürs Camping
- www.hireforbaby.com
- www.allbabyhire.com.au

Nur geprüfte Kindersitze dürfen genutzt werden.

dersitz dem australischen Standard entsprechen, der sich über ein Prüfzeichen am Gehäuse mit der Aufschrift „AS/NZS 1754" erkennen lässt. Ein mitgebrachter Sitz ist daher rechtlich nicht automatisch zugelassen, selbst wenn er sicher ist. Bei vielen Vermietern können die Eltern daher einen passenden Kindersitz hinzu buchen. Alternativ besteht die Möglichkeit, diesen zu erschwinglichen Preisen vor Ort zu kaufen oder auch zu mieten.

Wo darf das Kind im Camper sitzen?

- Kinder bis zu sechs Monaten (ca. 9 kg) müssen in einer Babyschale auf der Rückbank, also im Innenraum des Campers sitzen. Die Babyschale muss rückwärtsgewandt an einem *anchor point* angebracht sein.
- Kinder bis zu vier Jahren (ca. 8-18 kg) müssen in einem Kindersitz auf der Rückbank, also im Innenraum des Campers, sitzen. Der Platz muss über einen sogenannten *anchor point* verfügen. Der Kindersitz darf rückwärts oder in Fahrtrichtung angebracht sein.
- Kinder zwischen vier und sieben Jahren (oder älter, ca. 14-26 kg) müssen in einem Kindersitz oder auf einer Sitzerhöhung im hinteren Bereich des Fahrzeuges sitzen. Ausnahme: Sofern alle hinteren Plätze durch jüngere Kinder besetzt sind oder das Wohnmobil über keine Sitze im Wohnraum verfügt (z. B. Hitop), darf das Kind auf dem Beifahrersitz sitzen. Dies wird von den Vermietern jedoch nicht empfohlen und z. T. auch nicht zugelassen.
- Kinder ab einer Körpergröße von 1,45 m benötigen keinen Kindersitz mehr.

Nötige Erfordernisse im Camper

Nicht nur das Prüfsiegel des Kindersitzes ist entscheidend, sondern auch, wo dieser im Fahrzeug positioniert werden kann. Babyschalen, Kindersitze und z. T. auch Sitzerhöhungen verfügen in Australien über eine sogenannte *teather strap*, eine Fangleine, die zusätzlich zum Dreipunktegurt als Befestigung dient. Diese wird dafür an einem *anchor point*, einem Ankerpunkt im Gehäuse des Fahrzeugs, eingehakt. Nicht jeder Wunschplatz im Wohnmobil verfügt über einen solchen Ankerpunkt bzw. wenn ja, unter Umständen nicht in der erforderlichen Anzahl. Zudem behalten sich einige Vermieter vor, Kinder erst ab einem bestimmten Alter mitfahren zu lassen, z.B. ab sechs Monaten.

Vor der Einbuchung des Campers sollten die Eltern daher frühzeitig mit dem Vermieter oder Vermittler Rücksprache halten, ob und wie viele Kinder im Wunschfahrzeug mitreisen dürfen und wenn ja, wo sie sitzen können.

Teil 2
Das Fahrzeug – Ein Heim auf vier Rädern

Der Camperpreis unterliegt vielen Faktoren.

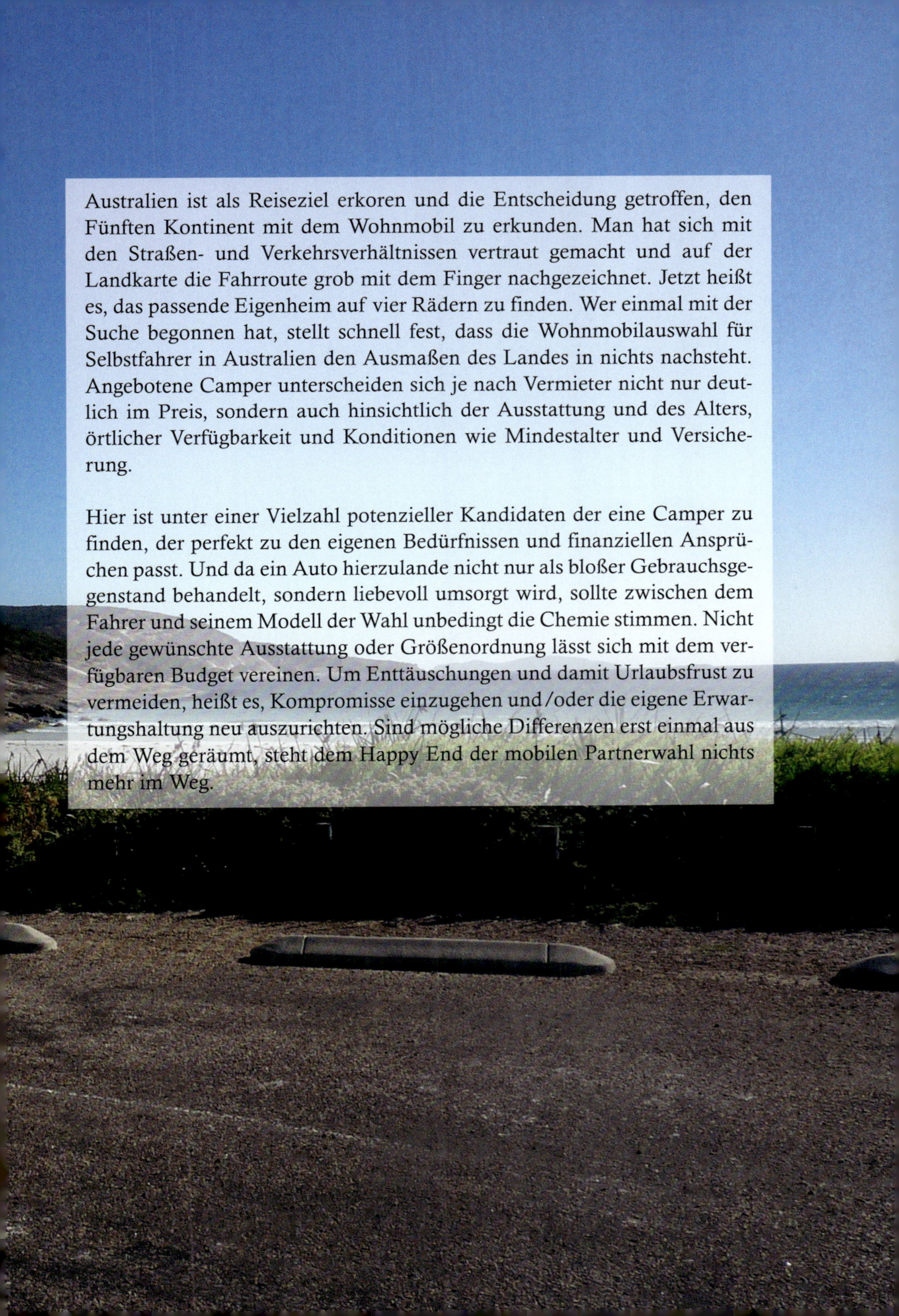

Australien ist als Reiseziel erkoren und die Entscheidung getroffen, den Fünften Kontinent mit dem Wohnmobil zu erkunden. Man hat sich mit den Straßen- und Verkehrsverhältnissen vertraut gemacht und auf der Landkarte die Fahrroute grob mit dem Finger nachgezeichnet. Jetzt heißt es, das passende Eigenheim auf vier Rädern zu finden. Wer einmal mit der Suche begonnen hat, stellt schnell fest, dass die Wohnmobilauswahl für Selbstfahrer in Australien den Ausmaßen des Landes in nichts nachsteht. Angebotene Camper unterscheiden sich je nach Vermieter nicht nur deutlich im Preis, sondern auch hinsichtlich der Ausstattung und des Alters, örtlicher Verfügbarkeit und Konditionen wie Mindestalter und Versicherung.

Hier ist unter einer Vielzahl potenzieller Kandidaten der eine Camper zu finden, der perfekt zu den eigenen Bedürfnissen und finanziellen Ansprüchen passt. Und da ein Auto hierzulande nicht nur als bloßer Gebrauchsgegenstand behandelt, sondern liebevoll umsorgt wird, sollte zwischen dem Fahrer und seinem Modell der Wahl unbedingt die Chemie stimmen. Nicht jede gewünschte Ausstattung oder Größenordnung lässt sich mit dem verfügbaren Budget vereinen. Um Enttäuschungen und damit Urlaubsfrust zu vermeiden, heißt es, Kompromisse einzugehen und/oder die eigene Erwartungshaltung neu auszurichten. Sind mögliche Differenzen erst einmal aus dem Weg geräumt, steht dem Happy End der mobilen Partnerwahl nichts mehr im Weg.

4. Preisgestaltung der Campermiete

Je größer der Camper, desto tiefer muss man in die Tasche greifen.

4. Preisgestaltung der Campermiete

Preis pro Kalendertag

Der Mietpreis eines Campers wird pro gebuchtem Kalendertag berechnet und damit unabhängig von der Uhrzeit. Wer das Fahrzeug also erst um 16 Uhr abholt, zahlt für diesen Tag ebenso den vollen Preis wie derjenige, der bereits um 9 Uhr abgibt. Die gültigen Tagesraten werden auf Grundlage unterschiedlicher Berechnungsmodelle ermittelt. Einige Vermieter bestimmen ihre Konditionen nach Saisonphasen, wodurch innerhalb einer festgelegten Periode die Tagessätze weitestgehend konstant bleiben. Andere Anbieter hingegen nutzen sogenannte *flexrates*, in denen die aktuelle Nachfrage für das gewünschte Modell, die Strecke und den Zeitraum einkalkuliert sind. Daher werden die Preise regelmäßig, meist einmal pro Woche, je nach Auslastung angepasst.

Inkludierte Leistungen

Im Preis enthalten sind in der Regel eine Standardhaftpflicht- und -kaskoversicherung sowie Grundausstattung und unbegrenzte Freikilometer. Letzteres ist gerade für australische Streckenverhältnisse ein kostensparender Bonus, wenn man etwas mehr vom Land bereisen möchte als nur die Vororte von Sydney. Ausnahme sind die Geländewagen, für die meist ein Tageslimit von 300 Kilometer/Tag vorgegeben ist. Für jeden weiteren Kilometer kommt eine Pauschale hinzu.

Zwischen Maui und Jucy liegen Welten, was den Mietpreis betrifft.

Weitere Preiseinflüsse

Davon abgesehen variieren die Mietpreise für Camper in Australien stark. Nicht nur die Fahrzeuggröße und Ausstattung, sondern weitere naheliegende, aber auch unerwartete Kostenpunkte beeinflussen den endgültigen Preis. In vielen Angeboten werden zunächst besonders attraktive Einstiegspreise beworben. Dabei handelt es sich jedoch meist um den reinen Basistarif ohne Zusatzleistungen. Kosten für Versicherungsoptionen, Zusatzequipment, Einweggebühren sowie saisonale oder streckenabhängige Zuschläge kommen häufig noch hinzu. Sobald Reisedaten, Route und gewünschte Extras feststehen, steigt der Gesamtpreis daher spürbar an.

4.1 Zusätzliche Kostenfaktoren

Vermieter: In Australien existieren je nach Zielgruppe diverse Camperkategorien mit verschiedener Preisausrichtung. Sogenannte *low cost*-Camper sind besonders bei Backpackern beliebt, während Interessenten von luxuriösen Wohnmobilen deutlich mehr Geld für die Miete ausgeben. Steigende Qualität bedeutet höhere Kosten.

Fahrzeuggröße: Je größer das Modell, desto teurer das Gesamtpaket. Die Anzahl der Mitreisenden spielt allerdings eine Rolle, denn der Mietpreis gilt pro Fahrzeug. Je mehr Insassen an Bord sind, desto günstiger wird es für den Einzelnen.

Versicherung: Der Standardpreis beinhaltet in der Regel eine Basisversicherung unter Einbezug einer Selbstbeteiligung sowie Kaution. Wer seine wertvollen Ersparnisse nicht für Lackschäden, geplatzte Reifen und Auffahrunfälle ausgeben möchte, bucht ein zusätzliches Versicherungspaket. Mehr Schutz hat natürlich seinen Preis.

Für jeden weiteren Fahrer falllen i.d.R. Gebühren an.

Reisezeit: Zur Hochsaison schellen die Mietpreise aufgrund der enormen Nachfrage in astronomische Höhen. Aber auch an stark besuchten Events wie dem Formel 1 Grand Prix in Melbourne liegen sie über dem Jahresdurchschnitt.

Reisestrecke: Die gewünschte Route beeinflusst ebenfalls den Preis. Wer im Dezember in Cairns auf Tour sein möchte, fährt in der tiefsten Nebensaison und hat dank kräftiger Regengüsse und Schwüle gespart. Für Trips von Melbourne nach Sydney hingegen kostet der gleiche Camper für den gleichen Zeitraum ein kleines Vermögen.

Einwegmiete: Für Mieten, die nicht den gleichen Abgabe- wie Abholort haben, verlangt der Vermieter häufig eine einmalige Einweggebühr. Diese ist meist umso höher, je weiter abgelegen und weniger nachgefragt eine der gewählten Niederlassungen ist. Ab einer bestimmten Mietdauer entfällt mitunter die Einwegmiete.

Mietlänge: Mit steigender Mietdauer sinkt der Tagesmietpreis. Grund dafür sind einkalkulierte Langzeitrabatte, die meist ab drei bis vier Wochen zum Tragen kommen. Bucht der Reisende zwei Camper desselben Anbieters zu unterschiedlichen Zeiträumen, aber in einer bestimmtem Periode (meist drei Monate), kann er sich über Ermäßigungen für die Mehrfachmiete freuen. Da einige Vermieter auch Depots in Neuseeland oder in den USA haben, lässt sich eine Miete dort ebenso anrechnen.

Feiertage: Haben die Niederlassungen an Feiertagen geöffnet, wie am 2. Weihnachtsfeiertag oder an Neujahr, fällt für die Abgabe bzw. Abholung mitunter eine zusätzliche Gebühr an.

Zusatzausrüstung wie Campingstühle erhöhen den Mietpreis.

Buchungszeitpunkt: Es ist ratsam, das Fahrzeug frühestmöglich zu reservieren. Gerade in stark nachgefragten Reisezeiträumen sind Wohnmobile oft weit im Voraus ausgebucht bzw. steigen im Preis, je näher die Abholung rückt. Wer frühzeitig bucht, jubelt darüber hinaus über mögliche Frühbucherrabatte.

Zusatzequipment: Der Camper verfügt über eine Grundausstattung, zu der u. a. Küchenzubehör und Bettzeug gehören. Der Mieter kann außerdem weiteres Equipment hinzu buchen, z. B. Campingstühle, Navigationsgerät, Ventilator oder auch Kindersitze.

Alter: Bei einigen wenigen Vermietern müssen Reisende zwischen 18 und 21 Jahren eventuell einen Aufpreis bzw. höheren Beitrag für die Versicherung zahlen.

Extra-Fahrer: Jeder weitere Fahrer bezahlt mitunter eine zusätzliche Gebühr dafür, dass er ebenfalls hinterm Steuer sitzen darf.

Auf eigene Kosten
Ausgaben für Kraftstoff, Lebensmittel oder Campingplatzgebühren sind grundsätzlich vom Mieter zu tragen. Auch umfangreiche „All-inclusive"-Pakete der Vermieter haben ihre Grenzen und ersetzen nicht die laufenden Kosten einer Reise.

4.2 Das Wann und Wo der Miete

Je nach persönlicher Ausgangslage kann der Camper sowohl vor Abreise als auch in Australien gebucht werden. Backpacker sowie Langzeitreisende haben viel Zeit im Gepäck und sind damit deutlich flexibler. In ihrem Fall rentiert es sich, das Fahrzeug erst vor Ort zu mieten. Auf diese Weise können sie sich das Wunschmodell zunächst anschauen und sicherstellen, dass die Chemie zwischen ihnen stimmt.

Der klassische „Kurzzeiturlauber" hingegen sollte das Fahrzeug möglichst schon vor Abflug reservieren. So umgeht er die Gefahr, dass das Wunschmobil nach Ankunft ausgebucht ist bzw. verliert keine wertvolle Reisezeit bei der Suche nach dem passenden Gefährt. Zwar lässt sich der Camper so zuvor nicht „live und in Farbe" anschauen, aber viele Reiseveranstalter und Vermieter hierzulande verfügen über ein umfangreiches Foto- sowie Videomaterial, womit sich der Interessent einen realistischen Eindruck vom Wohnmobil machen kann.

Am besten bucht man den Camper schon zu Hause.

Buchung vor Abreise

Auch was den Preis betrifft, kommt der Reisende in der Regel günstiger, wenn er von zu Hause aus bucht. Er profitiert nicht nur von eventuellen Frühbucherrabatten und generell günstigen Preisen, da die Abholung noch in weiter Ferne liegt. Ebenso geben die Vermieter über ihre Partneragenten Vergünstigungen an den Kunden weiter, um durch Vorabbuchungen die Auslastung ihrer Fahrzeugflotte frühzeitig zu optimieren. Last-Minute-Schnäppchen kommen eher selten vor. Wer in der Heimat bucht, sichert sich außerdem in der Regel einen garantierten Reisepreis seitens des Anbieters, sobald die Buchung bestätigt ist. Der Urlauber geht so kein Währungsrisiko aufgrund von Wechselkursschwankungen ein; eine nachträgliche Preisanpassung ist ausgeschlossen.

Und schließlich überzeugt ein ganz simpler Grund, sich den Camper bereits bei einem Reiseveranstalter bzw. Vermittler in der Heimat zu sichern: Der Selbstfahrer kann sich ausführlich auf Deutsch beraten lassen. Gerade bei der kostspieligen Fahrzeugmiete sind viele Fragen oder Unsicherheiten zu klären. Informationsmaterial zu Touren und Fahrtipps gibt es oft gratis dazu. Ein ausgestellter Sicherungsschein sichert die Vorauszahlungen des Mieters im Fall einer Insolvenz des Vermieters. Hat der Kunde während der Reise Probleme am Fahrzeug oder mit dem Vermieter, ist es ihm möglich, sich an seinen Reiseveranstalter zu wenden. Auch wenn diesem durch die Distanz ein Stück weit die Hände gebunden sind, kann er zumindest zwischen Mieter und Vermieter vermitteln. Und sollte es schließlich zu einem Rechtsstreit kommen, unterliegt der Reisende aufgrund des Vertragsrechts der Rechtsprechung seines Heimatlandes. Streitigkeiten müssen so nicht mühselig über die Distanz mit einem australischen Gericht ausgetragen werden. Doch dazu kommt es hoffentlich nicht.

TIPP: Relocation eines Campers

Entscheidet sich der Reisende für eine kurzfristige Anmietung vor Ort, kann er mit einem sogenannten Relocation-Deal ein wahres Schnäppchen machen. In diesem Fall fährt er ein bestimmtes Fahrzeug für den Vermieter von A nach B, da dieser das Fahrzeug in einer anderen Niederlassung benötigt. Vorteil: Der Mieter zahlt, wenn überhaupt, nur einen Tiefstpreis und erhält mitunter sogar einen Tankgutschein. Nachteil: Modell und Fahrroute liegen fest. Hinzu kommt ein sehr enger Zeitrahmen von nur wenigen Tagen, in welchem das Fahrzeug zu überführen ist. Für Sightseeing bleibt da wenig Zeit.

Wo buchen?

Für die eigentliche Campersuche bzw. -reservierung stehen dem Interessenten zahlreiche Wege offen. So kann er sein perfektes Angebot entweder im Katalog der großen Reiseveranstalter finden oder ins Reisebüro gehen und dort nicht nur einen Camper, sondern ebenso Flug und Touren buchen. Online-affine Urlauber stürzen sich in die Tiefen des Internets. Hier wartet eine große Anzahl möglicher Camper-Vergleichsportale nur darauf, mithilfe der Suchmaschine den passenden Gefährten herauszufiltern. Angebote sind entweder direkt buchbar oder werden nach unverbindlicher Anfrage per E-Mail geschickt. So kann der Selbstfahrer bequem von der Couch aus nach dem perfekten Preis-Leistungs-Verhältnis schauen. Es lohnt sich auf jeden Fall, Angebote miteinander zu vergleichen, denn oft bietet nicht jeder Reiseveranstalter alle renommierten Camperfirmen an. Wer ohne Zwischendistanzen buchen möchte, kann dies natürlich auch direkt beim Vermieter tun. Eine Übersicht über Camperanbieter in Deutschland ist im Anhang zu finden.

5. Campervermieter in Australien

In Australien gibt es viele renommierte Vermieter.

5. Campervermieter in Australien

Urlauber in Australien, allen voran Deutsche, haben einen hohen Qualitätsanspruch, wenn es um Autos geht. Sie sind an zuverlässige Fahrzeuge gewöhnt, die sie problemfrei zum Ziel bringen. Was nicht ihrer bekannten Norm entspricht, wird bisweilen zunächst mit Skepsis beäugt. Dies gilt vor allem bei Mietfahrzeugen, deren Pflege und Wartung nicht ihrer Kontrolle unterliegen und somit detailliert hinterfragt werden.

Bei australischen Vermietern ist jede Sorge hinsichtlich Sicherheit und Service unbegründet. Natürlich gibt es unter ihnen die schwarzen Schafe, über die man jedoch ausgiebig im Internet nachlesen und sich ein eigenes Urteil bilden kann. Die bekannten Vermieter sind hingegen seit vielen Jahren im Geschäft und bieten einen hohen Standard. In der Regel operieren sie auch in einigen anderen Ländern, wie Neuseeland, Südafrika oder in den USA, sodass sich eventuell ein Mehrfachmieten-Rabatt ergibt, siehe Seite 56. Die Fahrzeugflotte ist gemäß ihrem Baujahr gepflegt und wird regelmäßig gewartet. Während der gesamten Miete stehen die Vermieter nicht nur als Ansprechpartner zur Verfügung, sondern sie geben darüber hinaus hilfreiche Tipps sowie Rabatte auf Attraktionen und Campingplätze. Welches Gesamtpaket der Mieter bucht und zu welchem Preis, hängt maßgeblich davon ab, für welche Vermieterkategorie er sich entscheidet.

5.1 Vermieter im Budgetbereich

Zielgruppe

Australien ist sehr beliebt bei jungen Erwachsenen zwischen 18 und 31 Jahren, die den Kontinent mit einem Working-Holiday-Visum bereisen. Jene Backpacker möchten möglichst günstig durch das Land touren. Einige Vermieter haben sich auf diese preisbewusste Zielgruppe spezialisiert. Sie vermieten mehrheitlich kleinere Modelle an Reisende ab 18 Jahren. Damit sind die sogenannten *low cost*-Camper vor allem für die jüngeren Urlauber von Interesse, da das erforderliche Mindestalter anderer Anbieter mitunter bei 21 Jahren liegt.

Jucy fällt auf durch knallige Farben.

Zustand & Ausstattung

Die niedrigen Tagesmietpreise resultieren aus einer recht alten Fahrzeugflotte (mitunter älter als zehn Jahre). Die Wagen weisen oft Gebrauchsspuren auf, seien es Kratzer, Dellen oder sichtbare Reparaturarbeiten an der Innenausstattung. Dem Alter und der Fahrleistung entsprechend hoch sind die gefahrenen Kilometer, die nicht selten jenseits der 300.000 Kilometer liegen.

TIPP: Vom Schock über den Kilometerstand

Auch unser erster Camper „Franky" hatte bereits mehr als 500.000 Kilometer auf dem Buckel; der anfängliche Tacho-Schock war entsprechend heftig. Der hohe Kilometerstand, für heimische Verhältnisse vielleicht nicht undenkbar, aber zumindest fraglich, ist einmal mehr den großen Entfernungen Australiens geschuldet und damit alles andere als ungewöhnlich. Gerade bei einem regelmäßig vermieteten Camper summieren sich die Kilometer sehr schnell. So gesellten sich während unserer dreiwöchigen Tour allein 5000 Kilometer zur Tachoanzeige hinzu. Hier mit deutschen Maßstäben anzusetzen und die Fahrtauglichkeit des Autos anzuzweifeln, widerspräche wohl der australischen Auffassung eines *fairgo*.

Die Wohnmobile der Budget-Vermieter sind komfortabel und zuverlässig. Sie werden regelmäßig gewartet und technisch überprüft. Eine Grundausstattung ist in der Regel enthalten bzw. kann ebenso wie Zusatzequipment dazu gemietet werden. Auch der Service der Vermieter steht dem neuwertiger Fahrzeuganbieter

Spaceship vertreibt ausschließlich Minivans.

in nichts nach, wenngleich er deutlich reduziert ist. So gibt es z. B. weder einen kostenfreien Bettwäsche-Wechsel im nächsten Depot noch Porzellangeschirr in der Küche.

Wicked-Camper
Wicked Campers ist ein australischer Vermieter von günstigen Campervans und richtet sich vor allem an preisbewusste Reisende. Die markanten Fahrzeugdesigns haben dem Unternehmen über Jahre Aufmerksamkeit – und Kritik – eingebracht. In mehreren Bundesstaaten wurden Regelungen eingeführt, die besonders anstößige Aufdrucke einschränken. Bewertungen fallen unterschiedlich aus: Neben dem attraktiven Preis werden teils Schwankungen bei Fahrzeugzustand und Service genannt. Wer hier mietet, sollte Erwartungen und Budget entsprechend abgleichen.

Budget-Vermieter wenden sich an junges bzw. junggebliebenes Zielpublikum, das sehr preisbewusst reist und dafür Abstriche beim Komfort und Alter des Fahrzeuges in Kauf nimmt. Ein hoher Qualitätsanspruch steht bei diesen Campermodellen nicht im Vordergrund, sonder eher die Einsparungen beim Mietpreis. Wer bei Gebrauchsspuren und 300.000 gefahrenen Kilometern Bauchschmerzen bekommt, sollte lieber etwas mehr Geld für die Miete beiseite legen und einen anderen Vermieter wählen.

Beispiele für Budget-Vermieter
- Camperman
- Jucy Rentals
- Mighty Campers
- Spaceships Rentals
- Travellers Autobarn

5.2 Vermieter im Economybereich

Zustand & Ausstattung

Traditionelle Vermieter lassen sich in der Economy-Sparte einordnen und bewegen sich im preislichen Mittelfeld. Das Mindestalter für Mieten liegt in der Regel bei 21 Jahren. Die Fahrzeugflotte ist besonders breit gefächert und umfasst sowohl kleinere Hochdachcamper als auch große Motorhomes für bis zu sechs Personen

Apollo ist ein führender Economy-Anbieter in Australien.

sowie Geländewagen. Sie sind meist nicht älter als vier bis fünf Jahre. Entsprechend neuwertig ist die Einrichtung, wenngleich sich auch nach mehrjähriger Nutzung Gebrauchsspuren nicht ausschließen lassen. Zusätzliche Ausstattungsmerkmale wie eine Nasszelle mit Dusche und WC sowie ein großzügiges Raumangebot erhöhen den Reisekomfort.

Verglichen mit den Campern aus dem Budgetbereich punkten die Modelle aus der Economy-Kategorie mit einem für die breite Mehrheit ansprechendem Preis-Leistungs-Verhältnis, das die Qualität auf Reisen stärker in den Fokus rückt. Darunter fällt ein ausgiebiger Service sowie ein breites Spektrum an zusätzlich buchbaren Equipment. Eine intensive Wartung sowie Pflege garantieren ein neuwertiges Fahrzeug. Nichtsdestotrotz ist auch bei den Fahrzeugen dieser Gruppe mit einem etwas erhöhten Kilometerstand zu rechnen.

Zielgruppe

Zielgruppe dieser Vermieter sind anspruchsvollere Reisende, meist älter als 30 Jahre. Die Urlauber sind gern bereit, für neuere Modelle und erhöhten Komfort mehr Geld auszugeben. Besonders Familien richten aufgrund ihrer erhöhten Ansprüche, aber der begrenzten Reisekasse ihr Augenmerk auf Camper dieser Kategorie. Daher vermieten viele Anbieter zusätzlich Kindersitze und informieren umfassend über Selbstfahrerreisen mit Kindern.

Beispiele für Economy-Vermieter

- Apollo Motorhome Holidays
- Britz Rentals
- Cruisin Motorhomes
- Let's Go Motorhomes

5.3 Vermieter im Premiumbereich

Maui ist ein Premiumanbieter und gehört zur thl-Gruppe.

Zustand & Ausstattung

Wer ein Wohnmobil im Luxussegment mietet, erhält ein Fahrzeug, das nicht älter als ein oder zwei Jahre ist und damit als brandneu bezeichnet werden kann. Sie werden von den Vermietern als Neufahrzeuge angeschafft und anschließend in den betriebseigenen Werkstätten umgebaut. Die Bedürfnisse der äußerst anspruchsvollen Kunden, die älter als 21 Jahre alt sein müssen, stehen dabei voll und ganz im Vordergrund.

Der hochwertige, großzügige Innenausbau sowie stilvolle Ausstattungsdetails vermitteln dem Mieter ein Gefühl von Luxus, auf den auch bei Campingreisen nicht verzichtet werden muss. Ein herausragender Service von Anfang bis Ende runden das exklusive Gesamtangebot ab – ein Angebot, das natürlich seinen Preis hat. Da ein weitläufiges Platzangebot ebenso zu den Anforderungen der Mieter gehört, finden sich in der Fahrzeugflotte der Premiumanbieter meist ausschließlich längere Kastenmodelle oder große Motorhomes.

Zielgruppe

Premiumcamper eignen sich für Urlauber, die während ihrer Reise nicht auf erstklassigen Komfort und ein gewisses Maß an Luxus verzichten möchten. Ihre Reisekasse lässt den hohen Qualitätsanspruch ohne Weiteres zu.

Beispiele für Premium-Vermieter

- Maui Rentals
- Star RV Rentals

Mehrere Vermieter unter einem Dach

Viele Campervermieter sind Teil größerer Unternehmensgruppen, die mehrere Marken unter einem Dach vereinen. Ein bedeutender Akteur im australischen Markt ist die Tourism Holdings Limited (THL). Dazu gehören neben Maui, Britz und Mighty auch Marken wie Apollo. Es ist üblich, dass ein Wohnmobil nach wenigen Jahren nicht mehr als Premium-Modell angeboten wird, sondern innerhalb derselben Gruppe als Economy- oder Budgetfahrzeug weitervermietet wird. Für Reisende bedeutet das: Unterschiede zwischen den Marken liegen oft eher im Fahrzeugalter und Preis als im Grundmodell.

5.4 Vermieter von Geländewagen (4WD)

Für äußerst abenteuerlustige Urlauber, die vorrangig abseits der befestigten Wege unterwegs sein möchten, stellt Australien ausreichend Offroad-Gelände zur Verfügung. Ein Camper mit Zweiradantrieb würde auf diesen Strecken früher oder später vor Erschöpfung liegen bleiben. Um die Nachfrage an Allrad-Fahrzeugen bedienen zu können, gibt es neben Britz oder Apollo, die ebenso eine Auswahl an 4 Wheel Drive (4WD) anbieten, Vermieter, die ausschließlich Geländewagen in ihrem Bestand haben. Sie bieten zumeist Geländewagen mit oder ohne Zeltaufbau an. Auch Anhänger bzw. Trailer gehören zu ihrem Angebot, diese kommen wahlweise mit oder ohne Zugwagen. Die Niederlassungen der Vermieter befinden sich in der Regel dort, wo auch ausreichend Offroad gefahren werden kann, also vorwiegend an der Westküste und im Northern Territory. Kennzeichnend für die Miete eines 4WD ist das vergleichsweise hohe Mindestalter von meist 25 Jahren.

Beispiele für Geländewagen-Vermieter

- Adventure Rentals
- Redsands Campers

5.5 Niederlassungen

Anzahl der Depots

Wohnmobilanbieter verfügen über kein annähernd so weit verzweigtes Netz an Niederlassungen, wie man es von der Pkw-Miete kennt. Nicht etwa in jeder größeren Stadt, sondern lediglich in den großen Touristen-Hotspots des Landes befinden sich die Depots der Camperfirmen. Von allzu großem Nachteil ist das für den Selbstfahrer jedoch nicht, da dieser in der Regel eh zwischen den bekannten Urlaubsorten verkehrt bzw. einen Camper dort anmietet, wo ein Flughafen zur An- und Abreise vorhanden ist.

Niederlassung in Sydney

Die Standorte liegen zum Teil direkt am Flughafen und sind damit fußläufig oder durch eine kurze Taxifahrt erreichbar. Je nach Vermieter wird ggf. auch eine Abholung vom Flughafen angeboten. In anderen Fällen befindet sich das Depot in der Nähe des Stadtzentrums, sodass mitunter eine Anfahrt mit öffentlichen Verkehrsmitteln oder dem Taxi erforderlich ist.

Regionale Verteilung

Etwas einschränkend ist die regionale Verteilung der Depots, denn sie befinden sich vermieterübergreifend mehrheitlich an der viel besuchten Ostküste – in Cairns, Brisbane, Sydney und Melbourne. Oftmals ist auch eine Niederlassung in Perth an der Westküste, Adelaide in South Australia sowie in Darwin im Northern Territory vorhanden. Die weniger nachgefragten „Außenposten“ Alice Springs, Broome und Hobart auf Tasmania sind meist nur bei den Economy-

In den Depots findet der Mieter zahlreiches Infomaterial.

und Premiumanbietern verfügbar. Nur wenige Anbieter haben weitere Niederlassungen in kleineren Touristenhotspots wie Byron Bay oder Coffs Harbour. Des Weiteren ist nicht zwangsläufig jedes Fahrzeugmodell in jedem Depot des Vermieters erhältlich. Gründe dafür können die geringe Anzahl an Fahrzeugen oder begrenzter Stellplatz sein. Wer sich für ein Fahrzeugmodell entscheidet, sollte also zuvor sicherstellen, dass der gewünschte Abhol- bzw. Abgabeort auch zur Verfügung steht.

Öffnungszeiten

Die Öffnungszeiten variieren je nach Vermieter, Depot sowie Saison und orientieren sich an den normalen Geschäftszeiten in Australien. Eine Abholung und Abgabe der Fahrzeuge ist in der Regel täglich zwischen 9 und 16 Uhr möglich. Vom Gedanken eines 24/7-Betriebes sollte sich der Reisende also schnell verabschieden. Einige Vermieter haben am Samstag verkürzte Öffnungszeiten und sonntags geschlossen. Depots in Broome, Hobart, Darwin oder Alice Springs sind in der *low season* mitunter komplett geschlossen. Hinzu kommen Schließ- oder angepasste Bürozeiten an Feiertagen und zu besonderen Events.

Ein Überblick über die bekannten Vermieter und deren Mietkonditionen befindet sich im Teil 5.

TIPP: Camperrückgabe nach Schließzeit

Häufig ist auf Nachfrage ein sogenannter *late-drop-off* möglich, also eine Abgabe außerhalb der Geschäftszeiten. In diesem Fall wird der Camper auf einem ausgewiesenen Stellplatz geparkt und der Zündschlüssel in eine Schlüsselbox geworfen. Eine vorherige Genehmigung des Vermieters ist zwingend erforderlich und mitunter fällt ein Aufpreis für diesen Service an.

Landesweite Verteilung der Campermietstationen in Australien

Golf von Carpentaria
Südpazifischer Ozean
Cairns
Korallenmeer
QUEENSLAND
Brisbane
NEW SOUTH WALES
Sydney
Adelaide
VICTORIA
Melbourne
Tasmanische See
Bass-Straße
TASMANIA
Hobart

6. Campertypen in Australien

Ob groß oder klein – in Australien findet jeder sein passendes Gefährt.

6. Campertypen in Australien

Verschiedene Anbieter, gleiches Modell

Auf den Straßen Australiens ist ein buntes Sammelsurium an Campern unterwegs. Die einen sind umgebaute Vans, andere gleichen fahrenden Bungalows. Sie kommen als Anhänger mit einem ziehenden Geländewagen oder als Kompaktcamper mit Zelt auf dem Dach. Einige von ihnen sind in knalligen Farben bemalt, viele fahren schlicht in weiß umher. Trotz aller Verschiedenheiten greifen die Vermieter untereinander bei ihrer Fahrzeugflotte weitestgehend auf die gleichen Standardmodelle zurück. Diese tragen zwar allesamt ein anderes Logo auf dem Lack, sind aber in Modell, Größe und technischen Daten meist identisch.

Kein Wunschkonzert

Oft liegen einem Campertypen mehrere Fahrzeugmodelle zugrunde wie Mercedes oder VW. Davon abhängig verfügt ein Wohnmobil des gleichen Modells entweder über Automatik oder Gangschaltung oder variiert in den Ausmaßen, z.B. der Größe des Tanks. Es ist dem Mieter allerdings nicht möglich, vorab ein Wunschmodell, z. B. vorzugsweise mit Automatik, zu reservieren.

Auswahl des richtigen Fahrzeugs

Ehe sich der Reisende mit voller Motivation in die üppige Camperauswahl stürzt, noch ein, zwei kurze Überlegungen vorab:

Wer seinen Führerschein noch zu „grauen“ oder „rosa“ Zeiten gemacht hat, darf mit der Klasse 3 auch nach Umschreibung in einen EU-Scheckkartenführerschein Wohnmobile bis zu 7,5 Tonnen fahren. Entscheidend dafür ist die Klasse C1. Aber Achtung: Seit Januar 2022 verlieren die alten Papier- und Kartenführerscheine (ausgestellt vor 2013) schrittweise ihre Gültigkeit, je nach Geburtsdatum, und müssen umgetauscht werden. Fahrer, die ihre Fahrerlaubnis erworben haben, als der EU-Führerschein bereits im Umlauf war, besitzen ohne weitere Fortbildungen nur die Klasse B und müssen sich mit den 3,5-Tonnen-Modellen zufrieden geben. Allerdings ist laut Aussage der australischen Vermieter ein EU-Führerschein der Klasse B ausreichend für die Miete eines Wohnmobils, selbst wenn es mehr als 3,5 Tonnen wiegt. Weitere Infos zum Führerschein und Fahren im Ausland siehe Seite 96 f.

Die Van-Flotte von Jucy

Außerdem ist es nicht immer empfehlenswert, die Maximalbesetzung eines Campers voll auszuschöpfen. Auf engem Raum bleiben mitunter die Privatsphäre und damit auch der Urlaubsfrohsinn auf der Strecke. Möchte man dem befreundeten Pärchen auch nach dem gemeinsamen Camperurlaub noch nahestehen, sollten vielleicht besser zwei kleinere Fahrzeuge statt eines großen Campers gemietet werden.

6.1 Kombis und Minivans

Diese Campertypen sind beinahe ausschließlich in der Fahrzeugflotte der Budgetanbieter zu finden und besonders bei den jungen Backpackern beliebt. Sie versprechen in ihrer Einfachheit die klassische Vorstellung eines *road trips*, wie ihn viele Work and Traveller noch heute haben.

Station wagon

Der Kombi in Australien, auch *station wagon* genannt, ist zumeist ein Ford Falcon, Mitsubishi Magna oder der einheimische und hoch verehrte Holden Commodore. Bis zu fünf Personen können mit diesem zuverlässigen und pflegeleichten Modell unterwegs sein, das aufgrund des soliden Motors sowie schnittiger Form besonders schnell und auf langen Strecken spritsparend unterwegs ist. Für den geringen Mietpreis nimmt der Reisende einen bescheidenen Komfort in Kauf. Das Fahrzeug bietet wenig Platz bzw. Stauraum. Geschlafen wird durch Umklappen der Rückbank im Kofferraum zwischen Gepäck, Kühlbox und Flipflops. Eine Matratze sowie Schlafsäcke geben ein wenig Gemütlichkeit während der Nacht. Ist der Wagen voll besetzt, müssen die weiteren Insassen auf ein Zelt ausweichen.

Station wagon inkl. Ausstattung im Kofferraum

Station wagon

- bis zu 5 Personen
- Führerscheinklasse 3 bzw. B
- 4,1 l Benzinmotor, ca. 12-14 l/100 km
- Automatik, Servolenkung
- bis zu 5,3 x 1,7 x 1,5 m (Länge x Breite x Höhe)

Hier genießen Mieter die wohl ursprünglichste Form des Campings. Ein Kombi dient in erster Linie dem Vorwärtskommen und nicht als Camper im eigentlichen Sinne. Hoch im Kurs steht dieses Modell daher eher bei kauf- und weniger bei mietinteressierten Reisenden.

Minivan

Für den Minivan bzw. Kleinbus stellen der Mitsubishi Express, Ford Econovan, Mazda E2000 oder Toyota Estima/Tarago ihre Karosserie zur Verfügung. Bei den meisten Vermietern ist er das kleinste verfügbare Fahrzeugmodell, überzeugt jedoch beim Preis. Im Vergleich zum Kombi hat er zwar den schwächeren Motor, bietet allerdings deutlich mehr Platz und damit Komfort. Der Lebensbereich ist von der Fahrerkabine getrennt. Durch eine seitliche Schiebetür sowie die hintere Heckklappe gelangt man schnell in den Innenraum. Darin kann man zwar nicht stehen, aber durch geschickte Ausbauten lassen sich Küchenzeile, Bett und Stauraum räumlich gut voneinander trennen. Jeder noch so kleinste Platz wird effektiv genutzt.

Im Innenraum befindet sich eine Sitzecke mit Tisch, die nachts durch einfache Griffe in ein Doppelbett umgebaut werden kann. Mitunter befindet sich auf den Dach zusätzlich eine Art Zeltaufbau, in dem ebenfalls ein bis zwei Personen schlafen können. Der Stauraum unter den Sitzbänken oder an den Wänden angebrachte Netze eignen sich bestens für die Unterbringung von Equipment wie Getränke oder Reiseführer. Eine kleine Küchenzeile bietet eine Grundausstattung mit Kühlbox oder Mini-Kühlschrank. Mithilfe eines Camping-Gaskochers bereitet sich der Mieter seine Festmahle in freier Natur zu. Den Abwasch erledigt der Urlauber in einer Spüle, die sich über einen kleinen Frischwassertank mit kaltem Wasser füllt. Mitunter verfügt der Minivan über einen Dachgepäckträger sowie ein Vorzelt.

Minivan

- bis zu 2 Personen
- Führerscheinklasse 3 bzw. B
- 2,2-3,0 l Benzin- oder Dieselmotor, ca. 10-14 l/100 km
- Handschaltung o. Automatik, Servolenkung
- bis zu 5 x 2,1 x 2,5 m (Länge x Breite x Höhe)
- Zwei-Wege-Batteriesystem

6.2 Hochdachcamper

Hochdachcamper, sogenannte Hitops, sind weit verbreitet und besonders bei Paaren und gemeinsam reisenden Freunden sehr beliebt. Sie bieten auf kompakter

Größe alles, was man für einen mehrwöchigen Campingtrip benötigt, ohne dafür große Abstriche beim Komfort machen zu müssen. So ist allein der Umstand, dass man im Fahrzeug stehen kann, für viele ein Pluspunkt.

Hochdachcamper kommen in unterschiedlichen Ausführungen.

Bei den Hochdachmodellen handelt es sich in der Regel um umgebaute Toyota Hiace oder Nissan Caravan Modelle, die in zwei Größen angeboten werden. Das kleinere Modell bietet Platz für zwei bis drei Personen, die beim Fahren allesamt in der Fahrerkabine sitzen. Als dritte Person fühlt man sich schnell wie eine Sardine in der Büchse. Ist man nur zu zweit unterwegs, lässt sich der Mittelsitz in eine praktische Ablage bzw. kleinen Tisch verwandeln. In der größeren Ausgabe für bis zu fünf Insassen sitzen zwei Reisende im Innenraum des Campers.

Dort ist eine vollwertige Küche mit Gasherd und Kühlschrank eingebaut. Weitere Lebensmittel sowie Kochzubehör sind in den vielen Schubfächern untergebracht. Ein Frischwassertank versorgt die Reisenden mit kaltem Wasser. Je nach Modell befindet sich im vorderen oder hinteren Bereich des Fahrzeuges die Sitzecke mit Tisch, die für die Nacht unkompliziert in ein Bett umgebaut wird. Die verbleibenden Personen schlafen im Penthouse, also im Hochdach. Dieses sorgt am Tag für eine bequeme Stehhöhe auch für größere Personen und als zusätzlicher Stauraum. Der Aufstieg hinauf in die Schlafkoje erfolgt mitunter etwas gewagt über die Küchenarbeitsplatten oder per Leiter. Unsportliche oder ältere Personen sind hierbei durchaus benachteiligt. Acht geben sollte der Schlafende auf seinen Kopf, denn viel Luft nach oben gibt es nicht. Auch wenn die Konstruktion auf den ersten Blick sehr abenteuerlich erscheint und der Reisende in den ersten Nächten durchaus Alpträume von einstürzenden Betten durchlebt, gehören diese Campermodelle zu den gängigsten und beliebtesten des Fünften Kontinents.

Hochdachcamper

- bis zu 5 Personen
- Führerscheinklasse 3 bzw. B
- 2,4-2,7 l Benzin- oder Dieselmotor, ca. 12-16 l/100 km
- Handschaltung o. Automatik, Servolenkung
- bis zu 5,6 x 1,9 x 3 m (Länge x Breite x Höhe)
- Zwei-Wege-Batteriesystem

6.3 Sprintermodelle

Die Kastenmodelle unter den Campern bieten bis zu drei Reisenden äußerst viel Platz sowie Komfort. So heben sich diese Camper allein durch die eingebaute Nasszelle mit Dusche und WC von den zuvor beschriebenen Varianten ab. Die langgestreckten Großraumcamper sind in der Regel Mercedes, Ford oder VW-Fahrzeuge.

Ein Kasten-Camper von Apollo

Der Innenraum ist über eine Schiebetür sowie Hecktüren zugänglich. Eine großräumige Sitzecke bieten weiteren Gästen, die man z. B. auf dem Campingplatz kennengelernt hat, Platz. Sie wird wie auch bei den anderen Modellen durch einfachen Umbau in ein Doppelbett umgewandelt. Bei drei reisenden Personen lässt sich der dritte Sitzplatz in ein Einzelbett umfunktionieren. In der eingebauten, großzügigen Küche fehlt es an nichts. Ein großer Kühlschrank sowie ein mehrflammiger Gasherd sorgen für kulinarische Genüsse. Der Wassertank liefert kaltes sowie warmes Wasser in der Spüle und unter der Dusche, die Reste landen im separaten Abwassertank. Zahlreiche Schränke an den Wänden und unter den Arbeitsplatten bieten Stauraum für großes und kleines Gepäck, seien es Kosmetika, Kartenmaterial oder Kleidung. Bei diesen Modellen kann sich der Mieter sicher sein, dass während der Reise nichts im Weg steht bzw. ständig hin und her geräumt werden muss.

Sprintermodell

- bis zu 3 Personen
- Führerscheinklasse 3 bzw. B
- 2,2-2,5 l Turbodiesel, ca. 12 l/100 km
- Handschaltung o. Automatik, Servolenkung
- bis zu 7,1 x 2,0 x 3,2 m (Länge x Breite x Höhe)
- Zwei-Wege-Batteriesystem

6.4 Alkoven-Wohnmobile

Die klassischen Motorhomes sind die größten der Fahrzeugflotte und bieten bis zu sechs Personen Platz. Zum Einsatz kommen vor allem Mercedes, VW, Fiat Ducato und Ford-Modelle. Besonders beliebt sind diese Fahrzeuge bei Familien, denn sie versprechen genügend Platz und Freiraum für Groß und Klein. In der Fahrerkabine sitzen zwei Insassen, die anderen Urlauber machen es sich auf den Plätzen der Sitzecken gemütlich. Es gibt auch einige Modelle, in denen alle Insassen in einer zweireihigen Fahrerkabine Platz nehmen, die räumlich getrennt vom Innenraum des Wohnmobils ist. Diese sind jedoch eher selten verfügbar.

Großes Motorhome von Maui

Über eine Seitentür und eine ausfahrbare Treppe gelangt der Reisende in das Wohnmobil. Auch hierin werden die Sitzecken zu komfortablen Doppelbetten umgewandelt, ein weiteres Bett ist über der Fahrerkabine eingebaut. Bei einigen Modellen gibt es sogar ein Etagenbett. Der Aufstieg erfolgt über eine Leiter. Nasszelle mit Dusche und WC befinden sich ebenso im Camper wie eine geräumige Küche. Dank eines großen Kühlschranks sowie eines mehrflammigen Gasherdes ist die Versorgung von bis zu sechs hungrigen Mäulern ohne Probleme möglich. Große Frisch- und Abwassertanks sorgen für den Zu- und Abfluss von kaltem oder warmem Wasser. Auch um das viele Gepäck muss sich der Urlauber keine Sorgen morgen. Zahlreiche Hängeschränke sowie Ablagen unter den Sitzbänken bieten ausreichend Stauraum für Kleidung, Lebensmittel, Bettwäsche, Spielzeug & Co.

Alkoven-Wohnmobile

- bis zu 6 Personen
- Führerscheinklasse 3 bzw. B/C1
- 2,1-3,0 l Turbodiesel, ca. 14 l/100 km
- Gangschaltung o. Automatik, Servolenkung
- bis zu 7,9 x 2,4 x 3,6 m (Länge x Breite x Höhe)
- Zwei-Wege-Batteriesystem

6.5 Geländewagen

Australien bietet für Abenteurer, die abseits der ausgetretenen Touristenpfade unterwegs sein möchten, ein unvergessliches Offroad-Spektakel. Erinnern wir uns – die Mehrheit der Straßen sind unbefestigt. Einzigartige Wildnis-Regionen wie die Kimberleys in Western Australia oder die Cape York Peninsula nördlich von Cairns sind, wenn überhaupt, nur mit einem Geländewagen zugänglich. Wem beim Anblick von staubigen Schotterpisten, hohen Sanddünen und wurzeldurchzogenem Gelände das Herz schneller schlägt, hat in Australien die Möglichkeit, mit einem 4WD (4 Wheel Drive) den Kontinent von seiner ungezähmten Seite zu entdecken.

Eignung für einen 4WD

Doch nicht jeder, der möchte, sollte sich auch hinter das Steuer eines Geländewagens setzen. Der Umgang mit diesen hochwertigen Fahrzeugen erfordert langjährige Fahrroutine, auch auf unwegsamen Gelände, und ein gewisses mechanisches Verständnis bzw. Geschick. Wer nicht weiß, wie viel Luft im Reifen je nach Untergrund abzulassen oder mit welchem Gang der Hügel zu erklimmen ist, erkundet vielleicht doch besser auf geteerten Straßen das Land oder belegt zuvor einen Kurs im 4WD-Fahren. Einige Vermieter bieten diesen an oder bestehen sogar darauf. Ein Mindestalter von mitunter 25 Jahren kommt hinzu.

Mit einem Geländewagen ist man fit fürs Outback.

Nur für denjenigen, der vorwiegend in den endlosen Weiten des Outback unterwegs sein möchte, lohnt sich die Miete eines Geländewagens tatsächlich. Für Fahrten entlang der Ostküste rentiert sich ein 4WD hingegen ganz und gar nicht. Selbst Vermieter wie Britz raten davon ab. Die Region ist vergleichsweise dicht besiedelt und gut erschlossen. Hier muss der Fahrer schon eine Weile unterwegs sein, um unwegsames und damit gelobtes Gelände vorzufinden. Denn Teer gehört sicherlich nicht zum bevorzugten Fahruntergrund eines Landcruisers. Wo bleibt da der Spaß?

Der Toyota Landcruiser ist der wohl legendärste Geländewagen auf Australiens Offroad-Pisten. Weitere gängige Modelle sind der Toyota Hilux, Mitsubishi Pajero oder Nissan Petrol. Je nachdem, mit wie vielen Personen man unterwegs ist

TIPP: Tag-Along-Tour
Wer sich nicht ganz sicher im Umgang mit einem 4WD ist, jedoch auf das Fahrvergnügen nicht verzichten möchte, kann an einer sogenannten Tag-Along-Tour teilnehmen. Hier erkundet man in einem gemieteten oder dem eigenen Geländewagen zusammen mit anderen Reisenden und Fahrzeugen eine bestimmte Region, wie z. B. Fraser Island. Ein an der Spitze fahrender Tourguide informiert über die Attraktionen entlang der Strecke und ist zugleich Fahrlehrer.

und welchen Komfort man sich wünscht, bieten die 4WD bis zu fünf Personen Platz und kommen in ganz unterschiedlichen Ausführungen.

Während der Fahrt sitzen die Urlauber in der Fahrerkabine. Im hinteren Teil des Autos befindet sich meist eine kleine Sitzecke sowie Küchenzeile mit wesentlichem Zubehör. Eine Schlafmöglichkeit für zwei Personen bietet ein ausfahrbares Hochdach. Alternativ gibt es bei anderen Fahrzeugen ein Zeltaufbau auf dem Dach (*rooftop tent*) oder ein separates Zelt für den Boden. Wer trotz Abenteuer in der Wildnis ein wenig mehr Komfort genießen möchte, kann bei einigen Modellen die Vorzüge eines Campers und 4WD miteinander kombinieren. Dies geschieht z. B. über einen großzügigen Alkovenaufbau, der für deutlich mehr Platz im Inneren des Fahrzeuges sorgt. Oder man entscheidet sich für einen Geländewagen mit Anhänger. So lassen sich die eigentlichen Offroad-Touren mit dem 4WD erleben, während sich der Wohnwagen auf dem Campingplatz von der anstrengenden Fahrt erholt. Je nach Modell lässt sich weiteres Zubehör auf den Dachgepäckträgern verstauen.

Hier ist weniger Platz als bei größeren Campern.

Geländewagen

- bis zu 5 Personen
- Führerscheinklasse 3 bzw. B
- 3,0-4,5 l Diesel o. 4,5 l Turbodiesel, ca. 10-14 l/100 km
- Handschaltung oder Automatik, Servolenkung, Allradantrieb, Schnorchel
- bis zu 6,0 x 2,0 x 2,6 m (Länge x Breite x Höhe)
- Zwei-Wege-Batteriesystem

7. Ausstattungsdetails der Camper

Die Camper sind kleine Wohnungen.

7. Ausstattungsdetails der Camper

Schaut man sich die Angebote verschiedener Vermieter an, fällt schnell auf: Die Modelle tragen zwar oftmals unterschiedliche Namen, doch viele Fahrzeuge ähneln sich im Grundaufbau. Wer beispielsweise einen Hitop bei verschiedenen Anbietern vergleicht, stellt fest, dass sich Größe und Aufbau kaum unterscheiden. Unterschiede liegen eher im Fahrzeugalter, im Preis, im Serviceumfang oder im Kleingedruckten als im tatsächlichen Innenausbau.

7.1 Innenausbau

Sitzplätze

Wichtiges Auswahlkriterium bei der Campersuche ist die Größe und damit verbundene Menge an Sitz- und Schlafplätzen. Je nach Fahrzeugmodell sitzen die Insassen allesamt in der Fahrerkabine oder auch im Wohnraum. In den Hitop-Campervans kann es bei drei ausgewachsenen Personen im Fahrbereich mitunter sehr eng zugehen, da der mittlere Platz lediglich ein schmaler Klappsitz ohne Kopfstütze und Armlehnen ist. Der Leidtragende hat trotz seines Platzes in der goldenen Mitte weitaus weniger Beinfreiheit als auf seinem Hinflug in der Economy Class.

In der Fahrerkabine können bis zu drei Personen sitzen.

Bei mehr als drei Reisenden sind die weiteren Sitzplätze im Innenbereich des Wohnmobils verteilt. Sie befinden sich abhängig vom Modell entweder im Bereich der hinteren Sitzecke an der Heckklappe und damit weit entfernt von der Fahrerkabine oder direkt hinter den Fahrern. Gelegentlich sind einige Plätze rückwärts ausgerichtet und damit nicht für jeden Reisemagen verträglich. Familien, die mit ihren Kindern reisen, informieren sich möglichst beim Vermieter bzw. Anbieter darüber, auf welchen Sitzen Babyschalen bzw. Kindersitze angebracht werden können. Erinnern wir uns: Nicht jeder verfügbare Platz ist kindgerecht, siehe Seite 49. Eltern sollten sich also nicht auf die Modell-Grundrisse aus den Katalogen bzw. auf den Websites verlassen.

Schlafplatz

Die Anzahl der möglichen Insassen stimmt nicht zwangsläufig mit der Menge an Personen überein, die auch im Fahrzeug einen Schlafplatz finden. So können in einigen Minivan-Modellen vier Reisende fahren, allerdings nur zwei von ihnen darin schlafen. Wer im Fahrzeug keinen Platz mehr hat oder wem es im Doppelbett zu kuschelig wird, schlägt sein Nachtlager im mitgebrachten Zelt auf oder mietet sich eine Hütte auf dem Campingplatz.

Hinten können weitere Passagiere sitzen.

Diejenigen, die im Camper schlummern, richten ihren Schlafplatz mit Ausnahme der Alkoven in den Wohnmobilen jede Nacht aufs Neue her. Dazu wird, wie bereits im vorigen Kapitel erwähnt, die Sitzecke umgebaut, an der man zuvor noch die Route von morgen geplant hat. Zumeist steckt man dafür stabile Bretter und weitere Einbauteile nach einem einfachen Prinzip zwischen die Bänke. Hinzu kommen einige Polster und fertig ist das Doppelbett. Dieses entspricht in seiner Größenordnung zumindest in den kleineren Hochdachmodellen nicht den Maßen, wie der Urlauber es vielleicht von zu Hause kennt. Bei manchmal nur knapp 1,30 Meter Breite und 1,80 Meter Länge kommt man sich beim Schlafen schon einmal sehr nahe – für Freunde und Paare hoffentlich kein Problem.

Das Bett ist im Nu aufgebaut.

Das Hochdachbett der Hitop-Modelle bietet noch weniger Entfaltungsmöglichkeiten. Mit einer Länge von bisweilen nur 1,60 Metern schläft darin jeder, außer einem Kind, quer oder lässt die Beine baumeln. In den Wohnmobilen für vier bis sechs Personen sind die Betten zwar mitunter deutlich länger, aber nicht unbedingt breiter. Der Alkoven wird in der Regel von Kindern in Beschlag genommen. Wer es nachts dunkler mag, schließt die Vorhänge an den Fenstern. Diese lassen sich per Klapp- oder Schiebeprinzip öffnen und sorgen so für eine angenehme Brise. Angebrachte Moskitonetze verhindern die nächtliche Stechplage. Das Bettzeug wird tagsüber in den Sitzbänken oder im Hochdach verstaut. Keine Sorge – nach ein bis zwei Tagen hält die Routine Einzug. Dann funktioniert der Auf- sowie Abbau des Nachtlagers wie von selbst und nimmt immer weniger Zeit in Anspruch.

Ausgefahrenes Bett im 4WD

Kochmöglichkeiten

Für diejenigen, die sich vorwiegend von Instant-Nudeln oder Konserven-Ravioli ernähren, ist die Küche sicherlich weniger entscheidend. Ausreichend dafür ist ein einfacher Campingkocher, wie er bei den Minivans dabei ist. Je größer das Wohnmobil, desto größer die Küche und die Möglichkeiten, sich darin mit Schürze und Kochlöffel frei zu entfalten. Bei den Minivans befindet sich die Küchenzeile zumeist an der Heckklappe. Zwar können Kühlbox bzw. Kühlschrank auch von innen erreicht werden. Um zu kochen, muss man dem Gaskocher jedoch von außen gegenübertreten. Das bietet bei jeder Wetterlage den Vorteil, schlechte Gerüche aus dem Camper fernzuhalten, bedeutet jedoch bei Sturm und Regen einen Funken Geduld. Jeder, der einmal versucht hat, bei Wind einen Gaskocher zu entzünden, kennt das Elend.

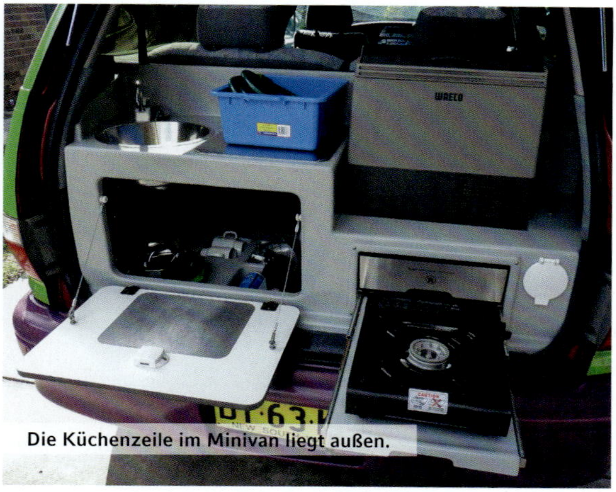

Die Küchenzeile im Minivan liegt außen.

In den größeren Campern liegt die Küche innen, wodurch das Kochen wetterunabhängig und damit komfortabler ist. Während die Hochdachmodelle meist einen zweiflammigen Gasherd haben, lässt sich in den großen Wohnmobilen auf meist dreiflammigen Gasherden ein wahres Gourmetmenü zubereiten. Eine Mikrowelle gehört ebenso zur Standardausstattung vieler Campervans. Diese lässt sich allerdings nur benutzen, wenn das Fahrzeug an ein externes Stromnetz angeschlossen ist. Der Kühlschrank hingegen läuft über eine zweite Batterie und kühlt somit ohne Pause. Er wächst mit der Größe des Wohnmobils, angefangen bei knapp 60 Liter Volumen bis hin zu rund 130-Liter-Kühlschränken in den Sechs-Personen-Fahrzeugen. Es ist also nicht nötig, nur aus Platzgründen jeden Tag aufs Neue im Supermarkt einkaufen zu gehen. Weitere Lebensmittel oder Geschirr finden in den Schubladen sowie Schränken der Küche ihren Platz.

Es lässt sich mühelos ein leckeres Essen kochen.

Bei den kleineren Minivans der Budgetanbieter ist mitunter nur eine Kühlbox im Preis inklusive. Diese ist eigenständig über Kühlakkus oder Eis zu kühlen, was vor allem in den heißen Monaten eine wässrige Angelegenheit sein kann. Wer sich für ein großes Wohnmobil entscheidet, kann sich darüber hinaus über einen eingebauten Gasgrill bzw. -ofen sowie im besten/teuersten Mietfall auch über einen herausziehbaren Outdoor-Grill freuen. Besser ist selbst die heimische Küche nicht ausgestattet.

Dusche & WC

In den größeren Modellen kommt ein Raum im Camper dazu, nämlich die Nasszelle. Der Komfort wird dadurch erheblich angehoben, wenngleich die Bezeichnung „Zelle" durchaus zutreffend ist. Toilette, Dusche und Waschbecken sind gemeinsam auf kleinstem Raum untergebracht. Selbst die Tür zur Nasszelle ist nicht unbedingt für jeden Bauchumfang passend.

Herausnehmbare Bio-Toilette

Für Warmduscher wird das Wasser aus dem Frischwassertank über eine Heizung erwärmt. Aufgrund des Gewichts ist der Tank in der Regel nicht größer als 80-140 Liter, das in etwa einer halb gefüllten Badewanne entspricht. Allerdings lässt sich der Frischwassertank an jeder gut ausgestatteten Tankstelle oder *rest area* bzw. auf dem Campingplatz nachfüllen. Das Abwasser sammelt sich im *grey* oder *waste water tank*, der bis zu 150 Liter fassen kann. Beim WC handelt es sich um eine eingebaute Chemie-Toilette. Das Wasser für die Spülung stammt ebenfalls aus dem Frischwassertank und fließt direkt in den *black water tank*, der wie der *grey water tank* an den sogenannten *dump stations* auf *rest areas* oder Campingplätzen zu leeren ist.

TIPP: Notwendigkeit einer Nasszelle
Erfahrungsgemäß stellen viele Mieter im Nachhinein fest, dass eine Nasszelle im Camper nicht zwingend erforderlich ist. Zum einen verfügt Australien über ein ausgezeichnetes Netz an öffentlichen Toiletten. Hinzu kommt, dass viele Reisende die kostenfreien Duschen und WCs der Campingplätze benutzen. Das spart Wasser und vor allem die spätere Reinigung der Abwassertanks.

7.2 Wohnliche Ausstattung

Inkludiertes Zubehör

Zur Ausstattung eines Campers gehören ebenfalls Dinge des alltäglichen Camperbedarfs, abgestimmt auf die gebuchte Personenzahl. Diese sind entweder im Standardpreis enthalten oder gegen eine einmalige Gebühr buchbar. Dazu gehören Bettlaken, Kissen, Bezüge und je nach Vermieter Decken oder Schlafsäcke. Auch Hand- und Geschirrtücher sowie Lappen bzw. Schwämme sind enthalten. Es ist dem Mieter selbst überlassen, ob er seine eigenen Handtücher oder Bettwäschesets benutzt. Er kann sich jedoch sicher sein, dass die Exemplare des Vermieters nach jeder Miete ausgetauscht bzw. gründlich gereinigt werden. Und das Gepäck freut sich bestimmt, wenn es keine Schlafsäcke sowie flauschigen Handtücher mitführen muss.

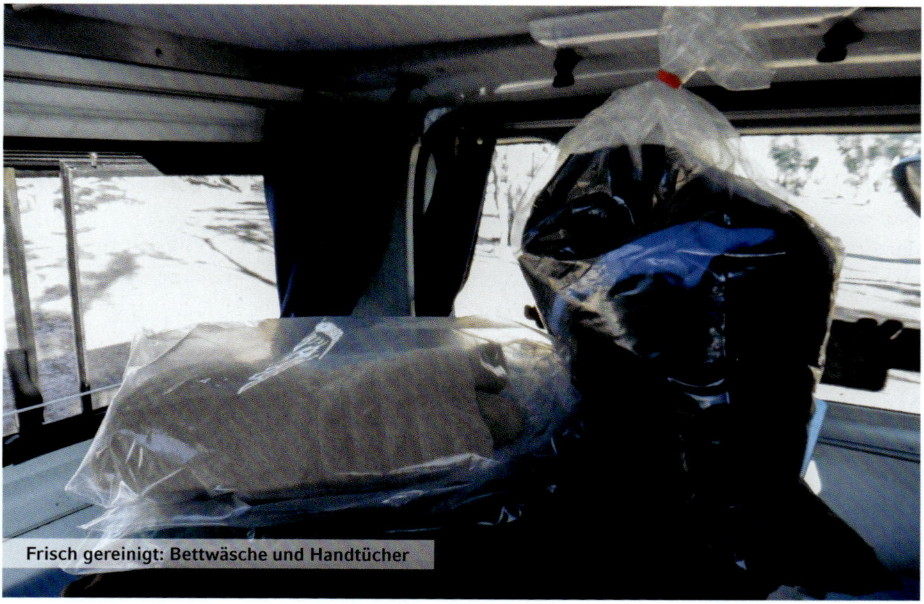

Frisch gereinigt: Bettwäsche und Handtücher

Die Küche kommt voll ausgestattet mit Kochtöpfen, Pfannen, Besteck, Teller, Tassen, Schüsseln, Wasserkessel etc. Das Geschirr ist entweder aus Plastik, Keramik bzw. Glas. Bei höherpreisigen Wagen kann man davon ausgehen, außerdem Wein- bzw. Sektgläser im Schrank zu finden. Was sonst noch zum persönlichen Kochidyll fehlt, z. B. ein Eierschneider, bringt der Reisende einfach selbst mit oder kauft es vor Ort günstig ein.

Es fehlt an nichts in der Küche.

Streichhölzer, Feuerlöscher und Reinigungsbedarf wie Spülmittel, Handfeger, Eimer und Wasserschlauch befinden sich ebenfalls im Camper. Ein wenig Sauberkeit gehört schließlich auch auf Reisen dazu.

TIPP: Grüße vom Vormieter

Die richtig Glücklichen finden noch brauchbare Hinterlassenschaften ihrer Vormieter im Camper wie Müllbeutel oder Salz und Pfeffer. Der Vermieter versichert sich, dass diese unbedenklich und weiter verwertbar sind. Solch ein Austausch unter Mietern ist eine tolle Gelegenheit, keine Nahrungsmittel am Ende der Mietzeit wegschmeißen oder in sich hinein futtern zu müssen. Alternativ kann man diese auch einfach in den Küchen der Campingplätze oder an Stellplatz-Nachbarn abgeben.

Entertainment

Was das Entertainment angeht, sorgen die teureren Camperanbieter mit LCD-Flatscreens sowie DVD-Playern für ein Gefühl wie im heimischen Wohnzimmer. Eingebaute Safes erhöhen das Sicherheits-, Kameras zur Einparkhilfe das Fahrgefühl. Einige Modelle verfügen zusätzlich über Solarpanelen, welche die zweite Batterie auch ohne externe Stromzufuhr aufladen. Im Handschuhfach befinden sich womöglich noch Campingplatzführer sowie Kartenmaterial, wenngleich Letztere durch die Nutzung von Smartphones wohl kaum noch gebraucht werden.

Optionale Ausstattung

Weiteres Zusatzequipment kann je nach Modell und Vermieter auf Wunsch hinzugebucht werden. Abhängig von der gewählten Versicherungsstufe ist dieses mitunter im Preis eingeschlossen, u. a. Campingstühle und -tisch. Für

Familien sicherlich entscheidend ist, ob Baby- bzw. Kindersitze erhältlich sind. Diese sollten bereits bei Buchung reserviert werden, um die Verfügbarkeit am Abholtag zu gewährleisten.

Beispiele Zusatzequipment

- Campingstuhl
- Campingtisch
- Baby- und Kindersitz
- Solar-Panele
- Ventilator/Heizlüfter
- Satellitentelefon
- Erste-Hilfe-Set
- Markise
- zusätzliche Kühlbox

7.3 Technische Ausstattung

Zweite Batterie

Ein Großteil der Fahrzeuge verfügt über ein duales 12-Volt-Batteriesystem, auch Zwei-Wege-Batteriesystem genannt. Eine Batterie versorgt den Motor und damit Radio, Blinker, Licht etc. Die zweite Batterie liefert Energie für den Wohnraum, d. h. für die Innenbeleuchtung, den Kühlschrank, eventuell vorhandene Steckdosen, Wasserpumpe, DVD-Player usw. Beide Batterien sind voneinander getrennt und funktionieren ohne die andere, können sich aber gegenseitig nicht ersetzen. Ist die Batterie des Wohnraums leer, lässt sich das Wohnmobil weiterhin starten. Hat man vergessen, das Fernlicht über Nacht auszumachen, kann man am nächsten Morgen immerhin noch eine kühle Milch trinken.

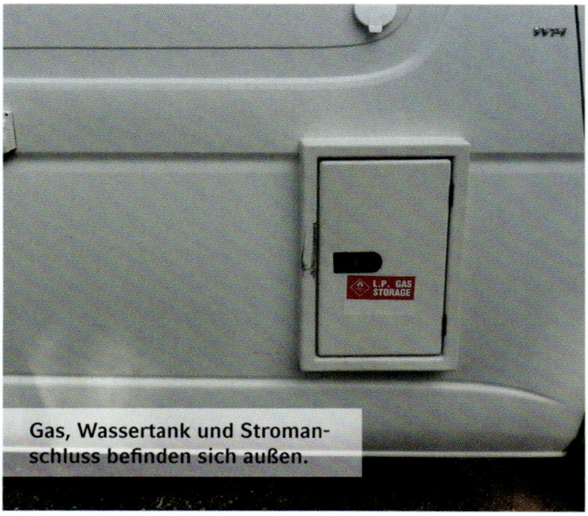

Gas, Wassertank und Stromanschluss befinden sich außen.

Beim Fahren lädt sich die zweite Batterie automatisch auf. Wer jeden Tagen ein wenig Strecke macht, muss also nicht befürchten, später im Dunkeln zu kochen. Alternativ kann das Fahrzeug auf einem Campingplatz an ein externes Stromnetz mittels eines beigefügten Stromkabels angeschlossen werden. In diesem Fall läuft die Inneneinrichtung automatisch auf 240 Volt und die zweite Batterie lädt sich auf. Sie hält voll aufgeladen zwischen zwölf und 20 Stunden. Verbraucher wie Licht oder Kühlschrank können damit unbedenklich auch bei längerer Standzeit genutzt werden. Allerdings ist es ratsam, jede zweite oder dritte Nacht auf einen Campingplatz fahren, um die zweite Batterie wieder gänzlich und nicht nur stoßweise beim Fahren aufzuladen. Ebenso sollten Energiefresser wie Licht nicht exzessiv genutzt und der Kühlschrank nachts etwas herunter gestellt werden.

Auch die elektrische Wasserpumpe der Dusche und Spüle läuft über die zweite Batterie. Per Schalter lässt sich die Pumpe an- und ausstellen. Sofern kein Wasser benötigt wird, sollte die Wasserpumpe auf „aus" stehen. Die Wasserzufuhr einiger kleiner Campervans erfolgt übrigens nicht elektrisch, sondern mittels Pumpen per Hand.

Die Gasflasche ist fest verankert.

Gasverbrauch

Bei Nutzung des Warmwassers erwärmt ein integrierter Boiler unter Gasverbrauch das Wasser so lange, bis die Heizfunktion deaktiviert wird. Ein weiterer Gasschlucker ist der Herd. Je größer das Campermodell, desto größer ist daher die integrierte Gasflasche. Sie reicht von 3,5 Kilogramm in Hochdachmodellen zu 9-Kilogramm-Ausführungen der großen Motorhomes. Wer regelmäßig im Camper kocht, heizt und warm duscht bzw. spült, kommt mit einer 9-Kilogramm-Gasflasche ungefähr zehn Tage aus. Leere Gasflaschen können an einigen Tankstellen oder in Outdoor-Geschäften nachgefüllt werden. Mitunter ist nur ein Austausch möglich. In diesem Fall ist zuvor der Vermieter zu kontaktieren. Die kleinen Gaskartuschen der Van-Modelle lassen sich meist günstig in den Supermärkten nachkaufen.

TIPP: Lieber aus statt an

Aus Sicherheitsgründen sollte der Gashahn nach jeder Nutzung, beim Fahren und nachts zugedreht werden.

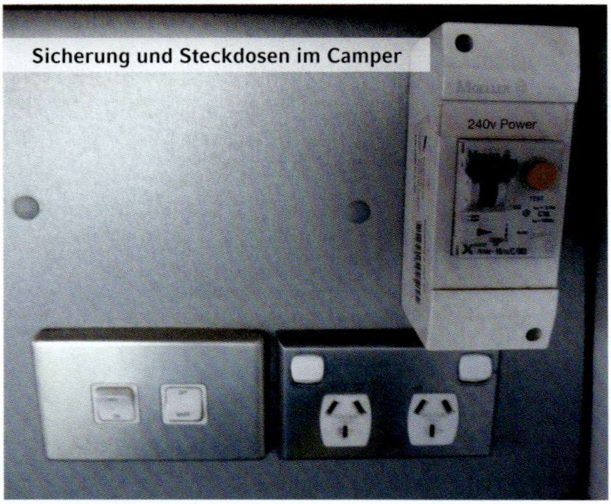

Sicherung und Steckdosen im Camper

Klimaanlage

Eine Klimaanlage/Heizung ist bei einer Vielzahl der kleineren Camper nur in der Fahrerkabine bei laufendem Motor verfügbar. In heißen Nächten heißt es hier, Fenster öffnen und sehr leicht bekleidet schlafen gehen. In den großen Wohnmobilen ist zusätzlich im Wohnraum eine Klimaanlage/ Heizung vorhanden. Diese funktioniert bei externer Stromzufuhr und sorgt vor allem nachts für ein erholsames Schlafgefühl.

Technischer Zustand

Während die Servolenkung zur Standardausstattung eines Camper gehört, ist dies bei ABS und Airbags nicht immer der Fall, gerade in älteren Modellen. Auch Steckdosen sind in manchen Modellen nicht vorhanden. Wenn ja, haben sie nur bei Anschluss an eine externe Stromzufuhr „Saft“. Oft wird fälschlicherweise angenommen, dass auch diese über die zweite Batterie mit Energie versorgt werden.

Schnelles Aufladen über den Zigarettenanzünder

Auch beim Entertainment-System gilt: Es kommt stark auf Alter und Kategorie des Fahrzeugs an. In älteren Budget-Campern ist die Ausstattung oft eher schlicht gehalten. Mit etwas Glück findet sich dort noch ein Kassettenfach, das nostalgische Gefühle weckt. Neuere Modelle bieten in der Regel modernere Anschlussmöglichkeiten, sodass eigene Musik abgespielt werden kann.

Der Radioempfang verliert sich im Outback übrigens schnell.

Wer seinen persönlichen Roadtrip-Soundtrack dabeihaben möchte und nicht mehr über eine CD-Sammlung verfügt, sollte vorab prüfen, welche Anschlussmöglichkeiten im Fahrzeug vorhanden sind.

TIPP: Die Power des Zigarettenanzünders

Ist kein USB-Anschluss verfügbar oder der nächste Campingplatz noch weit entfernt, lassen sich Smartphone oder auch Kamera mittels eines Adapters mühelos über den Zigarettenanzünder beim Fahren aufladen. Zwar ist die Aufladestärke nicht mit einer Steckdose vergleichbar, aber für das schnelle Laden zwischendurch reicht es allemal.

8. Das Kleingedruckte

Der Mietvertrag legt Rechte und Pflichten fest.

8. Das Kleingedruckte

Überzeugen ein, zwei Modelle für den kommenden Camping-Trip, steht unweigerlich das bevor, womit sich ein Urlauber wohl am wenigsten auseinandersetzen möchte – die Vertragsbedingungen. Diese füllen oft mehrere Seiten in kleinster Schrift, sind in wunderbar eintöniger Rechtssprache formuliert und häufig nur auf Englisch verfasst. Nichtsdestotrotz sollte sich der angehende Selbstfahrer diese gründlich durchlesen und bei Verständnisproblemen oder Rückfragen den Anbieter kontaktieren. Denn die sogenannten *Terms & Conditions* informieren über wichtige Rechte und Pflichten des Fahrers. Und spätestens mit Hinsicht auf die Versicherungsdeckung sollte sich jeder Reisende darüber im Klaren sein, welche finanziellen Konsequenzen eine nächtliche Spritztour mit Känguru-Gruß haben kann.

8.1 Mietbedingungen

Mindestalter

Eine wesentliche Mietbedingung ist das erforderliche Mindestalter. Dieses liegt bei den Budget-Vermietern in der Regel bei 18 Jahren, für höherwertige Modelle bei 21 Jahren. Wer einen Geländewagen steuern möchte, muss bei einigen Vermietern bereits 25 Jahre alt sein. Nur die wenigsten Anbieter haben eine Höchstgrenze für das Alter festgesetzt.

Führerschein

Um auf australischen Straßen unterwegs sein zu dürfen, benötigen Fahrer neben ihrem Führerschein eine englische Übersetzung. Dazu reicht vor Abreise ein Gang in das nächste Bürgeramt oder die Straßenverkehrsbehörde. Unter Vorlage des Führerscheins, Ausweises und biometrischen Passfotos erhält man für durchschnittlich 15 bis 20 EUR, je nach Region, den Internationalen Führerschein, der das Original in verschiedene Sprachen übersetzt und für drei Jahre gültig ist. Die Ausstellung erfolgt sofort. Wer ein langlebigeres Dokument haben möchte, lässt sich eine beglaubigte Übersetzung des Führerscheins anfertigen. Diese gilt ein Leben lang. Ganz wichtig: Die Übersetzung sowie der Internationale Führerschein sind an den Original-

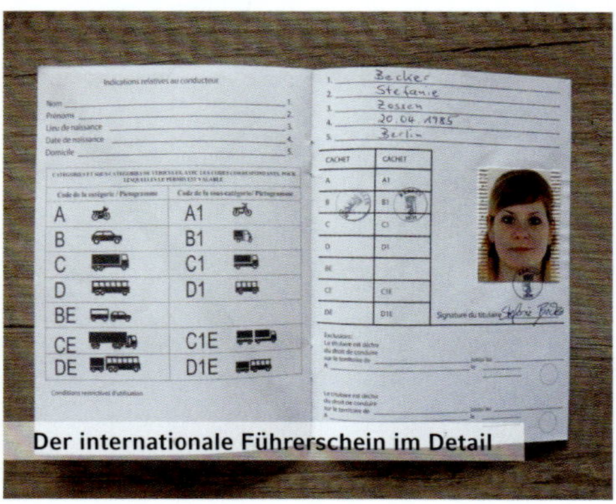

Der internationale Führerschein im Detail

Führerschein gekoppelt und daher nur unter gemeinsamer Vorlage gültig. Einige Anbieter verlangen darüber hinaus eine mehrjährige Fahrroutine und vermieten nicht an Reisende, die gerade erst ihren Führerschein erlangt haben oder noch in der Probezeit sind.

Alte Führerscheine
Inhaber einer „rosa" oder „grauen" Fahrerlaubnis benötigen zunächst einen EU-Führerschein, bevor sie einen internationalen Führerschein beantragen können. Für den Umtausch sollte ausreichend Zeit eingeplant werden. Siehe Seite 74.

Sämtliche Fahrer des Campers müssen ihren Führerschein vorzeigen und die Vertragsbedingungen unterzeichnen. Falls ein Freund erst später dazu steigt und ebenfalls fahren möchte, ist ein Besuch des nächsten Depots notwendig, um den Extra-Fahrer nachträglich zu registrieren. Sonst entfällt der Versicherungsschutz.

Mindestmietdauer

Ebenso wie ein Mindestalter gibt es auch eine Mindestmiete. Mithilfe dieser stellt der Vermieter zum einen eine bestmögliche Auslastung seiner Fahrzeugflotte sicher, zum anderen gibt er Reisenden einen Hinweis, wie viel Zeit für eine Strecke eingeplant werden sollte. Die Mindestmiete fängt in der Regel bei fünf Miettagen an, inkl. Abhol- und Abgabetag. Abhängig von der Strecke erhöht sich diese auf bis zu 35 Tage (z. B. bei Mieten von Perth nach Cairns). Aber auch die Saison hat Einfluss darauf. So liegt im Fall bevorstehender Events oder zwischen den Jahren die Mindestmiete wie auch der Preis weit höher als üblich.

Die Verträge sollten aufmerksam gelesen werden.

Einwegmiete

Bei Einwegmieten, sogenannten *one way rentals*, entspricht der Abgabeort nicht dem Abholort. Diese Verschiebung der Fahrzeugbestände zwischen den jeweiligen Niederlassungen lässt sich die Mehrheit der Vermieter durch eine einmalige Einweggebühr vergüten, die zusätzlich zum Mietpreis anfällt. Der Aufpreis ist über das Jahr konstant und liegt für die gängigen „Kurzstrecken" im niedrigen dreistelligen Bereich. Denn aufgrund der permanent hohen Nachfrage findet hier ein reger Fahrzeugaustausch entlang der Depots statt. Einwegmieten zwischen Orten, die entfernter liegen und weniger stark frequentiert sind, greifen tiefer in die Reisekasse. Wer einen Camper von oder nach Perth, Darwin oder Alice Springs mietet, sorgt für hohe Rückführungskosten seitens des Vermieters. Entsprechend hoch ist die Gebühr mit ca. 300 AUD. Bei Mieten von/nach Broome kommt unter Umständen zusätzlich zur Einwegmiete noch eine *remote location*-Gebühr bis zu 900 AUD hinzu. Ab einer bestimmen Mietlänge, zumeist drei bis vier Wochen, entfallen dafür oft die Einwegmieten.

Abholung & Abgabe

Eine Campermiete ist nach erfolgter Einbuchung wenig flexibel. Der Abhol- sowie Abgabeort und das jeweilige Datum stehen fest. Entscheidet sich der Urlauber nachträglich für eine Änderung des Abgabeortes, weil Cairns von Sydney aus vielleicht doch zu weit entfernt ist und lieber Brisbane das Ziel sein soll, muss er zuvor die Genehmigung des Vermieters einholen. Ebenso wenig kann die Miete nach Reiseantritt einfach so verlängert werden. Für die Änderung der Route bzw. der Daten berechnet der Anbieter ggf. eine Bearbeitungsgebühr.

Des Weiteren gibt es feste Abhol- und Abgabezeiten. Holt der Mieter den Camper nicht wie vereinbart um 10 Uhr ab, sondern erst um 14 Uhr, bleibt das Fahrzeug zwar reserviert, er sollte jedoch die Niederlassung über die Verspätung informieren. Gibt der Fahrer den Wagen erst um 15 Uhr und nicht wie vertraglich festgelegt um 9 Uhr ab, hat sich ggf. die Anschlussmiete des Fahrzeuges verzögert und grimmige Gesichter bei den Folgemietern verursacht. In diesem Fall stellt der Vermieter eine Zusatzgebühr für die Verspätung in Rechnung. Umgekehrt kann der Mieter keine Rückerstattung erwarten, falls er den Camper früher als vereinbart zurückführt.

Stornierung

Eine Stornierung ist grundsätzlich möglich und bei vielen Vermietern zeitlich gestaffelt. Erfolgt die Buchungsabsage frühzeitig vor dem geplanten Mietbeginn, fallen meist keine oder nur geringe Gebühren an. Je näher der Abholtermin rückt, desto höher kann die Stornogebühr ausfallen.

8.2 Versicherung

Versicherungen sind ein leidiges Thema – sie versichern ein Szenario, das (Gott sei Dank) in vielen Fällen nicht eintritt. Die Beiträge bekommt man trotzdem nicht wieder. Auf gut Glück fahren oder doch lieber auf Nummer sicher gehen? Selbst so manch routinierter Fahrer ertappt sich bei dem Gedanken, dass aufgrund seiner jahrelangen Erfahrung im Straßenverkehr schon nichts passieren wird. Und dann fährt ihm plötzlich jemand von hinten in seinen Wagen – der von ihm unverschuldete Schadensfall ist da. Und nun? In Australien wäre ihm in diesem Fall ohne eine Zusatzversicherung die Kaution eingezogen worden, solange bis der Unfallhergang geklärt ist. Das kann mitunter Jahre dauern. Doch von Anfang an.

Bei Pannen ist eine Versicherung unersetzlich.

Inkludierte Standardversicherung

Jeder Mietcamper in Australien kommt mit einer integrierten Haftpflichtversicherung, die Personenschäden und Sachschäden gegenüber Dritten abdeckt. Einige Reiseveranstalter haben eine zusätzliche Haftpflichtversicherung mit deutschen Versicherern in ihrem Angebot inkludiert. Wurde der Unfall infolge vertragsbrüchigen Verhaltens verursacht oder verfügt der beteiligte Unfallgegner über keine Haftpflichtversicherung (in Australien oft üblich, da nicht vorgeschrieben), haftet der Verursacher bis zur Höhe seiner vertraglichen Selbstbeteiligung für entstandene Schäden. Eine Insassenversicherung ist grundsätzlich nicht vorhanden. Neben einer Reiserücktritts- oder Reisegepäckversicherung gehört daher eine Auslandskrankenversicherung zu den Versicherungen, die ein Selbstfahrer unbedingt in Erwägung ziehen sollte.

Optionale Zusatzversicherung

Um auch für Schäden am eigenen Mietfahrzeug abgedeckt zu sein und/oder den Selbstbehalt zu reduzieren, kann der Reisende unter mehreren Kaskoversicherungen des Vermieters wählen. Der Abschluss ist nicht verpflichtend, aber sehr empfehlenswert. Eine Standard- oder auch Basiskaskoversicherung ist im Tagesmietpreis inklusive und an eine Selbstbeteiligung sowie Kaution in gleicher Höhe gekoppelt. Die Kaution beträgt je nach Fahrzeugmodell bis zu 8000 AUD. Sie wird bei Abholung des Campers entweder auf der Debit- bzw. Kreditkarte geblockt oder abgebucht. Das Geld steht damit für die gesamte Mietdauer nicht zur Verfügung – für manches Reisebudget ein herber Verlust. Mieter, die sich für diese Versicherung entscheiden, sollten sicherstellen, dass ihre Kreditkarte den entsprechenden Verfügungsrahmen besitzt.

Straßen wie diese sollten auf jeden Fall gemieden werden!

Kaution & Selbstbehalt

Kommt es während der Miete zu keinem Schadensfall, wird die Kaution freigegeben bzw. zurück überwiesen. Im Fall eines Unfalls zieht der Vermieter die Kaution in entsprechender Schadenshöhe ein. Die Kaution greift pro Schadensfall, nicht pro Miete. Zu einem Schaden zählen nicht nur selbstverschuldete Unfälle, sondern wie eingangs geschildert auch Schäden durch Verschulden Dritter, Reifen- und Glasschäden sowie Schäden durch Wildunfall, Einbruch oder Diebstahl. Der Vermieter hält die Kaution so lange ein, bis der Unfallhergang und finanzielle Ansprüche unter den Beteiligten geklärt sind. Das kann sich hinziehen. Trägt der Mieter keine Schuld, bekommt er die Summe zurück.

Kreditkartenzahlung statt Bares

Die Zahlung der Kaution erfolgt ausschließlich über Kredit- oder Debitkarte. Zu berücksichtigen sind dabei anfallende Kreditkartengebühren. Wird die Kaution am Ende der Miete zurück überwiesen bzw. freigegeben, wird ggf. auch die Kreditkartengebühr zurückerstattet. Eine Scheck- oder Barzahlung sowie Verteilung auf mehrere Kreditkarten ist in der Regel nicht möglich.

Im Zweifels- bzw. Schadensfall wird die vermeintlich günstigste Mietoption somit richtig teuer. Nicht nur das unkalkulierbare Fahrverhalten Dritter, sondern auch der ungewohnte Linksverkehr, lange, monotone Strecken sowie ein reger Wildwechsel erhöhen das Risiko bzw. die Unachtsamkeit. Daher ist der Abschluss einer Zusatzversicherung unbedingt empfehlenswert. Die Vermieter bieten oft mehrere Tarife an, deren Versicherungsschutz mit steigender Beitragshöhe wächst und Schadensfälle wie Kratzer, Beulen, Wildunfälle am Tag sowie Reifen- und Glasschäden inkludiert. Gerade Steinschläge sind keine Seltenheit auf australischen Straßen. Dazu reicht ein vorbeirauschender Truck und ein winziger Kiesel. Außerdem sinkt die Höhe der Selbstbeteiligung und damit Kaution bis auf 0 AUD. Von der Kreditkarte wird in diesem Fall nichts abgebucht oder geblockt, sondern lediglich ein Durchschlag genommen, um ggf. im Verlauf der Miete oder nachträglich anfallende Gebühren einzuziehen (z. B. Strafzettel oder Reinigungsgebühr). Die optionalen Versicherungspakete unterscheiden sich je nach Vermieter deutlich in Leistungsumfang und Höhe des Selbstbehalts. Entsprechend variieren auch die täglichen Zusatzkosten. Eine Übersicht zu den jeweiligen Versicherungsoptionen und Konditionen ausgewählter Anbieter findet sich im Anhang.

Wer sich für den besten Versicherungsschutz entscheidet, zahlt zwar einen höheren Mietpreis, spart aber bei der Kaution und haftet für keinerlei Schäden. So fährt der Urlauber deutlich entspannter durch das Land. Darüber hinaus locken die Vermieter bei Abschluss einer Zusatzversicherung mit kostenlosen Leistungen, z. B. Kindersitzen, Campingstühlen oder einer wegfallenden Einwegmiete. Auf diese Weise relativieren sich die Zusatzkosten der Versicherung mit denen des Equipments. Des Weiteren werden die Versicherungsbeiträge zumeist nur für einen bestimmten Mietzeitraum berechnet (z. B. 50 Tage). Fair enough, würde der Australier sagen.

Selbstbehalt-Ausschluss-Versicherung (SBAV)

Heimische Reiseveranstalter bieten mitunter sogenannte SBAV-Pakete an, die der Mieter alternativ zur Zusatzversicherung des Vermieters wählen kann. Im Fall eines Unfalls übernimmt die einheimische Versicherung bis zu einer gewissen Deckungshöhe die Selbstbeteiligung, allerdings nur, falls der Schaden auch seitens des Vermieters versichert ist. Hat der Mieter z. B. einen Unfall unter Alkoholeinfluss begangen, greift auch diese Versicherung nicht. Eine Besonderheit der SBAV: Der Mieter hat zunächst die erforderliche Kaution beim Vermieter zu hinterlegen und tritt im Fall eines Unfalls in Vorkasse. Erst nach seiner Rückkehr bzw. nach Einreichung aller Unterlagen bekommt er die gezahlte Selbstbeteiligung zurückerstattet.

Versicherungsausschlüsse

Was wäre eine Versicherung ohne die berüchtigten Ausschlüsse? Hält sich der Mieter an die Vertragsbedingungen, genießt er nicht nur einen umfangreichen Versicherungsschutz, sondern auch eine stressfreie Reise. Sollte er sich jedoch nicht an die *Terms & Conditions* des Vermieters halten und infolgedessen einen Schaden verursachen, erlischt sein Versicherungsschutz ohne Wenn und Aber. Zu den Ausschlüssen gehören u. a.:

- Schäden durch Fahren auf unbefestigten Straßen (2WD) bzw.
- Schäden auf nicht erlaubten Streckenabschnitten (4WD),
- Schäden infolge fahrlässigen/mutwilligen Verhaltens (z. B. Fahren unter Alkoholeinfluss),
- Schäden infolge des Verstoßes gegen die australischen Verkehrsregeln,
- Schäden infolge der Nutzung des falschen Kraftstoffes,
- Schäden infolge eines Wildunfalls bei Nacht,
- Schäden, verursacht durch einen nicht registrierten Fahrer,
- Schäden infolge des Fahrens durch Flutwasser,
- Schäden infolge eines Überschlags ohne Einwirkung Dritter,
- Bergungskosten für festgefahrenes, eingekeiltes Fahrzeug,
- Kosten für einen verloren gegangenen oder defekten Zündschlüssel,
- Schäden infolge weiterer Verstöße gegen die *Terms & Conditions* (z. B. unterlassene Kontrolle des Ölstandes, Ignorieren von Warnlichtern).

Darüber hinaus sind besonders gefährdete Bereiche des Fahrzeuges wie die Markise, ausfahrbare Dächer oder auch der Unterboden nicht versichert. Wer also in ein Parkhaus fährt, sollte sicher sein, dass der Wagen durch die Einfahrt passt. Ebenso vom Versicherungsschutz ausgeschlossen ist das persönliche Eigentum im Camper. Allerdings lassen sich bestimmte Schadensfälle wie der *single vehicle turnover*, also der Überschlag des Wagens ohne Einwirkung Dritter, sowie Schäden am Unterboden oder Dach durch weitere, gezielte Zusatzpakete des Vermieters absichern.

8.3 Pflichten des Mieters

Regelmäßige Fahrzeugkontrolle

Mit der Miete eines Campers gehen gewisse Pflichten für den Mieter einher. Diese beziehen sich auf den ordnungsgemäßen Umgang und die Pflege des Fahrzeuges. Angesichts der großen Entfernungen und extremen Wetterbedingungen gehören dazu die tägliche Kontrolle des Öl- und Wasserstandes. Falls sich eine andauernde Überhitzung des Motors abzeichnet, sollte der Ursache unter Rücksprache mit dem Vermieter auf dem Grund gegangen werden. Verliert der Wagen Kühlwasser, ist ständiges Nachfüllen keine Lösung des Problems. Blinken irgendwelche Warnlichter, macht der Wagen merkwürdige Geräusche oder hat sich etwas am Fahrverhalten geändert, ist auch hier der Vermieter umgehend zu informieren.

Tägliche Kontrollen liegen in der Verantwortung des Mieters.

Wer dessen ungeachtet weiterfährt, riskiert nicht nur seinen unbeschwerten Urlaub, sondern auch schwerwiegende, vermeidbare Schäden am Fahrzeug und ein großes Loch auf seinem Konto. Denn in diesem Fall haftet der Mieter aufgrund unterlassener Sorgfaltspflicht, Versicherung hin oder her. Zudem sollte der Fahrer einmal pro Woche bzw. alle 1500 Kilometer die Reifen hinsichtlich Verschleiß und Druck überprüfen.

Ordnungsgemäße Rückführung

Bei Abgabe des Fahrzeuges ist dieses in einem „stubenreinen" Zustand zu hinterlassen. Eine Fahrt durch die Waschanlage samt Politur ist nicht erforderlich. Aber jeglicher Müll sollte aus dem Fahrzeug entfernt und grobe Verschmutzungen innen sowie außen gereinigt werden. Auch der Kühlschrank ist fairerweise einmal auszuwischen, denn kein Mieter freut sich über lebende bzw. riechende Hinterlassenschaften in den Ecken. Wird das Fahrzeug in einem weniger sauberem Zustand übergeben, behält sich der Vermieter vor, eine Reinigungsgebühr im dreistelligen Bereich in Rechnung zu stellen. Während der Müll und die Abwassertanks geleert zu übergeben sind, müssen der Benzintank sowie die Gasflasche bei Abgabe aufgefüllt sein, sonst drohen „Strafgebühren". Alternativ kann der Mieter vorab eine *pre purchase*-Gas- oder -Benzinoption hinzu buchen. Diese Bequemlichkeit ist jedoch deutlich teurer als das eigenständige Auffüllen an jeder Tankstelle.

Vor Abgabe ist der Camper grob zu reinigen.

Während Rauchen in den Campern grundsätzlich nicht gestattet ist, erlauben einige Vermieter das Mitführen von Hunden.

9. Kauf als Alternative zur Campermiete

Statt der Miete eines Campers kann dieser auch gekauft werden.

9. Kauf als Alternative zur Campermiete

Wer sich nicht mit dem Kleingedruckten beschäftigen und Australien völlig losgelöst von jedweden Bedingungen entdecken möchte, kauft sich seinen rollenden Weggefährten. Diese Möglichkeit stößt vielleicht nicht unbedingt bei Kurzurlaubern, aber vor allem bei den zahlreichen Backpackern auf großes Interesse. Auch für Weltenbummler, die deutlich mehr Zeit als drei Wochen im Gepäck mitbringen, ist der Fahrzeugkauf eine erwägenswerte Alternative zur Miete. Ausschlaggebender Wegweiser ist die beabsichtigte Reisedauer. Stehen für den Trip nur wenige Tage oder einige Wochen zur Verfügung, überlegt wohl niemand ernsthaft, ein Auto zu kaufen. Ist hingegen die Umrundung Australiens erklärtes Streckenziel, rückt die Mietoption in weite Ferne.

9.1 Abwägen zwischen Miete und Kauf

Beim Autokauf heißt es vergleichen.

Ab welcher exakten Reisedauer sich ein Autokauf gegenüber der Fahrzeugmiete lohnt, lässt sich nur vage sagen. Einige Informationsquellen setzen die Schwelle bei acht Wochen, andere wiederum empfehlen die Kaufoption erst ab einer Tour von drei Monaten. Einigkeit besteht darin, dass eine Fahrzeuganschaffung für nur wenige Wochen keinesfalls in Betracht gezogen werden sollte, da Aufwand und Kosten in keinem Verhältnis zum „Freiheitsgewinn" durch das eigene Auto stünden.

Entscheidungsbeispiel

Ob ein Kauf gegenüber der Miete rentabel ist oder nicht, verdeutlicht der Budget-Anbieter Travellers Autobarn in einer Infografik auf seiner Website. Sie vergleicht die Miet- und Kaufkosten des Toyota Hiace Kompaktcampers. Die Preise basieren auf eigenen Preiskalkulationen und sind demnach im Budgetbereich für Modelle älteren Baujahres anzusiedeln. Für einen Toyota Hiace, Baujahr 2006 bis 2010, verlangt Travellers Autobarn in etwa 16.500 AUD und garantiert vertraglich einen Rückkauf i.H.v. 30 bis 50 Prozent des Kaufpreises. Zum Vergleich: Das kleinere Modell des Minivans kostet ca. 8500 AUD. Von den eigenen, durchschnittlichen Mietpreisen abgeleitet, ergeben sich folgende Empfehlungen:

Empfehlung Miete und Kauf

	Mietpreis Hitop	Kaufempfehlung Hitop	Kaufempfehlung Minivan
4 Wochen	2380 AUD	nein	nein
8 Wochen	4424 AUD	nein	nein
10 Wochen	5250 AUD	nein	nein
12 Wochen	5796 AUD	nein	50/50
16 Wochen	6240 AUD	nein	auf jeden Fall

Die Infografik verdeutlicht zwei Dinge: Mit steigender Anzahl an Miettagen verringert sich der Tagesmietpreis. Rabatte für Langzeitmieten kommen zum Tragen, wodurch eine Miete auf lange Sicht prozentual gesehen günstiger wird. Bei einem Kauf hingegen investiert der Reisende zu Beginn mehr Geld. Er kann aber im besten Fall davon ausgehen, am Ende der Reisezeit durch den Verkauf einen Teil der Ausgaben zurückzuerlangen, sei es durch einen garantierten Rückkauf

Pro und Contra

	Vorteile	Nachteil
Miete	• Vermieter als ständiger Ansprechpartner • Sicherheit der Mietbedingungen (z. B. bei Pannen) • finanzielle Absicherung (keine unvorhersehbaren Kosten) • Bequemlichkeit	• Reiseverhalten z. T. durch Mietbedingungen vorgegeben (z. B. wenige Niederlassungen) • Mietwagen entspricht nicht den Vorstellungen • weniger Flexibilität
Kauf	• Individualität, „eigener Herr" • keine einschränkenden Vorgaben (z. B. unerlaubtes Fahren auf unwegsamen Straßen) • Verkaufserlös am Ende der Reise • absolute Freiheit (räumlich und zeitlich)	• große Selbstverantwortung • unvorhersehbare Kosten (z. B. Reparaturen) • keinerlei Garantien bei Privatkauf

wie bei Travellers Autobarn oder bei einem privaten Deal. Ausgehend von den beispielhaften Mietpreisen lohnt sich die Anschaffung eines Minivans im Vergleich zur Miete eines Hitops bereits ab einer Reisedauer von zwölf Wochen. Für einen Hochdachcamper liegen die Anschaffungskosten jedoch so hoch, dass ein Kauf erst ab 22 bis 30 Wochen in Erwägung zu ziehen ist.

Persönliche Motive

Neben den Anschaffungskosten und der Reisedauer entscheiden ganz persönliche Beweggründe die Abwägung zwischen Miete und Kauf. Nicht jeder Langzeitreisende möchte zwingend einen Wagen kaufen, sondern liebäugelt vielmehr mit der Bequemlichkeit der Miete ohne größere Verantwortlichkeiten. Andere verzehren sich nach dem großen *road trip*-Abenteuer ganz klassisch im eigenen Bulli und nehmen dafür zu gern ein erhöhtes finanzielles Risiko in Kauf.

Viele Backpacker kaufen sich lieber ein Auto.

Bevor der Autokauf in die Realität umgesetzt wird, sollte der Reisende ein letztes Mal innehalten und sich folgende Fragen stellen:

- Ist das Reisebudget groß genug, um nicht nur den Kaufpreis, sondern auch anfallende Instandhaltungs- und Reparaturkosten zu stemmen?
- Erlaubt die Reiseplanung genügend Zeit, um den Kauf und vor allem Verkauf nicht unter Zeitnot abwickeln zu müssen?
- Gibt es ein mechanisches Grundverständnis, um das Fahrzeug beurteilen und sich im Zweifelsfall selbst helfen zu können?
- Und ist der Kauf den Aufwand hinsichtlich Suche, Registrierung, Versicherung etc. wert?

9.2 Der Autokauf Schritt für Schritt

Welcher Fahrzeugtyp?

Viele Mietcampermodelle stehen in Australien auch zum Kauf zur Verfügung. Abhängig von Baujahr, Kilometerstand, Ausstattung und Zusatzleistungen wie Registrierung liegen die Anschaffungskosten mal höher, mal niedriger. Zeigt der Tacho eines *station wagon* z. B. weniger als 150.000 Kilometer, gilt dieser für australische Verhältnisse fast als Neuwagen und steigt dadurch im Preis. Sind deutliche Verschleißspuren erkennbar oder läuft die Registrierung in wenigen Wochen aus, sinkt der Wert des Autos.

Der Kombi ist der wohl günstigste Reisegefährte, sowohl in der Anschaffung als auch während der Reise. Benzinverbrauch und Instandhaltungskosten halten sich bei dem zuverlässigen Gefährten in Grenzen. Für den unschlagbaren Kaufpreis arrangiert sich der Selbstfahrer mit weniger Platz und Stauraum. Ein Minivan bietet Wohlfühlatmosphäre auf kleinstem Raum. Bett, Gepäck sowie weitere Ausstattung lassen sich durch liebevolle Handwerksarbeit und einem Schuss Fantasie bestens räumlich voneinander trennen. Allerdings schluckt der schwache Motor deutlich mehr Sprit; geländegängig ist er nur mit äußerst abenteuerlichem Fahrstil. Urlauber, die überwiegend offroad unterwegs sein möchten, greifen tief ins Portemonnaie und kaufen sich einen Geländewagen. Hohe Kosten für den Unterhalt sowie ein bescheidener Komfort schränken den Traum von absoluter Freiheit allerdings ein wenig ein.

Wo kaufen?

Saisonale Gegebenheiten beeinflussen, wie schnell der Reisende sein Auto kauft, zu welchem Preis und ob er überhaupt ein passendes Gefährt findet. Während der Hauptsaison (Sommer im Süden, Trockenzeit im Norden) suchen viele Backpacker und andere Langzeitreisende vor Ort nach Fahrzeugen. Die hohe Nachfrage treibt den Verkaufspreis in die Höhe. Schlecht für den Käufer, gut für den Verkäufer. Letzterer wiederum wird sein Auto zur Regenzeit in Darwin oder Cairns eher schwer los, da sich potenzielle Interessenten im Süden aufhalten. Aber selbst in Großstädten wie Perth, Brisbane oder Melbourne kann sich der Autohandel über das gesamte Jahr gesehen mühselig gestalten, da es hier keinen wirklichen, allseits bekannten Automarkt gibt. Denn die große Mehrheit der Neuankömmlinge betritt australischen Boden erstmals in Sydney. Nirgendwo sonst ist das Angebot und die Nachfrage so hoch wie in der Metropole an der Ostküste.

Vor Ort gibt es verschiedene Möglichkeiten, nach einem geeigneten Fahrzeug zu suchen. Einen guten Überblick über die aktuelle Marktlage bietet vor allem das Internet. Interessierte erhalten hier nicht nur einen ersten Eindruck, son-

An den schwarzen Brettern finden sich viele Verkaufsanzeigen.

dern können gezielt nach Kriterien wie Ausstattung, Preis oder Fahrzeugtyp filtern.

TIPP: Internetadressen für die Autokaufsuche

- www.carsguide.com.au
- www.carsales.com.au
- www.drive.com.au
- www.gumtree.com.au

Auch über soziale Netzwerke, lokale Gruppen oder Aushänge im Hostel lassen sich Fahrzeuge von Privatpersonen finden. Hier ist die Auswahl oft groß, und direkte Absprachen mit den Verkäufern sind unkompliziert möglich. Steht ein Fahrzeug bereits länger zum Verkauf, sinkt nicht selten der Preis, insbesondere dann, wenn der Verkäufer zeitlich unter Druck steht.

Der wohl klassischste Weg für die Autosuche führte lange Zeit auf die sogenannten Travellers Carmarkets in den größeren Städten. Diese Autobasare waren auf den Kauf und Verkauf zwischen Reisenden spezialisiert und boten neben dem Feilschen um das passende Fahrzeug auch einen regen Informationsaustausch zu Versicherungs- und Anmeldefragen.

Heute sind die klassischen Travellers Carmarkets kaum noch verbreitet. Stattdessen hat sich der Handel weitgehend auf Online-Plattformen verlagert.

Fahrzeuge von Privatpersonen sind dabei oft noch immer günstiger als beim Händler, insbesondere wenn Verkäufer unter Zeitdruck stehen. Je näher die Heimreise rückt, desto größer ist häufig die Verhandlungsbereitschaft. Gleichzeitig erfordert der Privatkauf heute meist mehr Eigeninitiative bei der Suche und Organisation.

Allerdings erfolgt der Privatkauf in der Regel ohne Sicherheiten. Ein Fahrzeug kann bei der Besichtigung einen guten Eindruck machen und dennoch kurz nach dem Kauf Probleme bereiten. Gewährleistung oder Rückgabemöglichkeiten bestehen meist nicht. Um das Risiko zu reduzieren, empfiehlt es sich, das Fahrzeug vor dem Kauf gründlich zu prüfen oder prüfen zu lassen.

Alternativ kann auch der Kauf über einen Händler sinnvoll sein. Die Fahrzeuge sind dort in der Regel technisch überprüft und beinhalten teilweise Garantie- oder Serviceleistungen. Diese zusätzliche Sicherheit spiegelt sich jedoch im Preis wider.

Worauf achten?

Eine Anzeige kann noch so vielversprechend klingen – eine Besichtigung ist unabdingbar, um den tatsächlichen Zustand des Wagens beurteilen zu können. Das Auto sollte zunächst auf optische Mängel geprüft werden wie Lackschäden, Roststellen oder Dellen. Ebenso wichtig ist die Kontrolle der Radstellung sowie Reifen. Besitzen letztere z. B. kaum noch Profil, drohen hohe Folgekosten. Bei einem Blick unter die Motorhaube geben der Ölstand sowie die Ölkonsistenz Aufschluss über eventuelle Mängel. Während einer Probefahrt lässt sich zudem ein besseres Gefühl für das Fahrzeug entwickeln. Sind ein Schalten durch alle Gänge sowie kräftiges Beschleunigen und scharfes Abbremsen problemlos möglich, spricht das für den Wert des Autos.

Um auf Nummer sicher zu gehen, fährt der Kaufinteressent zu einem Mechaniker, um dort das Fahrzeug auf Herz und Nieren zu überprüfen. Gerade Autokauf-Laien können so sicherstellen, ein verkehrssicheres und fahrtüchtiges Auto zu kaufen. Lieber einen Blick mehr riskieren und das Fahrzeug genau unter die Lupe nehmen bzw. nehmen lassen, als kurz nach dem Kauf die nächste Werkstatt ansteuern zu müssen. Denn mit dem Handschlag wechselt eine Menge Geld den Besitzer.

Damit die Reisekasse nicht zu sehr schrumpft, lohnt es sich auf jeden Fall zu handeln, gerade bei Privatanbietern. Diese haben schließlich ein großes Interesse daran, ihr Fahrzeug möglichst schnell loszuwerden. Und jeder Mangel reduziert den Wert. Allerdings sollte der Preis nicht zu tief hinunter gedrückt werden. Denn ist das Fahrzeug gut in Schuss, das Angebot fair und die Nachfrage hoch, kann sich der Anbieter sicher sein, innerhalb kurzer Zeit einen anderen, willigen Abnehmer zu finden.

Nicht nur der technische Zustand des Fahrzeuges entscheidet über den Wert. Auch wichtige Angaben wie zur Registrierung erhöhen oder schmälern den Kaufpreis. Ist die Registrierung noch mehrere Monate gültig, spart der neue Besitzer viel Zeit und vor allem Geld.

TIPP: Personal Property Securities Register

Um beim Fahrzeugkauf keine bösen Überraschungen zu erleben, lohnt sich ein Blick in das Personal Property Securities Register (PPSR). Gegen eine geringe Gebühr kann hier über die Eingabe der Vehicle Identification Number (VIN) oder der Chassis-Nummer geprüft werden, ob auf dem Fahrzeug noch finanzielle Belastungen wie laufende Kredite liegen oder ob es als gestohlen gemeldet ist.
ppsr.gov.au

Wie registrieren und ummelden?

Kein Thema bereitet den Autokäufern und -verkäufern in Australien mehr Kopfzerbrechen als die Registrierung bzw. die Ummeldung des Fahrzeuges. Das hat nicht vorrangig mit weit verzweigten Behördengängen oder langen Bearbeitungszeiten zu tun, sondern vor allem mit den zum Teil sehr unterschiedlichen Bedin-

Heiß begehrt, aber teuer – ein Geländewagen verspricht pure Freiheit.

gungen in den Bundesstaaten. Es spielt eine große Rolle, wo das Auto registriert ist und wo man es kaufen bzw. ummelden möchte. Wurde das Auto nicht in dem Bundesstaat gekauft, in dem der Halterwechsel stattfindet, spricht man von einem interstate transfer. Dieser ist, abhängig von den beteiligten Bundesstaaten, mal mehr mal weniger zeit- und kostenintensiv und soll daher im Rahmen dieses Buches besser nicht detailliert erklärt werden.

Grob zusammengefasst gilt Folgendes: Die Registrierung, kurz *rego* genannt, bestätigt die Zulassung des Autos auf australischen Straßen. Voraussetzung für die erstmalige Ausstellung bzw. Verlängerung ist je nach Bundesstaat unter anderem die Vorlage eines sogenannten *roadworthy certificates* (auch *pink slip* in New South Wales), das durch akkreditierte Werkstätten nach technischer Überprüfung ausgestellt wird. Die Kosten für die *rego* belaufen sich je nach Bundesstaat und Fahrzeugtyp auf jährlich etwa 600 bis über 1500 AUD und sollten daher im Budget des Autokaufs unbedingt einkalkuliert sein. In den Verkaufsanzeigen finden sich oft Angaben darüber, wie lange die Registrierung noch gültig ist. Aus den besagten Kostengründen gilt, je länger, desto besser, mindestens jedoch drei Monate.

Unabhängig von der Restlaufzeit der rego muss der neue Besitzer das Fahrzeug möglichst zeitnah auf seinen Namen bei der zuständigen Verkehrsbehörde ummelden, in der Regel innerhalb von etwa 14 Tagen. Für die Anmeldung erforderlich sind die Fahrzeugdokumente im Original sowie ein Identitätsnachweis; die genauen Anforderungen (zum Beispiel Führerschein oder zusätzliche Nachweise) unterscheiden sich zwischen den Bundesstaaten. Ein erneutes *roadworthy certificate* ist dabei nicht in allen Fällen erforderlich. Nach Vorlage aller erforderlichen Unterlagen ist die Ummeldung häufig innerhalb kurzer Zeit möglich, teilweise auch online.

TIPP: Verkaufsschlager
Ein in Western Australia registriertes Auto gilt unter Reisenden weiterhin als vergleichsweise unkompliziert umzumelden, da die Anforderungen in bestimmten Fällen geringer sein können als in anderen Bundesstaaten. Generell haben sich die Unterschiede zwischen den Bundesstaaten jedoch verringert, sodass dieser Vorteil heute weniger stark ins Gewicht fällt als früher.

Bei der Ummeldung des Fahrzeuges kommt für viele Käufer ein zusätzlicher Kostenpunkt meist sehr überraschend. Die sogenannte *stamp duty* ist eine staatliche Abgabe auf den Fahrzeugkauf und wird je nach Bundesstaat unterschiedlich berechnet. Sie kann mehrere Prozent des Kaufpreises betragen und wird im Rahmen der Ummeldung durch die zuständige Behörde erhoben.

TIPP: Kalkulieren der Stamp Duty
Weiterführende Informationen je nach Bundesstaat sowie Kalkulation der Kosten unter:
www.carsguide.com.au/car-advice/stamp-duty-for-cars-explained-31021

Welche Versicherung?

Für das eigene Auto wird in Australien in verpflichtende und freiwillige Versicherungen unterschieden. Die sogenannte *compulsary third party insurance* (auch CTP oder *green slip* genannt) ist gesetzlich vorgeschrieben und an die Registrierung gekoppelt, sodass sie beim Autokauf in der Regel mit dem Fahrzeug übernommen wird. Als Haftpflichtversicherung deckt sie infolge eines Unfalls verursachte Personenschäden ab. Der genaue Leistungsumfang kann sich je nach Bundesstaat unterscheiden und schließt teilweise auch den Fahrer mit ein.

Ebenfalls freiwillig, aber absolut empfehlenswert ist der Abschluss der *third party property insurance*. Diese versichert verursachte Sachschäden gegenüber Dritten. Die Kosten liegen je nach Anbieter und Fahrerprofil meist im Bereich von etwa

Selbsthilfe reicht manchmal aus.

200 bis 600 AUD pro Jahr. Im Ernstfall können die Kosten für Schäden am Eigentum anderer jedoch deutlich höher ausfallen. Kleinere Schäden am eigenen Fahrzeug wie Kratzer im Lack oder Dellen sind dagegen oft leichter zu verkraften. Wer auch diese absichern möchte, schließt eine *full comprehensive insurance* ab, die unserer Vollkasko-Versicherung entspricht.

Der Abschluss optionaler Versicherungen kann für Reisende ohne festen Wohnsitz in Australien mitunter erschwert sein, da die Anforderungen je nach Anbieter variieren. In der Regel werden eine Adresse in Australien sowie zusätzliche Angaben zum Fahrer verlangt. Es empfiehlt sich daher, Angebote verschiedener Versicherer zu vergleichen und die Bedingungen sorgfältig zu prüfen.

TIPP: Australische Automobilclubs

Eine Mitgliedschaft in australischen Automobilclubs rentiert sich gerade bei längeren Reisen. Denn wer z. B. an einem abgelegenen Orten liegenbleibt, freut sich über den inkludierten Abschleppdienst. Andererseits könnte es teuer werden.

Teil 3
Die Fahrt – Der Weite entgegen

Unterwegs auf den Straßen Down Unders

Eine Fahrt mit dem Camper durch Australien verspricht eine Reise abseits von pauschalen Erlebnissen, die für den Selbstfahrer zu gleichen Teilen Entspannung, aber auch Anstrengung bereit hält. Hier liegt der Urlauber nicht tagein, tagaus auf einer Liege am Pool und schlürft dabei genüsslich einen Cocktail – vielmehr ist er ständig auf Achse und muss dazu noch selbst für die Fortbewegung sorgen. Statt eines durchgeplanten Reiseverlaufs wählt er die ungewisse Fahrt ins Blaue: Die Suche nach einem Schlafplatz für die Nacht und der Route für den kommenden Tag geben den Takt vor. Verlockende Abzweigungen und ungeahnte Entdeckungen am Wegesrand bestimmen ebenso den Rhythmus wie ungewollte Verzögerungen aufgrund einer Panne. Die einzigen Fixpunkte sind der nächste Supermarkt und die günstigste Tankstelle. Nicht jeder Reisetyp sieht darin die Idealvorstellung eines erholsamen Urlaubs.

Für manch andere jedoch gibt es keine bessere Reiseart, um den Kopf vom Alltagsgeschehen zu entschlacken und mit neuen Erfahrungen wieder aufzufüllen. Während der Fahrt ziehen im gemütlichen Tempo zahlreiche Eindrücke vorbei und bleiben hängen. Entlang der Strecke entwickelt sich eine tiefe Verbundenheit mit der australischen Lebensart und Natur, die sich so in keinem Hotel finden lässt. Das Wellenrauschen vor der Tür wiegt in den Schlaf, das Lachen des Kookaburra lässt ihn laut, aber genüsslich wieder enden. Das Wohnmobil garantiert ein Zimmer mit Aussicht, ständig wechselnd und immer wieder beeindruckend. Geschichten von Einheimischen und Gleichgesinnten, die man unterwegs trifft, erweitern nicht nur die Routenplanung, sondern auch den Horizont. Und wer selbst eine Panne mit dem Fahrzeug als Teil des Abenteuers betrachtet und nicht ins Fluchen gerät, den hat auf seinem Trip die für Down Under so typische Leichtigkeit des Seins gepackt.

10. Der Startschuss

Der *road trip* kann beginnen.

10. Der Startschuss

Nicht selten zeigt sich der angehende Selbstfahrer hin- und hergerissen, was den ersten Tag seiner Australienreise betrifft. Er hat den langen Flug überstanden und ist nach all der anfänglichen Planung und Vorfreude endlich am anderen Ende der Welt angekommen. Je nach Schwere des Jetlags sind seine ersten Schritte auf australischem Boden etwas schlapp oder ziemlich standfest. Unabhängig davon, ob bzw. wie sehr die eigene Fitness nach der Anreise noch mitspielt, ist die Versuchung bei vielen enorm hoch, unmittelbar nach Landung sofort in das Wohnmobil zu steigen und mit der Erkundung des Landes zu beginnen. Schließlich ist die Aufregung immens, die To-do-Liste lang und die verfügbare Zeit begrenzt.

10.1 Der Tag der Abholung

Ankunftstag

In Australien ist es für den Urlauber grundsätzlich möglich, nach einer mehrstündigen, internationalen Anreise das Wohnmobil noch am gleichen Tag in Empfang zu nehmen, da die meisten Vermieter hierfür keine ausdrücklichen Einschränkungen vorgeben.

Weiterreisen oder pausieren?

Gleichzeitig weisen viele Anbieter darauf hin, dass Fahrer selbst für ihre Fahrtüchtigkeit verantwortlich sind. Müdigkeit und Jetlag können die Konzentration erheblich beeinträchtigen. Was also tun: Ab ins Hotel und erst einmal akklimatisieren oder direkt hinters Steuer und hinauf auf die Straßen des Fünften Kontinents?

Mitunter wird dem Mieter die Entscheidung darüber bereits von seiner Ankunftszeit abgenommen. Denn landet er erst am späten Nachmittag oder abends, schafft er es angesichts der begrenzten Öffnungszeiten der Vermieter ohnehin nicht, den Camper noch am gleichen Tag abzuholen. In diesem Fall kann der Urlauber in Ruhe im Hotel einchecken und entweder die Stadt noch ein wenig erkunden oder sofort in den Tiefschlaf fallen. Wer allerdings am frühen Morgen oder gegen Mittag in Australien ankommt, neigt verständlicherweise dazu, das Wohnmobil noch am selben Tag abzuholen.

Genau davon raten Vermieter und Anbieter jedoch ab. Schließlich war die Anreise sehr lang sowie an Schlaf kaum oder gar nicht zu denken. Der Bio-Rhythmus ist aufgrund der Zeitverschiebung ebenfalls in Schieflage geraten. Auch wenn sich der Reisende noch recht fit auf den Beinen fühlt und weniger vom Jetlag mitgenommen ist als andere, so sind seine Aufnahme- und Konzentrationsfähigkeit doch gemindert. Die Aufregung ist dafür umso größer – nicht die beste Kombination, um mit uneingeschränkter Aufmerksamkeit einen Camper abzuholen und anschließend mit sicherer Hand in einem fremden Land mit unbekannten Verkehrssituationen loszufahren. Es ist also durchaus sinnvoll, sich nach der Ankunft erst einmal etwas Ruhe zu gönnen und nicht nur körperlich, sondern auch mental im Urlaubsland anzukommen. Frisch und munter lassen sich am darauffolgenden Tag die Straßen erobern.

Die Anreise nach Australien war lang.

Erst Sightseeing, dann losfahren

Außerdem eignen sich die ersten Tage perfekt, die Stadt, in der man gelandet ist, ausgiebig zu erkunden und sich einen Eindruck von Land und Leuten zu machen. Wie kommt man mit der Sprache zurecht? Wie viel kosten die Lebensmittel? Oder wie schmeckt der Kaffee? Einfache Fragen, die sich bereits in den ersten Stunden im Land bestens ohne Wohnmobil beantworten lassen. Denn für das Sightseeing in den Metropolen benötigt der Urlauber kein Fahrzeug. Ganz im Gegenteil: Der Großteil der städtischen Attraktionen ist bestens zu Fuß oder mit den öffentlichen Verkehrsmitteln zu erreichen. Eine Fahrt mit dem Camper hinein in das Stadtzentrum bedeutet nur unnötigen Stress. Die Straßen sind enger und voller, die Parkplätze rarer. Gerade für Mieter eines großen Motorhomes sind die australischen City Centres alles andere als ein Fahrvergnügen.

In den engen Straßen von Melbourne möchte man nicht mit einem großen Wohnmobil unterwegs sein.

Hat man sich darüber hinaus für eine Einwegmiete entschieden, bekommt man die Stadt, in der das Fahrzeug angemietet wurde, oft später nicht mehr zu Gesicht. Wer in Cairns abholt und in Sydney abgibt, dem bleiben nur die ersten Tage, um die Kleinstadt am Great Barrier Reef zu erkunden. Und dafür bedarf es wahrlich keiner vier Räder. Es lohnt sich also auf jeden Fall, den Camper erst am zweiten oder dritten Tag zu mieten.

Zeitliche Planung der Abholung

Wer der Versuchung nicht widerstehen kann, unmittelbar nach Aufsetzen auf australischem Boden in das Wohnmobil zu steigen, sollte seine Flugzeiten zuvor unbedingt mit den Öffnungszeiten des Vermieters abstimmen. Eine geplante Ankunftszeit von ca. 14 Uhr scheint zunächst ausreichend, um in aller Ruhe zum Depot des Vermieters zu gelangen. Allerdings vergessen viele Urlauber, vor allem jene, die das erste Mal nach Australien reisen, die mitunter zeitintensiven Einreiseprozeduren am Flughafen: Schlange stehen bei der Passkontrolle, das Warten auf die Koffer und lange Laufwege zwischen den Terminals. Hinzu kommen eventuelle Gepäckkontrollen des Zolls hinsichtlich der Einhaltung von Quarantänebestimmungen oder stichprobenhafte Interviews durch Beamte des Grenzschutzes. So wurde ich einmal am Flughafen Melbourne von einer netten Bundesbeamtin beim Hinausgehen angehalten. Sie fragte mich, warum ich in Australien Urlaub mache, wo ich die ersten Nächte übernachten würde und welche Reiseroute ich geplant hätte. Das Gespräch dauerte nur wenige Minuten und verlief völlig freundlich, aber stoppte mich kurz in meinem euphorischen Drang, endlich den Airport hinter mir zu lassen.

Bevor es los geht, sollte eine australische SIM-Card erworben werden, um erreichbar zu sein.

Die strikten Einreisekontrollen Australiens führen dazu, dass der Urlauber mindestens eine weitere Stunde einplanen muss, ehe er den Ausgang mit Sack und Pack erreicht. Liegt das Depot des Vermieters nicht in der Nähe des Flughafens, ist zudem die Fahrzeit dorthin einzukalkulieren. Und auch die Übergabe eines Campers dauert nicht nur wenige Minuten, sondern bis zu einer Stunde. Selbst falls die Niederlassung bis 17 Uhr geöffnet hat, ist die letztmögliche Abholung zumeist eine halbe bis volle Stunde zuvor. Es kann also unter Umständen knapp werden mit einer Abholung am Ankunftstag, auch wenn man „bereits" um 14 Uhr gelandet ist.

Sitz man noch am Ankunftstag schließlich im Camper, sollte es der Fahrer am ersten Tag ruhig angehen lassen und nicht mehr zu viel Strecke machen. Auch wenn er sich sicher hinterm Steuer fühlt, ist das nächstbeste Ziel der Campingplatz für die erste Nacht. Dann heißt es Motor aus, Beine hoch, den Ausblick Richtung Meer oder Himmel genießen und am folgenden Tag mit vollen Kräften ins Abenteuer durchstarten.

10.2 Die Abholung des Campers

Welcher Camper ist wohl der eigene?

Betritt der Urlauber die Niederlassung des Vermieters, sieht er oft eine Vielzahl an Fahrzeugen. Sofort schießt die Frage in den Kopf, welcher Camper wohl der eigene Reisegefährte ist. Die Spannung steigt. Doch bevor man den Schlüssel im Zündschloss drehen kann, ist ein wenig Geduld erforderlich. Für die Abholung sollte mindestens eine Stunde eingeplant werden. Mit der Einbuchung des Wohnmobils ist in der Regel eine feste Abholzeit hinterlegt. Auf diese Weise werden die Abholungen und Rückgaben in den Depots koordiniert und unnötig lange Wartezeiten für den Kunden verhindert.

TIPP: Verzögerungen zur Hochsaison
Gerade in der Hochsaison, z. B. rund um Weihnachten und Silvester, müssen Selbstfahrer ein wenig Ausdauer bei der Abholung und auch Abgabe mitbringen. An diesen Tagen wechseln erfahrungsgemäß sehr viele Fahrzeuge ihren Mieter.

Mit einer Portion Glück spricht ein Mitarbeiter im Depot die eigene Sprache; schließlich gehören deutsche Urlauber zu den Stammkunden. Ein solcher Bonus kann allerdings nicht garantiert werden. Die verbindliche Sprache, sowohl bei der

Übergabe als auch in den Vertragsunterlagen, ist Englisch. Je nach Vermieter ist der folgende Abholprozess mal mehr, mal weniger automatisiert.

Unterzeichnung des Mietvertrages

Ein Mitarbeiter geht mit dem Fahrer nochmals die Details der Miete durch und verweist auf die geltenden Mietbedingungen. Ist dem Mieter etwas unklar, sollte er etwaige Fragen nicht aufgrund von Sprachhemmnissen unausgesprochen lassen. Letztendlich setzt er seine Unterschrift unter den Vertrag und akzeptiert damit die geltenden Mietbedingungen. Wer auf Schotterpisten fährt und infolgedessen einen Schaden verursacht, jedoch darauf pocht, nicht gewusst zu haben, was *gravel roads* bedeutet, ist selbst schuld. Also lieber einmal zu viel nachfragen, als unwissend zu unterschreiben.

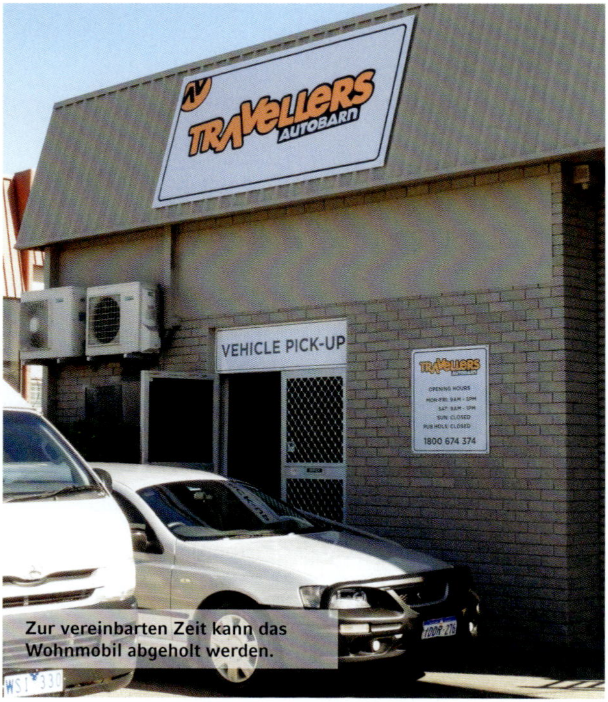

Zur vereinbarten Zeit kann das Wohnmobil abgeholt werden.

Neben dem Mieter müssen alle weiteren Fahrer den Mietvertrag unterschreiben und ihren Führerschein samt englischer Übersetzung bzw. internationaler Ausgabe vorzeigen. Bisweilen sind die Vermieter diesbezüglich weniger strikt, als es in den Mietbedingungen steht. Einmal vergaßen wir tatsächlich, den zweiten Fahrer anzugeben, obwohl er bei der Abholung dabei war. Erst nach mehr als 400 Kilometern bemerkten wir den Fehler. Ein Umkehren kam nicht wirklich in Betracht, also riefen wir beim Vermieter an. Dieser versicherte uns, dass das kein Problem sei, da wir die höchste Versicherungsstufe abgeschlossen hatten. So registrierten wir den weiteren Fahrer einfach per Telefon, ohne den Führerschein per Scan oder Fax nachweisen zu müssen. Da wir aber zuvor die Versicherungsbedingungen unterzeichnet hatten, wussten wir ja, welche Einbußen uns im Fall eines Fehlverhaltens drohten. Der Vermieter war somit abgesichert.

Sind alle Unterlagen unterzeichnet, geht es schließlich an die Bezahlung, sofern der Kunde die Mietsumme nicht bereits vorab beglichen hat. Eventuell nachträglich reserviertes Zusatzequipment ist vor Ort zu zahlen. Im Fall einer Zahlung mit Kreditkarte können zusätzliche Gebühren anfallen. Akzeptiert werden zumeist Visa, Mastercard und American Express. Unabhängig von ausstehenden Beträgen zieht sich der Vermieter in der Regel die Kreditkartendaten, um sich finanziell abzusichern. Erhält er zum Beispiel einen Bußbescheid wegen überhöhter Geschwindigkeit oder wurde das Wohnmobil verdreckt wieder abgegeben, kann der Vermieter die Gebühr der hinterlegten Kreditkarte des Mieters belasten, übrigens auch nach bereits erfolgter Abgabe des Campers.

Self Check-in

Die Mehrheit der Anbieter ermöglicht dem Mieter, bereits vor Abholung des Wohnmobils online einzuchecken und die persönlichen Daten zu übermitteln. Dazu erhält der Selbstfahrer einige Tage oder Wochen vor Mietbeginn eine E-Mail vom Vermieter mit einem Link zum Self Check-in. Alternativ ist der Web Check-in auch über die Startseite des jeweiligen Vermieters erreichbar.

Nach Eingabe des Namens und der Buchungsnummer trägt der Mieter alle erforderlichen Angaben wie Führerscheindaten und weitere Fahrer ein. Des Weiteren kann er Zusatzequipment reservieren oder im Kommentarfeld wichtige Informationen hinterlassen, z. B. die Änderung der Flugzeiten und damit einhergehende Verspätung bei der Abholung. Im Zuge des Self Check-ins spart der Reisende viel Zeit bei der Abholung des Fahrzeuges, da die Angaben bereits im System hinterlegt sind.

Man sollte sich das gebuchte Fahrzeug genau anschauen.

Einweisung in das Fahrzeug

Mittels Videos und/oder einer kurzen Einweisung vor Ort macht sich der Mieter mit der Technik und den Ausstattungsdetails des Fahrzeuges vertraut. Dabei wird ihm anschaulich und verständlich erklärt, wo sich u. a. das Reserverad befindet, wie der Ölstand zu kontrollieren oder das Bett aufzubauen ist, aber auch, wie er sicher auf australischen Straßen fährt. Die wichtigsten Informationen lassen sich so zeitsparender und standardisierter vermitteln, teilweise auch bereits vorab über digitale Inhalte im Zuge des Self Check-ins oder über separate Links. Auf diesem Weg kann sich der Reisende schon vor Mietbeginn mit dem Fahrzeug vertraut machen.

TIPP: YouTube und Apps der Vermieter
Viele Vermieter haben einen eigenen YouTube Kanal. Dank kürzerer Feedback-Videos von glücklichen Kunden sowie längeren Info-Videos zu Fahrzeugtypen, Routenvorschlägen etc. erhält der Mieter einen guten Rundumblick über sein kommendes Abenteuer. Gleiches und weitere Hilfestellungen für den Campingtrip stellen die Apps der Vermieter bereit. Ein Download dieser ist unbedingt empfehlenswert.

Die eigentliche Übergabe des Fahrzeuges ist je nach Vermieter oft auf das Wesentliche beschränkt, bietet jedoch in der Regel noch Gelegenheit für Rückfragen. Mittels eines sogenannten *vehicle condition report*, einem Übergabeprotokoll, werden vorhandene Schäden bzw. Mängel am Fahrzeug festgehalten, mittlerweile häufig digital, etwa auf einem Tablet. Hier gilt es, als Mieter besonders aufmerksam zu sein, um späteren Diskussionen über angeblich verursachte Schäden vorzubeugen. Besonderes Augenmerk ist zu richten auf:

- den Zustand des Lacks (z. B. Kratzer, Beulen),
- den Zustand der Scheiben (z. B. Steinschlag),
- vorhandene Roststellen und
- den Zustand der Reifen.

Natürlich kann sich der Mieter bei der Übergabe nur einen ersten Eindruck über das Äußere des Fahrzeuges verschaffen. Was den technischen Zustand des Campers betrifft, muss er auf die zuverlässige Wartung seitens des Vermieters vertrauen. Bevor es schließlich losgeht und das Depot im Rückspiegel verschwindet, sollte sich der Urlauber aus eigenem Interesse nochmals folgende Fragen stellen und diese auch mit „ja" beantworten können:

Checkliste: Weiß ich, ...
- welchen Sprit ich tanken muss?
- wofür die zweite Batterie verantwortlich ist?
- wie ich Getriebe und Schalthebel bzw. Knöpfe bediene?
- wo sich das Reserverad befindet?
- wo Warndreieck, Wagenheber und Werkzeug verstaut sind?
- wie ich den Motor erreiche, um den Ölstand zu checken?
- wie ich das Kühlwasser bzw. die Scheibenwaschflüssigkeit auffülle?
- wo sich die Gasflasche und der Wassertank befinden bzw. wie ich diese auffülle?
- wie ich die Gasflasche ordnungsgemäß benutze?
- wie ich den Herd und Kühlschrank bediene?
- wie weitere Elektronik im Fahrzeug funktioniert, z. B. TV und Steckdosen?

Im Camper liegt übrigens meist im Handschuhfach eine kleine Infomappe mit Campingtipps, Hinweisen zum Fahrzeug oder Rabattgutscheinen. Hier sollte idealerweise auch der Mietvertrag abgelegt werden, sodass wichtige Informationen im Bedarfsfall leicht zugänglich sind.

Etwaige Mängel werden protokolliert.

10.3 Die ersten Kilometer

Mit dem Fahrzeug vertraut machen

Die ersten Kilometer sollten den Fahrer nicht allzu weit weg vom Depot des Vermieters führen. Nicht selten ist er während der Übergabe aufgeregt und vergisst daher, nach einer bestimmten Funktionsweise zu fragen. Oder er übersieht vor lauter Vorfreude aufs beginnende Abenteuer, dass ein Campingstuhl in der Ausstattung fehlt. Damit diese Mängel nicht erst auffallen, wenn die Niederlassung und damit direkte Hilfe bereits weit zurück liegen, ist es ratsam, mit dem Camper zunächst auf einen nahe gelegenen Stellplatz zu fahren und sich alles nochmals in Ruhe anzuschauen.

Auf Mängel kontrollieren

Natürlich lassen sich nicht alle möglichen Schäden oder Fehler auf den ersten Blick bzw. auf den ersten Kilometern erkennen. Der wahre Füllstand einer Gasflasche z.B. macht sich erst beim Kochen bzw. Heizen bemerkbar. Doch stellt der Urlauber tatsächlich fest, dass nur zwei Bettdecken statt der erforderlichen drei vorhanden sind oder die Tankanzeige kurz vor Null steht, kann er zu diesem Zeitpunkt noch einmal umkehren und die Mängel beim Vermieter beanstanden bzw. beheben lassen. Die Vorfreude erleidet dadurch zwar sicherlich

Vertraut machen mit dem Wohnmobil

Checkliste: Zustand des Camper

- Ist Bettzeug in passender Anzahl vorhanden?
- Ist Geschirr ist passender Anzahl vorhanden?
- Ist weiteres Zubehör wie Stromkabel, Wasserschlauch etc. vorhanden?
- Ist hinzu gebuchtes Equipment wie Campingstühle und Navi dabei?
- Funktioniert der Kühlschrank bzw. der Herd?
- Ist der Benzintank voll?
- Ist der Wassertank voll?
- Ist die Gasflasche voll?
- Ist das Fahrzeug sauber?
- Ist der Kühlschrank gereinigt?
- Ist das Zubehör mangelhaft (z. B. dreckiges Geschirr, kaputter Stuhl)?
- Ist die Ausstattung deutlich beschädigt (z. B. defekte Türen oder Schubfächer, eingerissene Moskitonetze, verschlissene Polster)?
- Funktioniert die Technik (Klimaanlage, Radio, Innenbeleuchtung etc.)?
- Befinden sich bereits weitere erkennbare/hörbare Mängel am Fahrzeug? (Blinker, Beleuchtung, Schalten etc.)?

einen Dämpfer, aber immerhin lässt sich das Problem schnell und reibungslos beheben, wenn das Depot und damit die Lösung noch in Reichweite sind. Hätte man erst nach stundenlanger Fahrt beim Aufbau des Nachtlagers festgestellt, dass eine Person ohne Bettdecke auskommen muss, wäre der Ärger wohl größer.

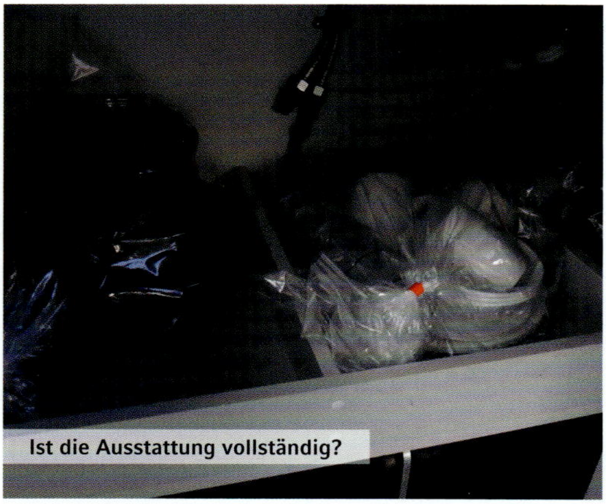

Ist die Ausstattung vollständig?

Ebenso ist es ratsam, auf den ersten Kilometern besonders auf hörbare oder spürbare Mängel bzw. Fehlfunktionen beim Fahren zu achten. Ist der Motor unerklärlich laut? Lassen sich alle Gänge problemlos schalten? Sind die Bremsen in Ordnung? Letztendlich ist der Mieter in der Pflicht, dem Vermieter unverzüglich etwaige Mängel am Fahrzeug anzuzeigen, ganz egal, in welcher Größenordnung, damit dieser auch die Möglichkeit hat, sie schnellstmöglich zu beheben. Wer erst nach einer Woche Miete beanstandet, dass der Kühlschrank seit dem Tag der Abholung nicht richtig schließt, wird es schwer haben, auf Wiedergutmachung zu pochen.

Doch Vorsicht: Nicht alle Mängel lassen sich ohne Weiteres beanstanden, vor allem dann nicht, falls man einen Camper der besonders preisgünstigen Kategorie gemietet hat, siehe Seite 62 ff. Die mit ziemlicher Sicherheit vorhandenen Gebrauchsspuren am Fahrzeug oder der Ausstattung wird ein Budget-Vermieter nicht als Mangel akzeptieren, solange er vertretbar ist. Der Mieter hat mit der Buchung eines älteren Fahrzeuges Verschleißerscheinungen in Kauf genommen, um möglichst kostensparend zu reisen. In diesem Fall darf er sich im Nachhinein nicht darüber beklagen, falls die Sitzpolster bereits Flecken aufweisen oder die Pfanne zerkratzt ist. Um Beschwerden solcher Art vorzubeugen, vermieten einige Low-Cost-Anbieter nur zögerlich an ältere Kunden, da diese zumeist anspruchsvoller und demzufolge doch negativ überrascht sind, sobald sie das gemietete Modell sehen. Handelt es sich allerdings um einen Schaden, der auch von einem Budget-Vermieter nicht vertretbar ist, muss natürlich auch dieser umgehend behoben werden.

Wichtige Infos sind in den Mappen enthalten.

10.4 Der erste Einkauf

Am ersten Tag der Miete ist es absolut nützlich, einen Supermarkt anzufahren, um Kühlschrank und Regale des Wohnmobils erstmals mit Lebensmitteln aufzufüllen. So ist nicht nur die kulinarische Versorgung der folgenden Miettage gesichert, sondern der Urlauber erhält außerdem ein Gefühl dafür, wie viel Stauraum im Fahrzeug zur Verfügung steht. Was bei einer Shoppingtour auf jeden Fall im Einkaufswagen landen sollte, kann auf Seite 306 nachgelesen werden.

Lebensmittel sind teuer.

Preise

Wer das erste Mal einen australischen Supermarkt betritt, wird mit hoher Wahrscheinlichkeit einen Preisschock erleiden. Lebensmittel in Australien sind vergleichsweise teuer und damit ein hoher Posten in der Budgetplanung einer Selbstfahrerreise.

Gerade Milch- und Fleischprodukte, aber auch Obst sind keine Schnäppchen, von alkoholischen Getränken ganz abgesehen. Aus diesem Grund lohnt es sich, einige Tipps zu befolgen, um den Campingtrip möglichst ohne gähnende Leere im Magen und in der Reisekasse durchzustehen.

Ungefähre Preise für australische Lebensmittel

	AUD
Wasser (600 ml)	1,50–2
Milch (1 l)	1,20–1,80
Bier (Sixpack)	12–18
Weißbrot	1,50–2,50
Käse (200 g)	3,50–5
Hähnchenbrust (pro kg)	7,50–11
Wurstaufschnitt (80 g)	2–3,5
Äpfel (pro kg)	2,50–4
Wein (Flasche)	5–10

Jeden Tag aufs Neue in den Supermarkt zu gehen und mal dies, mal das zu kaufen, strapaziert ebenso die Reisekasse wie allabendlich auswärts zu essen. Vielmehr empfiehlt es sich, regelmäßig einen großen Einkauf zu machen und so die Shoppingtempel in den nächsten Tagen links liegen zu lassen. Schließlich ist der Urlauber nicht nach Down Under geflogen, um täglich sein Sightseeing zwischen Regalen und Kassen zu absolvieren, wenngleich das Angebot an Schokoriegeln erstaunlich ist. Außerdem reist man mit vollem Kühlschrank unabhängiger und kann sicher sein, auch für einige Tage in weiter abgelegenen Regionen ohne knurrenden Magen schlafen zu gehen.

Vor der ersten Tagesetappe sollte zunächst eingekauft werden.

Supermärkte

In Australien gibt es drei große Supermarktketten, die ein umfangreiches Sortiment an Lebensmitteln, Getränken, Drogerie- sowie alltäglichen Haushaltsprodukten haben. Dazu gehören:

- Coles,
- Woolworths und
- IGA.

Gerade Coles und Woolworths übertrumpfen sich regelmäßig, wenn es darum geht, das beste und günstigste Angebot bereitzustellen. Schnäppchen lassen sich in Australien weniger über reduzierte Preise wie bei uns üblich machen, sondern über Mengenrabatte. Nicht selten schreien den Einkäufer von den Regalen Werbeanzeigen wie „Kaufe 5 für den Preis von 3“ entgegen. Für Urlauber, vor allem Backpacker, die oft jeden Tag an einem anderen Ort sind und nicht mit massig Lebensmitteln herumreisen wollen, sind diese Angebote oft weniger attraktiv. Aber gerade bei Campingreisen sind sie herzlich willkommen! Schließlich ist im Wohnmobil ausreichend Platz und die Lebensmittel lassen sich bequem mitführen. Einziger bitterer Beigeschmack der Sparpolitik: Die Ernährung ist für die kommenden Tage vielleicht etwas eintönig, wenn man zwar fünf verschiedene Pastasoßen zum Preis von drei im Schrank hat, aber immer wieder Nudeln dazu isst.

Wer von vornherein beim Einkauf sparen möchte, geht Down Under zu einem wohlbekannten Discounter: Aldi. Gerade an der Ostküste ist die Supermarktkette weit verbreitet. Besucher werden sich kurz fragen, ob sie tatsächlich 16.000 Kilometer von zu Hause Urlaub machen. Nicht nur die günstigen Preise, sondern selbst die Kacheln und die Anordnung der Lebensmittel gleichen den deutschen Märkten. Ist man zu Weihnachten unterwegs, kann man hier sogar Lebkuchen und Glühwein erwerben. Und letzterer glüht bei 40 Grad Außentemperatur um ein Vielfaches als daheim, soviel ist sicher.

TIPP: Online einkaufen

Wer sich einen ersten Eindruck über Produktpalette und Preise australischer Supermärkte machen möchte, um das Reisebudget besser planen zu können, kann auf deren Website vorab virtuell shoppen gehen:

- www.aldi.com.au
- www.coles.com.au
- www.woolworths.com.au

Supermärkte gibt es jeder Größenordnung. Prinzipiell gilt, je größer die Stadt, desto größer das Einkaufsparadies. Gerade in den Märkten von Coles und Woolworths kann sich der Einkäufer mehrere Stunden aufhalten, während die Aldi-

Läden prinzipiell ein kleineres Angebot haben. Ist man in weiter abgelegenen Orten unterwegs, gibt es eine entsprechend kleine Zweigstelle oder einen Supermarkt, der eher an einen Berliner Spätkauf bzw. Kiosk erinnert. Großeinkäufe sollten hier nicht unbedingt erledigt werden, da sich die Entfernung zu den Großstädten im Preis niederschlägt.

Die Auswahl in den Supermärkten ist groß.

TIPP: Gratis-Proben

Es mag vielleicht nicht ganz korrekt sein, aber nützlich ist es allemal: Nach einem Besuch im Café können Wagemutige dort die kleinen Salz & Pfeffer- bzw. Zuckertütchen mitnehmen, in überschaubaren Mengen versteht sich. Auch wer die ersten Nächte z. B. im Hotel übernachtet, packt womöglich die Teebeutel & Kaffeepäckchen mit ein. Es macht schließlich keinen Unterschied, ob man diese im Hotel verbraucht oder erst später auf Tour.

Auf Vorrat kaufen

Manche Produkte sollten zudem in großen Vorräten eingekauft werden. Dazu zählt zweifelsohne Wasser, denn davon kann man gerade im australischen Sommer nicht genug haben. Anstatt immer wieder neue Flaschen zu kaufen und damit unnötigen Plastikmüll zu hinterlassen (Australien kennt kein wirkliches Recycling), lohnt es sich, einen großen Kanister Wasser zu kaufen und an diesem kleinere Flaschen immer wieder aufzufüllen. Auch bei Kühlware braucht sich der Urlauber nicht zu scheuen, diese in größeren Mengen einzukaufen, da in den meisten Campern ein elektrischer Kühlschrank vorhanden ist. Selbst wenn der

Kühlschrank nachts ein wenig heruntergedreht wird, um die zweite Batterie zu schonen, kühlt dieser noch immer ausreichend, um Fleisch und Milch nicht verderben zu lassen.

TIPP: Plastic Bag Free im Supermarkt
Ähnlich wie hierzulande wurde auch in Australien der Ruf nach einem Verbot von Plastiktüten lauter. Bereits 2018 entschieden sich Coles und Woolworths, kostenlose Einweg-Plastiktüten aus ihrem Sortiment zu nehmen. Kunden bringen eigene Taschen mit oder greifen auf kostenpflichtige Mehrweg- oder Papiertragetaschen zurück.

Sparmöglichkeiten

Eine weitere Sparmöglichkeit ergibt sich durch Tank-Gutscheine. Die Supermärkte Coles und Woolworths kooperieren jeweils mit bestimmten Tankstellen-Ketten. Ab einer gewissen Einkaufssumme (meist ab etwa 30 AUD) ist auf dem Kassenbeleg oder digital ein Rabatt für die nächste Spritfüllung vermerkt.

Insektenschutzmittel kauft man am besten vor Ort.

Teilnehmende Tankstellen erkennt man an entsprechenden Hinweisen an der Preistafel. Der Rabatt pro Liter liegt häufig bei einigen Cent und kann im Rahmen bestimmter Aktionen auch höher ausfallen. In der Regel ist der Rabatt auf eine Tankfüllung bis zu einer bestimmten Menge begrenzt.Gerade bei einem leeren Tank macht sich das im Portemonnaie bemerkbar. Aber selbst falls der Tank halbvoll ist, rentiert es sich, diesen mit Rabatt aufzufüllen. Wer weiß, wie teuer das Benzin beim nächsten Stopp ist.

Checkliste: Wie sich beim Einkaufen Geld sparen lässt

- Großeinkäufe machen statt täglich aufs Neue in den Supermarkt zu gehen
- möglichst in den Großstädten einkaufen
- wenn möglich, bei Discountern wie Aldi einkaufen
- Mengenrabatte ausnutzen
- Eigenmarken der Supermärkten kaufen
- auf kombinierte Tank-Rabatte achten

11. Entlang der Strecke

Der Weg ist das Ziel.

11. Entlang der Strecke

Mit Sack und Pack sowie vollem Kühlschrank kann der *road trip* endlich beginnen! Jeden Tags aufs Neue genießt der Selbstfahrer die Freiheit, selbst entscheiden zu können, wohin die Reise heute führt und an welchem Ort er morgen aufwachen möchte. Flexibilität war nie verlockender als *on the road*.

Doch australische Straßen sind nicht mit deutschen Autobahnen zu vergleichen, was sich mitunter erheblich auf den Fahrfluss auswirkt. Oft schlängeln sie sich zweispurig an den Küsten entlang und werden nur in Nähe der großen Metropolen mehrspurig. Dazwischen ist der Urlauber eher auf Landstraßen mit regionalem oder Fernverkehr unterwegs. Gerade in den dicht besiedelten Regionen werden die Höchstgeschwindigkeiten infolge kleinerer Ortschaften, Baustellen oder Schulzonen nur selten erreicht. Auf offener Straße bremsen kurvige Streckenverläufe oder *road trains* den Fahrer ab. Bereits im ersten Teil des Buches wurden daher Tipps zur Streckenplanung aufgezeigt. So sollte das tägliche Fahrziel nicht weiter als 300 Kilometer entfernt und der Zeitplan nicht allzu starr sein. Denn nur so lässt sich Freiraum schaffen für ungeplante Entdeckungen, längere Pausen oder im schlimmsten Fall auch Pannen.

Akuter Fliegenbefall lässt sich schwer vermeiden.

11.1 Sightseeing unterwegs

Tägliche Routine

Erfahrungsgemäß ist der Urlauber auf einer Campertour kein Langschläfer. Vielmehr geht er beizeiten ins Bett und kriecht in aller Früh wieder aus den Federn. Der Etappenplanung kommt dieser Schlafrhythmus sehr entgegen. Die mitunter früh einsetzende Dunkelheit in Australien macht es erforderlich, rechtzeitig einen Stellplatz für die Nacht zu finden. Anschließend wird das Wohnmobil für die Nacht arrangiert, ggf. Gepäck umgeräumt, die Campingstühle heraus geholt und das Essen zubereitet. Man plant den kommenden Tag, plaudert mit den Campingplatz-Nachbarn, geht duschen, wäscht vielleicht noch die Wäsche – und ehe sich der Reisende versieht, liegt er bereits gegen 22 Uhr im Bett und wandelt in der Traumzeit. Vor der Geräuschkulisse der einheimischen Tierwelt wacht er mit den ersten Sonnenstrahlen auf und macht sich fertig für den Tag. Auf die Morgentoilette folgt das Frühstück, anschließend wird der Camper wieder fahrtüchtig gemacht, letzte Schnappschüsse halten den Stellplatz für die Nachwelt fest. Weit vor der heimatlichen Aufstehzeit am Wochenende folgt man schon wieder dem Verlauf des Highways.

Zeitnot oder -überfluss

Doch selbst bei bester Ausschöpfung des Tages kommt der Reisende während seines Trips früher oder später an einen Punkt, an dem seine Etappenplanung nicht mehr funktioniert. Lässt er sich in den ersten Tagen zu viel Zeit, gerät er zum Ende des Trips in akute Zeitnot und muss favorisierte Orte links liegen lassen. Fährt der Urlauber hingegen die ersten Etappen genau nach Zeitplan, stellt er mitunter im Verlauf der Reise fest, dass die Planung zu großzügig war und er sich durchaus hier und dort mehr Zeit hätte nehmen können. Auf unserer Tour im Südwesten des Landes z. B. sind wir bis kurz vor Schluss super mit der Zeit hingekommen, sodass wir vor Rückgabe des Campers noch einen vollen Tag in Rockingham bei Perth „übrig" hatten. Allerdings war das Wetter mehr als bescheiden und auch der Ort sagte uns nicht ganz so sehr zu. Uns fiel sprichwörtlich die Camperdecke auf den Kopf und wir ärgerten uns, nicht einen Tag länger in Margaret River weiter südlich verbracht zu haben. Dort gefiel uns nicht nur das Wetter, sondern auch die Szenerie deutlich besser. Letztendlich gingen wir bowlen – ein unterhaltsamer, aber sicherlich nicht perfekter Zeitvertreib auf einer Campertour.

Trampen

Trampen in Australien ist eine rechtliche Grauzone. Unter den Bundesstaaten wird diese Art der Fortbewegung unterschiedlich geahndet und mehr als ein potenzielles Verkehrsdelikt denn eine illegale Handlung eingestuft. Vom Trampen bzw. der Mitnahme trampender Personen wird allerdings einvernehmlich abgeraten. Wer dennoch einen Anhalter mitnehmen möchte, muss auf die verfügbare Anzahl an Sicherheitsgurten im Mietcamper achten.

Die Balance zu finden zwischen Zeitnot und Zeitüberhang ist wohl die wahre Herausforderung einer Selbstfahrerreise. Erheblichen Einfluss darauf hat das Sightseeing-Programm. Auf dem Fünften Kontinent gibt es nicht die typischen touristischen Hotspots wie Schlösser oder Museen. Ausnahmen wie das Sydney Opera House bestätigen die Regel. Zu den wahren Sehenswürdigkeiten des Landes zählen vielmehr die Flora und Fauna – das süßeste Tier, der größte Monolith oder der älteste Regenwald. Diese gilt es zu entdecken und genau das ermöglicht eine Reise mit dem Wohnmobil. Der Urlauber kann Orte ansteuern, die sonst nur mit einer Tour oder gar nicht erreichbar wären. Einige davon finden Erwähnung in den Reiseführern, andere wiederum begegnen einem erst entlang der Strecke.

Braune Schilder versprechen Strecken mit Sightseeing-Faktor.

Touristenattraktionen

Besonders achtgeben sollte ein Selbstfahrer auf die braunen Straßenschilder, denn sie versprechen eine „Sehenswürdigkeit“. Was der Urlauber am Ziel geboten bekommt, ist in Australien allerdings immer wieder ein Überraschungspaket. Es kann sich entweder um einen tröpfelnden Wasserfall nach einer schweißtreibenden, zweistündigen Wanderung handeln oder aber um einen paradiesischen Strandabschnitt, den man sich nur mit einigen Kängurus teilt.

TIPP: Kurioses am Wegesrand

Einige Selbstfahrer haben es sich in Australien zur Aufgabe gemacht, sämtliche *big things* abzufahren. Dabei handelt es sich um überdimensionale Abbildungen von Obst, Gemüse oder Geräten, die Sinnbild der Region sind, in der sie stehen. Mehr als 150 dieser „Skulpturen“ soll es landesweit geben, so die *big pineapple* an der Sunshine Coast oder die *big golden guitar* in Tamworth, New South Wales. Für Autofahrer sind die Skulpturen vielleicht kein Highlight, aber zumindest eine unterhaltsame Abwechslung zwischendurch. Gerade wer Kinder an Bord hat, zaubert ihnen mit einem Fotostopp an einem *big thing* sicherlich ein Lächeln ins Gesicht.

Oft ist auch die Route als solche bereits ein Highlight und erhöht das Fahrvergnügen um ein Vielfaches. So sind viele der Küstenstraßen als *tourist drive* ausgeschildert. Sie nehmen mehr Zeit in Anspruch als der direkte Weg, bieten dafür aber die schönere Kulisse. Auf den Highways lässt sich zudem der Entdeckergeist aus vergangenen Zeiten nachempfinden: Down Under sind die Straßen oft mit den Namen ihrer Schöpfer versehen. Wer auf dem 75 Kilometer langen Captain Cook Highway zwischen Cairns und Mossman in Queensland unterwegs ist, wandelt zugleich auf den Spuren des unter britischer Flagge segelnden Ostküstenentdeckers. Ein anderes herausragendes Beispiel ist der Stuart Highway. Der über tausende Kilometer endlos wirkende Streckenabschnitt zwischen Adelaide und Darwin ehrt den Pionier James S. Stuart. Dort, wo der Tourist heute auf geteerten Straßen und mit laufender Klimaanlage unterwegs ist, durchquerte Stuart als erster mit einem Pferd den Kontinent von Süden nach Norden und verlor dabei fast sein Leben. Möchte man also etwas über die spannende Geschichte Australiens erfahren, lohnt es sich, einfach den Namen des Highways, auf dem man gerade fährt, zu hinterfragen.

Oft sind die Highways nach den Pionieren des Landes benannt.

Legendäre road trips

Lookouts versprechen oft ein besonders tolles Panorama.

Alternativ konzentriert sich der Reisende auf die berühmten Selbstfahrerrouten, von denen es in Australien nur so wimmelt, seien es die Great Ocean Road, die Gibb River Road oder die Great Southern Touring Route. Hier reiht sich ein *lookout* an den anderen und verspricht die beste Aussicht. Zum Leidwesen aller Folgenden bremst der fahrende Tourist alle fünf Minuten scharf ab, um ein weiteres Foto mit blauem Himmel, türkisfarbenen Wasser und grünen Palmen zu schießen. Die Versuchung ist immens, an jedem Aussichtspunkt zu halten, schließlich weiß man nie, ob der nächste nicht ein besseres Motiv als der Vorgänger verspricht. Hier heißt es, Disziplin zu wahren, denn gerade an Strecken wie der Great Ocean Road käme man sonst nur im Schneckentempo vorwärts. Gelegentlich nützt aber auch die beste Disziplin nichts. So fuhren wir insgesamt dreimal auf der Sea Cliff Bridge kurz vor Sydney hin und her – einerseits, um tolle Fotos zu machen, andererseits um die spektakuläre Aussicht auf die Brücke und von der Brücke zu genießen. Eine Freiheit, die man so wohl nur auf den eigenen vier Rädern hat.

Courtesy Wave

Australische Autofahrer gehen in der Regel sehr freundlich miteinander um, sofern der eine den anderen nicht in Rage versetzt hat. Gerade im Hinterland, auf den weniger dicht befahrenen Straßen, sieht man es häufig, dass sich entgegenkommende Fahrer kurz winken, die Hand vom Lenkrad heben oder zumindest mit dem Kopf nicken. Auf diese Art grüßt man sich und sagt quasi Danke für das anständige Fahren des jeweils anderen. Typisch australisch eben. Der Selbstfahrer darf hier gerne mitmachen.

11.2 Information und Navigation

Reiseführer & Online-Portale

Viele Reisende informieren sich bereits vorab über das Urlaubsland und legen sich auf einige oder auch zahlreiche To-dos fest. Klassisches Hilfsmittel dafür sind nach wie vor die Reiseführer. Zwar haben diese mittlerweile auch Tipps für Selbstfahrerreisen inbegriffen, jedoch beschränken sie sich zumeist auf Routenvorschläge und die Erwähnung einiger Vermieter und Campingplatzketten. Deutlich umfangreicher ist in dieser Hinsicht das Internet, vor allem die privaten

Es lohnt auch, bei unscheinbaren „Museen" anzuhalten.

Reiseblogs ehemaliger und derzeitiger Traveller. Sie versorgen den Leser gezielt mit den Infos, die er für seinen Trip benötigt – und das aus erster Hand. Andere Portale widmen sich dem Camping allgemein und/oder wenden sich an eine bestimmte Zielgruppe, z. B. den *grey nomads* oder 4WD-Fahrern. Auch die Vermieter sind auf diesen Trend aufgesprungen und versorgen den Kunden mit hauseigenen Informationen rund um seine Reise. In ihren Blogs geben sie hilfreiche Tipps wie Campinglatz-Empfehlungen oder Kochrezepte; in ihren eigenen Apps stellen sie ihren Kunden weitere Informationen zur Verfügung.

Darüber hinaus stellen die Fremdenverkehrsämter der australischen Bundesstaaten auf ihren Websites weiterführende Auskünfte für Selbstfahrerreisen bereit. Dazu gehören Hinweise zum sicheren Fahren, Routenvorschläge und mögliche Aktivitäten entlang der Strecke. Wer es lieber etwas griffiger mag, bestellt sich gratis die dazugehörigen Broschüren. Die Internetadressen der Informationsportale, Blogs sowie Fremdenverkehrsämter sind in Teil 5 aufgeführt.

TIPP: ADAC-Informationsmaterial

ADAC-Mitglieder haben die Möglichkeit, gratis Informationsmaterial für ihren Urlaub in Australien zu erhalten – ein Service, den man auf jeden Fall in Anspruch nehmen sollte. Die Bestellung ist kostenfrei.

Straßenkarten helfen bei der Orientierung.

Informationsmaterial der Vermieter

Vor Ort stellt der Vermieter meist weiteres Informations- und Kartenmaterial zur Verfügung. Dabei handelt es sich um Campingplatz-Verzeichnisse, Informationen über die Region, Gutscheinaktionen mit örtlichen Anbietern, Hinweise rund ums Fahrzeug, aber auch Straßenkarten.

Apropos Straßenkarten: Diese werden auch in Australien inzwischen kaum noch genutzt und zunehmend durch die Navigation über das Smartphone ersetzt. Mitunter können Navigationsgeräte noch als Zusatzleistung bei der Campermiete gebucht werden. Nach meinen Erfahrungen ist die Orientierung in Australien vergleichsweise einfach, denn oft gibt es nur wenige Straßen, die zum Ziel führen. Dennoch ist eine Navigation sinnvoll, um gezielt Campingplätze, Supermärkte oder Sehenswürdigkeiten anzusteuern. In den großen Städten wie Sydney sieht das natürlich etwas anders aus. Hier ist die Navigation nahezu unverzichtbar, und der Urlauber kann problemlos auf sein Smartphone zurückgreifen und der Strecke zum Beispiel mithilfe eines Routenplaners folgen. Und sollte tatsächlich das Datenvolumen einmal erschöpft sein, der Akku alle oder der Service schwach, dann bieten die zwar altmodischen, aber zuverlässigen Straßenkarten Abhilfe.

Und ist es nicht ein tolles Gefühl, die bereits gefahrene Strecke mit dem Finger auf der Karte nachzuzeichnen und gespannt auf die folgende Seite umzublättern?

TIPP: Kilometerstand notieren!
Damit man sich am Ende der Tour die Anzahl der gefahrenen Kilometer genau vor Augen führen kann, empfehlen wir unbedingt, sich bei Abholung des Campers den Kilometerstand zu notieren. Es werden sicherlich einige hundert bis tausend hinzu gekommen sein.

Touristeninformation

Und schließlich gäbe es noch die australischen *tourist informations* bzw. *visitor centres*. Dabei kann es sich um eine bloße Informationstafel in einer kleinen Stadt ohne nennenswerten Touristenstrom handeln oder um ein großzügiges Gebäude bzw. Büro inmitten eines belebten Urlaubsortes. Die Touristeninformation ist die erste Anlaufstelle, ein gewisser Fixpunkt mit jedem örtlichen Tapetenwechsel. Hier findet der Besucher kostenfreies Informationsmaterial in Hülle und Fülle zur Region, aber auch zu angrenzenden Gebieten. Eine persönliche Beratung der Angestellten rundet das Angebot ab. Als wir in Batemans Bay nach einer passenden Nachmittagsgestaltung suchten, gab uns die nette Dame aus der Touristeninformation den Tipp, zum Pebbly Beach zu fahren. Dieser befand sich etwas außerhalb der Stadt und war uns bis dato unbekannt. Direkt am Strand schliefen einige Kängurus und ließen sich ohne Scheu von uns fotografieren. Hätte uns die Mitarbeiterin diesen Insidertipp nicht gegeben,

Das gelbe i auf blauem Hintergrund ist steter Wegbegleiter.

wäre uns ein toller Moment entgangen. Außerdem erhält der Selbstfahrer hier ebenso aktuelle Auskünfte über mögliche Campingplätze und deren Verfügbarkeiten. Sofern es sich um das Besucherzentrum einer kleineren Stadt handelt, ist mitunter sogar ein Museum angeschlossen.

An den *visitor centres* zeigt sich einmal mehr die hervorragende Infrastruktur der Campingnation Australien! Hier wird der Selbstfahrer nicht sich selbst überlassen, sondern mit nützlichen Infos auf seiner Reise versorgt. Es lohnt sich also immer, dort vorbeizuschauen, selbst wenn man meint, bereits alles über die Region recherchiert zu haben.

Roadhouses gehören zum Outback wie roter Sand.

11.3 Pausen

Der Pause kommt in Australien eine immense Bedeutung zu. Im Schnitt sollte die Fahrt alle zwei Stunden unterbrochen werden, nicht nur, sobald die Blase drückt oder der Magen nach Essen verlangt, sondern auch, wenn die Konzentration zu schwächeln beginnt. Langes, monotones Fahren kann gerade in der australischen Landschaft zur Ermüdung beim Fahren führen, wie im Kapitel 13 noch näher beleuchtet wird.

Rest areas

Für einen Stopp eignen sich nicht nur die malerischen *lookouts*, sondern vor allem die *rest areas* entlang der Highways. Dabei handelt es sich um Rastplätze, die jedoch nicht mit denen entlang deutscher Autobahnen zu vergleichen sind. Vielmehr liegen sie etwas weiter von der Straße entfernt und bieten mehr als nur eine lieblos hingestellte Dixie-Toilette auf Beton sowie einen überfüllten Mülleimer. Oft gibt es eine gepflegte öffentliche Toilette, Sitzgelegenheiten, schattige Plätze, mitunter sogar Duschen und Barbecues. Die größtenteils gute Ausstattung der *rest areas* hat mit ihrer Funktion als Schlafplatz für die Nacht zu tun (siehe Seite 171 ff).

Roadhouses

Wer im Outback unterwegs ist, sollte für Pausen unbedingt die *roadhouses* ansteuern, sofern der lechzende Benzintank dies nicht eh erforderlich macht. Mitten im Nirgendwo sind sie das einzige Zeichen von Zivilisation in einem Umkreis von mehreren hundert Kilometern und Rastplatz, Tankstelle, Werkstatt, Supermarkt, Motel, Campingplatz, Post und Restaurant bzw. Pub in Einem. Die *roadhouses* gehören ohne Zweifel zu den Sinnbildern einer Fahrt ins australische Outback und werden von vielen Fahrern, sowohl Einheimischen als auch Touristen, verehrt. Zu den wohl berühmtesten zählen das Balladonia Roadhouse am Ende der Nullarbor Ebene oder das Pink Roadhouse in Oodnadatta.

TIPP: *roadhouse*-Ikonen

Eine Übersicht über 101 Outback *roadhouses* in Australien bietet folgende Website:

- www.discovery-campervans.com.au/outback_road_house.php

Öffentliche Parks

In den Städten lassen sich die zahlreichen öffentlichen Parks hervorragend für eine entspannte Pause nutzen. Dabei handelt es sich selten um eine große Parkanlage, sondern eher um ein liebevoll abgestecktes, kleines Areal, das mit öffentlichen

An solchen Stopps legt man gerne eine Pause ein.

Toiletten, Sitzmöglichkeiten, Spielplätzen sowie Grillstationen zum kurzzeitigen Verweilen einlädt. Oft werden diese von der Gemeinde bzw. gemeinnützigen Vereinen wie dem Lions Club betrieben. Nicht nur Autofahrer auf Durchreise, sondern auch die Einheimischen nutzen die Parks, um beisammen zu sein.

Öffentliche Barbecues

Was in Deutschland oft undenkbar wäre, ist in Australien eine Selbstverständlichkeit – kostenlose Grillstationen. Oft befinden sich diese an zentralen Erholungsstätten wie Parks und sind für die Öffentlichkeit frei zugänglich. Da sie über Gas betrieben werden, ist keine Holzkohle nötig. Nur das Essen und die Getränke müssen selbst mitgebracht und ein Grillmeister bestimmt werden. Das Festmahl verzehrt man sogleich auf den nahen Sitzmöglichkeiten. Es gehört zum guten Ton, den Grill anschließend zu reinigen. Wer also auch einmal außerhalb der Wohnmobilküche kochen möchte, hat in Australien mit einem *barbie* die perfekte Möglichkeit dazu.

Öffentliche Toiletten

Mit einer Pause einhergehend ist zumeist der Gang auf die Toilette. Diesbezüglich muss sich der Reisende absolut keine Gedanken machen. Wer einen Camper mit Nasszelle bucht, nur um eine Toilette in der Nähe zu wissen, wird diese mit hoher Wahrscheinlichkeit kein einziges Mal benutzen. Denn was öffentliche Toiletten betrifft, sind die Australier hervorragend aufgestellt.

Immer zur Stelle – die öffentliche Toilette

In jeder noch so kleinen Stadt kann sich der Reisende sicher sein, ein WC zu finden, sobald die Blase drückt, sei es an einer Tankstelle, auf einer *rest area* oder in einem Park. Mitunter verfügen sie sogar

TIPP: National Public Toilet Map

Die australische Regierung stellt mit der *National Public Toilet Map* eine offizielle Online-Karte bereit, die mehr als 19.000 öffentliche WCs auflistet – inklusive Informationen zu Öffnungszeiten, Barrierefreiheit, Wickelmöglichkeiten oder Duschen. Die Karte ist kostenlos über das Internet abrufbar und lässt sich bequem auf dem Smartphone nutzen.

- toiletmap.gov.au

über eine eingebaute Dusche, die extra für Reisende gedacht ist. Das wiederum ist jedoch (noch) nicht die Regel. Mancherorts werden die Toiletten nachts verschlossen, um ungebetene Gäste fernzuhalten. Auch inmitten des Outback an weniger dicht befahrenen Straßen sind die öffentlichen Toiletten weitestgehend gepflegt und sauber, selbst wenn es sich dabei nur um ein *dunny*, also eine Komposttoilette, handelt.

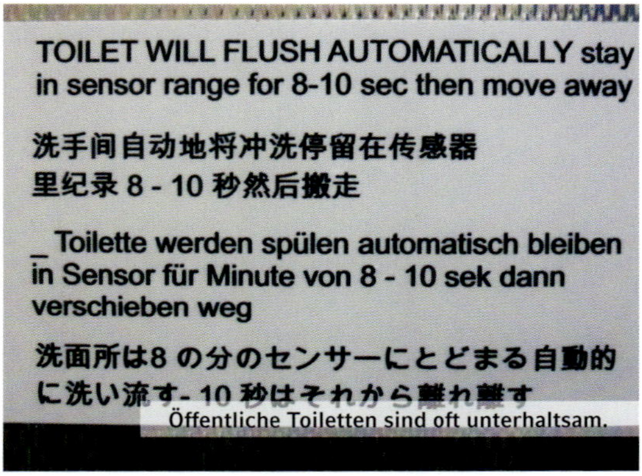

Öffentliche Toiletten sind oft unterhaltsam.

Es ist wirklich bewundernswert, mit welcher simplen Konsequenz sich Australien um das Wohlergehen seiner Fahrer kümmert, indem es eine Infrastruktur zur Verfügung stellt, die ihresgleichen sucht. Ich gerate jedes Mal wieder aufs Neue ins Schwärmen, sobald wir in Australien sind – ins Schwärmen über die öffentliche Toilettenvielfalt! Gerade ein Wohnmobilurlaub wird dadurch enorm vereinfacht.

Drogenkonsum auf Toiletten

Mitunter sind die öffentlichen Toiletten in den großen Städten mit blauem Licht ausgestattet. So wird verhindert, dass Drogenabhängige ihre Adern sehen und sich Drogen spritzen. Außerdem befinden sich an den Toiletten oft kleine Abfallboxen, in denen alte Nadeln eingeworfen werden können. Erschreckend, aber nützlich zugleich. Denn lieber hinein in die Sammelboxen als in den nächstbesten Sandkasten.

11.4 Tanken

Infos zu Sprit sind im Tankdeckel.

Einen Großteil seiner Reisekasse wird der Selbstfahrer in Kraftstoff investieren. Schließlich verspürt auch sein rollender Reisegefährte nach einigen hundert zurückgelegten Kilometern gelegentlich Durst. Welchen Kraftstoff er tanken muss, erfährt der Mieter bei der Abholung. Sollte ihm diese wichtige Information zwischendurch entfallen, helfen ihm Hinweise auf der Tankklappe des Wohnmobils dabei, den richtigen Zapfhahn zu greifen und so den Geschmack des Campers zu treffen. Sicher ist sicher. Folgende Spritsorten stehen in Australien zur Verfügung:

Unleaded 91,95,98 (ULP): Hierbei handelt es sich um bleifreies Benzin. Je höher die Oktanzahl, desto hochwertiger das Benzin. Umgekehrt gilt, je niedriger die Oktanzahl, desto preiswerter der Sprit. Unleaded 91 entspricht bei uns dem normalen Benzin, Unleaded 95 bzw. 98 dem Super. Die beiden letzteren werden häufig an den Tankstellen vereinfacht nur als Premium ausgewiesen. Die Mehrheit der Wohnmobile sind Benziner. Für welche Oktanzahl sich der Mieter entscheidet, ist ihm überlassen.

Diesel: Für Outbackfahrer in Australien ist Diesel der Kraftstoff erster Wahl. Aus diesem Grund sind die 4WD der Vermieter ausschließlich Dieselfahrzeuge. Diesel ist nicht nur günstiger in der Anschaffung, sondern auch im Verbrauch. Hinzu kommt, dass es selbst an der abgelegensten Tankstelle in Australien immer Diesel gibt, wohingegen andere Kraftstoffe gut und gerne einmal nicht verfügbar sind. Mitunter ist auch Biodiesel erhältlich.

E10/E85: In diesem Fall ist bleifreies Benzin mit 10 Prozent/85 Prozent Bio-Kraftstoff (Ethanol) untersetzt, der meist aus Weizenstärke oder Zuckerrohr besteht. In einigen Regionen wie New South Wales verdrängt E10 allmählich Unleaded, sodass der Fahrer oft keine Alternative zum Tanken hat. Mitunter vertragen gerade die älteren Campermodelle E10 weniger gut, auch wenn dieser nicht sofort nach dem ersten Tanken einen Schaden verursacht. Es ist daher ratsam, beim Vermieter diesbezüglich nachzufragen.

LPG (Liquid Petroleum Gas): In Australien ist LPG eher bekannt unter dem Namen Autogas. Vorreiter im Verbrauch ist die Taxiindustrie. Mittlerweile nimmt

Tankstellen werden oft nur *servo* genannt.

Manchmal kommt die Tankstelle auch etwas anders daher.

die Akzeptanz zu, sodass immer mehr Autogas-Modelle auf den Markt kommen bzw. Fahrzeuge für die Nutzung von LPG umgebaut werde. Der Preis für Autogas liegt deutlich unter dem von bleifreiem Sprit und mitunter sogar Diesel.

Opal Fuel: In einigen abgelegenen Regionen Australiens ist statt herkömmlichem bleifreiem Benzin häufig nur sogenanntes Opal Fuel erhältlich. Dieser Kraftstoff wurde entwickelt, um die Suchtgefahr durch *petrol sniffing* (Benzinschnüffeln) einzudämmen. Als Alternative zu herkömmlichem Benzin wird Opal Fuel vor allem in Teilen von South Australia, Western Australia sowie im Zentrum des Landes angeboten. Laut Hersteller kann dieser Kraftstoff bedenkenlos verwendet werden. Dennoch empfiehlt es sich, im Zweifel beim Vermieter nachzufragen.

Verbrauch

Viele Campermodelle sind nicht sonderlich „aerodynamisch" und damit spritsparend gebaut. Ein Hitop-Fahrzeug schluckt allein aufgrund des Dachaufbaus mehr Benzin als ein Minivan-Modell. Hinzu kommen mehrere Passagiere sowie Gepäck und Ausstattung – ein Wohnmobil ist nicht gerade ein Leichtgewicht, was sich ebenso auf den Kraftstoffverbrauch auswirkt wie der Fahrstil.

An Tankstellen kann meist auch die Gasflasche ausgetauscht werden.

Wer an der Ostküste unterwegs ist, braucht sich um die Versorgung mit Tankstellen meist keine großen Gedanken zu machen. Hier folgt in regelmäßigen Abständen eine auf die nächste, sodass man ohne Sorge auch erst die kommende ansteuern kann, weil dort günstigeres Benzin versprochen wird. In den Kleinstädten befindet sich meist an beiden Enden der Durchgangsstraße eine Tankstelle. Mitunter lohnt es sich, bei kurzen Strecken beide anzufahren, um die Preise zu vergleichen. Ein Wohnmobilurlauber an der Westküste oder im Zentrum hingegen sollte an jeder Tankstelle bzw. jedem *roadhouse* anhalten, um nicht später irgendwo im Nirgendwo auf dem Trockenen zu sitzen. Die *roadhouses* sind genau so positioniert, dass diejenigen, die auf dem Highway bleiben, ohne Reservekanister bequem von einer Zapfsäule zur nächsten gelangen. Bei Touren ins Offroad-Gelände gehören unbedingt mehrere Reservekanister sowie extra für Outbackfahrten konzipiertes Kartenmaterial ins Gepäck. Darin sind nicht nur die befahrbaren Routen verzeichnet, sondern auch die wenigen Tankstellen bzw. *roadhouses* entlang der Strecke sowie ggf. weitere Informationen wie Öffnungszeiten und Telefonnummern.

Spritpreise

Fahrten in abgelegene Gebiete haben einen weiteren bitteren Beigeschmack als nur mäßig verstreute Tankstellen: Der Kraftstoff wird umso teurer, je weiter hinein der Urlauber ins Hinterland fährt und je größer die Abstände zwischen den Städten werden. Schließlich muss der Sprit zeit- und kostenaufwendig per *road train* angeliefert werden. Die Preise liegen hier durchschnittlich je nach Kraftstoff 10 bis

TIPP: Sprit-Preischeck

Über folgende Websites bzw. Apps kann der Fahrer die Benzinpreise vergleichen:

- www.petrolspy.com.au (auch als App verfügbar)
- Fuel Map (App)

Die Preise werden durch die eigenen Anwender hochgeladen bzw. aktualisiert. In den Metropolen sind die Preise meist nur wenige Stunden oder Tage alt. Je weiter man jedoch ins Hinterland fährt, desto älter sind die angezeigten Preise, mitunter sind auch gar keine eingetragen.

Einige Tankstellen haben feste Öffnungszeiten.

30 Cent pro Liter höher als in den besiedelten Gegenden. Abgeschiedenheit hat ihren Preis – genauso wie die Hochsaison. Wie der Autofahrer es auch von den heimischen Ferienzeiten kennt, schießen die Spritpreise in die Höhe, sobald sich die Nation per Auto in den Urlaub begibt.

TIPP: Sparen beim Benzin

- vor Abreise etwaigen Benzinverbrauch der Route kalkulieren
- mit etwa 10 bis 14l/100 km kalkulieren, tendenziell mehr durch Gewicht und Fahrstil
- nicht zu schnell fahren: 85 bis 90 km/h ist die optimale Geschwindigkeit für den Benzinverbrauch eines Campervans
- richtig schalten und nicht zu oft bremsen
- wenn möglich, Tempomat benutzen
- wenn möglich, auf Klimaanlage verzichten (erhöht Benzinverbrauch um 10 bis 20 %),
  Regel: Fenster runter im Stadtverkehr, Klimaanlage nutzen auf offener Strecke
- Tankgutscheine einlösen, siehe Seite 133
- Benzinpreise online oder per App vergleichen

Übrigens haben die Tankstellen in den kleinen Städten oft feste Öffnungszeiten. Sie schließen entweder bei Einbruch der Dunkelheit oder zu bestimmten Zeiten. Damit der Autofahrer dennoch seinen Tank auffüllen kann, verfügen einige von ihnen über einen Bezahlautomaten. In diesem Fall steckt der Fahrer den Tankrüssel in den Tank, geht zum Automaten und steckt dort seine Bankkarte hinein. Sofern er über ausreichend Guthaben verfügt, wird der Tankmechanismus an der Zapfsäule freigeschaltet und der Fahrer kann Benzin in gewünschter Menge auffüllen.

Wir erinnern uns: Prinzipiell muss der Mieter das Wohnmobil mit vollem Tank am Ende der Miete wieder abgeben. Wer sich den Stress sparen möchte, in der Nähe der Niederlassung nach einer Tankstelle suchen zu müssen, kann die sogenannte *pre-purchase fuel option* des Vermieters hinzu buchen. In diesem Fall zahlt der Fahrer bereits bei Abholung des Campers eine volle Tankladung, die sich an den Spritpreisen der Umgebung orientiert und kann dafür das Fahrzeug mit leerem Tank wieder zurückführen.

Mautstraßenhinweis in Melbourne.

11.5 Mautstraßen

In den drei großen Ballungsgebieten Sydney, Melbourne und Brisbane ist der Fahrer mitunter auf sogenannten *toll roads* oder *tollways* unterwegs. Dabei handelt es sich nicht etwa um besonders „tolle“ Panoramastrecken, sondern Mautstraßen. Große Schilder am Straßenrand weisen auf den Beginn und das Ende der gebührenpflichtigen Straße hin. Je näher der Autofahrer einer Mautstraße kommt, desto häufiger erscheinen die Hinweise. Möchte man nicht auf einer Mautstraße unterwegs sein, hat man also ausreichend Zeit, vorher abzufahren.

Umfahrung oder Nutzung?

Im Mietpreis eines Wohnmobils ist die Mautgebühr in der Regel nicht enthalten. Die Registrierung für die Nutzung von Mautstraßen sowie die Bezahlung liegen grundsätzlich in der Verantwortung des Mieters, werden jedoch bei einigen Vermietern inzwischen über automatische Abrechnungssysteme abgewickelt. Sollte eine Mautstraße ohne entsprechende Registrierung genutzt werden, werden die anfallenden Gebühren nachträglich berechnet. Zusätzlich kann der Vermieter für die Bearbeitung eine Servicegebühr erheben, die unterschiedlich hoch ausfällt.

Prinzipiell lassen sich die Mautstraßen umfahren, sodass eine Benutzung nicht zwingend erforderlich ist. Wer allerdings eine der besagten Städte durchqueren möchte, tut sich mit einer alternativen Strecke oft keinen Gefallen, da diese

Die Fahrt über die Sydney Harbour Bridge ist gebührenpflichtig.

Übersicht Mautstraßen

Sydney	Cross City Tunnel, Harbour Bridge & Tunnel, Lane Cove Tunnel, Eastern Distributor, Hills M2 Motorway, M5 South West Motorway, Westlink M7 Motorway, Military Road E-Ramp, WestConnex, NorthConnex
Melbourne	Citylink, Eastlink
Brisbane	Airport Link M7, Clem 7 Tunnel, Gateway Motorway, Go Between Bridge, Logan Motorway, Legacy Way, Toowoomba Bypass

deutlich mehr Zeit in Anspruch nehmen. Die Mautstraßen führen schnell und entspannt zu zentralen Punkten wie dem Flughafen oder sind besonders verlockende Streckenabschnitte, z. B. die Fahrt über die Sydney Harbour Bridge. Außerdem reißen die Mautgebühren kein Loch in die Reisekasse. Meist zahlt der Nutzer einen moderaten Betrag, der davon abhängt, wie viele Mautstraßen er nutzt. Die Gebühren variieren je nach Strecke, Fahrzeug und Tageszeit.

Mautregistrierung

Die Nutzung von Mautstraßen in Australien wird elektronisch erfasst und abgerechnet. Bei einigen Vermietern erfolgt die Abwicklung automatisch über das Fahrzeug. Ist dies nicht der Fall, muss sich der Fahrer selbst für die Nutzung der Mautstraßen registrieren.

Die Registrierung ist online innerhalb kurzer Zeit möglich und auch mit bescheidenen Englischkenntnissen zu bewältigen. Sie kann jedoch erst nach Abholung des Fahrzeuges erfolgen, da hierfür das Kennzeichen benötigt wird. Für die Anmeldung sollte der Urlauber folgende Daten zur Hand haben:

- *vehicle registration/plate number* (Autokennzeichen, steht oft auf dem Zündschlüssel),
- Bundesstaat der Registrierung (steht auf dem Nummernschild),
- *vehicle class* (Fahrzeugkategorie),
- Reisedaten.

Wohnmobile gehören zumeist der Fahrzeugkategorie *cars* an. Bei größeren Motorhomes sollte der Vermieter zuvor gefragt werden, ob diese in eine andere Kategorie fallen. Darüber hinaus gibt der Fahrer persönliche Daten wie Name und Adresse ein. Die Bezahlung erfolgt in der Regel über die angegebene Kreditkarte. Die befahrenen Mautstrecken werden elektronisch erfasst und die Gebühren entsprechend der tatsächlichen Nutzung berechnet.

Der Vermieter macht den Fahrer auf die Mautstraßen aufmerksam.

Mautpässe

Es gibt verschiedene Möglichkeiten, Mautstraßen in Australien zu nutzen und abzurechnen. Je nach System erfolgt die Bezahlung über ein Nutzerkonto, einen temporären Pass oder nachträglich nach der Nutzung. Die Angebote sind heute weitgehend miteinander kompatibel und ermöglichen eine flexible Nutzung der Mautstraßen.

TIPP: Mautpass in Australien
Mit Linkt bzw. LinktGO steht ein Anbieter zur Verfügung, der Mautstraßen in ganz Australien abdeckt. Die Registrierung erfolgt online und ermöglicht eine unkomplizierte Abrechnung der gefahrenen Strecken.
www.linkt.com.au

Es ist daher sinnvoll, sich vorab darüber zu informieren, wie die Abrechnung erfolgt – insbesondere ob der Vermieter die Maut bereits automatisch abwickelt.

Reisende, die sich trotz zahlreicher Hinweise am Straßenrand nicht bewusst waren, eine Mautstraße befahren zu haben, brauchen jedoch nicht in Panik zu geraten. In vielen Fällen ist eine nachträgliche Registrierung oder Bezahlung innerhalb weniger Tage noch möglich.

11.6 Quarantänebestimmungen

Nicht nur bei der Einreise unterliegt der Besucher strengen Quarantänebestimmungen. Um die eigenen landwirtschaftlichen Anbauten der Region vor Schädlingsbefall oder sonstigen Krankheiten zu schützen, erheben auch die Bundesstaaten separate Einfuhrverbote für bestimmte Produkte. Darunter fallen Obst und Gemüse, Pflanzen bzw. pflanzliche Produkte, Erde oder mitunter Tiere. Zu den möglichen Schädlingen zählen neben der Fruchtfliege auch Ameisen, Käfer und Schnecken. Fährt der Selbstfahrer also von einem in den nächsten Bundesstaat, sollte er sich zuvor darüber informieren, welche Lebensmittel er mitführen darf, möglichst, bevor er den Kühlschrank auffüllt.

Infobroschüre zu Quarantänebestimmungen

Regelungen je nach Bundesstaat

Welche Produkte eingeführt werden dürfen, ist abhängig davon, aus welchem Bundesstaat man anreist. So dürfen Fahrer, die aus Western Australia oder dem Northern Territory kommen, keine Bananen nach

Link: Australian Interstate Quarantine
Nähere Infos darüber, was staatenübergreifend im Kühlschrank transportiert werden darf, ist auf folgenden Seiten zu lesen:
- interstatequarantine.org.au

Quarantänehinweis kurz vor Mildura, VIC

Queensland bringen, wohingegen Urlaubern aus den anderen Bundesstaaten dies derzeit gestattet ist. Wer mit der Fähre nach Tasmania übersetzt, wird zuvor auf Produkte wie Kartoffeln oder bestimmte Fischarten kontrolliert. Nach South Australia darf kein frisches Obst eingeführt werden. Einzige Ausnahme: Man reist aus Tasmania an. Einen Überblick darüber, welche Produkte wohin mitgenommen werden dürfen, liefern die Website der staatlichen Quarantäne-Behörde bzw. kostenlose Flyer in den Touristeninformationen.

Kontrollen

An den regionalen Flughäfen sowie Fährterminals sind unübersehbar Hinweisschilder angebracht, die den Besucher über die geltenden Einfuhrverbote informieren. Direkt darunter steht prinzipiell ein großer Mülleimer, in dem die Lebensmittel entsorgt werden können, sofern sie nicht vorher gegessen werden. An den Grenzübergängen derjenigen Bundesstaaten, die nur durch eine Hauptverkehrsader miteinander verbunden sind, z. B. Western Australia und South Australia bzw. Northern Territory, befinden sich feste Quarantäne-Stationen, an denen die mitgeführten Waren überprüft und ggf. konfisziert werden. Zwischen Victoria und New South Wales allerdings verläuft eine Vielzahl dicht befahrener Highways. Hier können die Behörden mithilfe mobiler Kontrollpunkte nur stichprobenhaft für die Einhaltung der Quarantänebestimmungen sorgen. Stattdessen informieren große Warnschilder über Einfuhrverbote und mögliche Strafen bei Nichtbeachtung.

So werden Fahrer Richtung Mildura in Victoria auf die sogenannte *fruit fly exclusion zone* aufmerksam gemacht, die ebenso die *greater sunraysia pest free area* umfasst. In die Obst- und Gemüsehochburg dürfen keine fremden Sorten eingeführt werden, die eventuell mit Fruchtfliegen belastet sein könnten. Bei Befall drohen wirtschaftliche Schäden in Millionenhöhe. Es gilt, diese vorher zu verzehren.

11.7 Road Trains

Giganten der Straßen – und ansehnlich noch dazu

Giganten der Straße

Road trains gehören zu Australien wie der Koala oder das Didgeridoo. Sie geben nicht nur viel her auf einem Foto und haben einen ganz eigenen, gewaltigen Sound – sie versorgen in erster Linie das Hinterland mit wichtigen Gütern wie Benzin, Baumaterialien oder Lebensmitteln. Damit sich eine Fahrt über mehrere tausend Kilometer auch lohnt, fallen die Trucks entsprechend groß aus. Mit bis zu vier Anhängern und einer Länge von bis zu 53,5 Meter gehören die *road trains* Australiens zu den längsten Trucks der Welt und werden ihrem Ruf als Giganten der Straßen mehr als gerecht. Neben der schieren Größe beeindruckt aber auch ihre Optik, vor allem im Dunkeln, wenn sie in zahlreichen Farben leuchten, um in der pechschwarzen Nacht gesehen zu werden.

Fahrverhalten

Bei aller Bewunderung darf jedoch nicht vergessen werden, mit welchem Monster man sich in diesem Augenblick die Straße teilt. Gegenüber einem *road train*

Möchte man einen *road train* überholen, fährt dieser in der Regel weiter links.

zieht jeder Wohnmobilurlauber im Zweifelsfall den Kürzeren. Wer einen solchen im Rückspiegel sieht, fährt am Besten im Normaltempo weiter, sodass der Truck ggf. überholen kann, oder links ran, um das Ungetüm vorbeiziehen zu lassen. Auf keinen Fall sollte der Urlauber abrupt bremsen, denn es dauert viele hundert Meter, ehe auch der Truck still steht. Kommt es zu einem Auffahrunfall, hätte der Camper kaum eine Chance. Zudem benötigen *road trains* deutlich länger, um wieder auf Geschwindigkeit zu kommen, weshalb die Fahrer verständlicherweise ungern abbremsen – schon gar nicht wegen Touristen.

Möchte der Urlauber selbst einen *road train* überholen, sind freie Sicht, ausreichend Abstand und eine lange, gerade Strecke unbedingt erforderlich. Merkt der Truckfahrer, dass der Wagen hinter ihm überholen möchte, deutet er meist per Blinker an, dass die Straße vor ihm frei und lang genug ist. Dann heißt es, Gaspedal tief durchdrücken und zum Überholen ansetzen. Es dauert seine Zeit, bis man 53,5 Meter hinter sich gelassen hat. Ist die Straße zu dicht befahren oder infolge vieler Kurven und Steigungen nicht einsehbar, harrt der Fahrer besser geduldig hinter dem

Naht ein *oversize*-Truck, steht der Verkehr still.

Truck aus oder wartet eine Überholspur ab. Nähert sich ein *road train* auf der Gegenfahrbahn, sollten die Hände fest am Lenkrad sein, da die durch den Truck verdrängte Luft einen sehr harten Windstoß verursacht. Im Fall enger Straßen hält der Urlauber einfach kurz am Straßenrand an und lässt den *road train* passieren. So reduziert er auch gleich die Gefahr eines Steinschlags.

Fürs Outback benötigt man das richtige Gefährt.

Doch es geht noch größer: Werden Maschinen, Bauteile oder ganze Häuser von A nach B transportiert, gehen die Trucks ordentlich in die Breite. In diesem Fall befinden sich am Fahrzeug Hinweise mit der Aufschrift *oversize* – also Übergröße. An ein Vorbeifahren geschweige denn Überholen ist hier nicht zu denken. Vielmehr weist eine vorausfahrende Polizeieskorte auf das Ungetüm im Schlepptau hin und stellt sicher, dass die Straßen geräumt werden. In diesem Fall heißt es, zügig links anhalten, abwarten und unbedingt Fotos machen!

11.8 Fahren im Outback

Zugelassene Strecken

Wer mit einem gemieteten Geländewagen die große Freiheit des australischen Outbacks erkunden möchte, sollte sich im Vorfeld darüber informieren, ob und inwieweit diese durch die Vertragsbestimmungen des Vermieters eingeschränkt wird. So sind die 4WD nur auf amtlich anerkannten, unbefestigten Offroad-Straßen erlaubt. Demzufolge darf der abenteuerlustige Urlauber nicht einfach querfeldein über unwegsames Gelände fahren. Außerdem ist für bestimmte, besonders abgelegene

Offroad-Bestimmungen einiger Vermieter:

Genehmigungspflichtige Routen, u. a.	Arnhem Land, Burke Development Road, Birdsville Track, Gibb River Road, Gunbarrel Highway, Finke Road, Oodnadatta Track, Savannah Way, Simpson Desert, Strzelecki Track, Tanami Track, The Bungle Bungles
Verbotene Routen, u. a.	Boggy Hole, Canning Stock Road, Fraser Island, Ghan Heritage Road, Old Gunbarrel Highway, Old South Road, Old Telegraph Track

oder herausfordernde Straßen eine separate Genehmigung des Vermieters erforderlich. Abhängig von den aktuellen Wetter- und Straßenverhältnissen wägt dieser ab, ob er eine Fahrt auf der gewünschten Route gestattet oder verneint. Einige Straßen dürfen prinzipiell nicht befahren werden. Der geplante Streckenverlauf sollte also bestenfalls zuvor mit dem Vermieter abgesprochen oder anhand der Ausschlüsse in den *Terms & Conditions* nachgeprüft werden.

Kommt es auf den genehmigungspflichtigen Strecken zu einer Panne, haftet der Mieter für alle Schäden und Bergungskosten. Mit einer zusätzlichen Bonusversicherung, speziell für 4WD-Mieten, kann der Mieter die Selbstbeteiligung ausschließen bzw. reduzieren. Unter keinen Umständen stellt ihm jedoch der Vermieter ein Ersatzfahrzeug zur Verfügung.

Privates Gelände & Genehmigungen

Im Outback fährt der Urlauber mitunter auf privatem oder Aborigine-Besitz. Für die Durchquerung von Farmgelände ist eine offizielle Erlaubnis des Farmbetreibers erforderlich. Wenn also möglich, sollte man den Besitzer kurz zuvor kontaktieren und ihn über die Tour informieren. Werden unterwegs Gatter bzw. Tore passiert, sind diese so zu hinterlassen, wie sie vorgefunden wurden, d. h. geschlossen oder geöffnet.

Mit einem 4WD kommt man auch an entlegene Orte.

TIPP: Aborigine-Land

Einen Überblick über Gebiete, für deren Durchfahrt eine *permit* erforderlich ist, gibt es u. a. auf folgenden Websites:

- clc.org.au
- dhimurru.com.au
- wa.gov.au/government/document-collections/apply-permit-access-or-travel-through-aboriginal-land
- landscape.sa.gov.au/aw/visiting-2/passes-and-permits
- nlc.org.au
- tiwilandcouncil.com

Um die Privatsphäre und Kultur der Ureinwohner Australiens zu schützen, ist für Fahrten auf ihrem Land ebenfalls eine sogenannte *permit* erforderlich. Diese ist häufig kostenlos und wird von den zuständigen Behörden ausgestellt. Je nach Region kann die Bearbeitung unterschiedlich lange dauern, weshalb eine frühzeitige Beantragung empfehlenswert ist.

Darüber hinaus dürfen Privatpersonen keine Straßen oder Wege nutzen, die für die Kohle- oder Ölförderung angelegt sind.

Bei solchen Schotterstraßen ist ein Steinschlag schnell passiert.

Hinweise zum Fahren

Eine Reise durch abgelegenes Gebiet sollte, wenn möglich, nicht allein angetreten werden. Darüber hinaus sind Bekannte, Freunde oder offizielle Stellen über die geplante Reiseroute und -dauer zu informieren. So können im Notfall umgehend Maßnahmen für die Suchaktion eingeleitet werden. In diesem Zusammenhang sind zuverlässiges und aktuelles Kartenmaterial, ein GPS-Gerät sowie Satellitentelefon ein absolutes Muss bei einem Trip ins Outback, um nicht von der Strecke abzukommen bzw. im Notfall Hilfe zu rufen.

Der Tank sollte ebenso wie mehrere Kanister Reservebenzin bei jeder Gelegenheit aufgefüllt werden. Außerdem gehören zwei Ersatzreifen sowie entsprechendes Werkzeug für Notfallreparaturen ebenso ins Gepäck wie ausreichend Wasser- und Essensvorräte. Wer ins Outback reist, ist sehr einsam und fernab der Zivilisation unterwegs. Hilfe zur Selbsthilfe lautet hier die oberste Devise. Eine ausführliche Packliste kann auf Seite 305 nachgelesen werden.

Die Tagesetappen im Outback sind zudem deutlich verkürzt. Je nach Beschaffenheit des Straßenbelags kommt der Reisende meist nicht schneller als mit 50 km/h voran. Bei extremen Bodenwellen kriecht er förmlich dahin. Hat er sich festgefahren, nimmt das Freischaufeln nochmals ordentlich Zeit in Anspruch. Darüber hinaus sollten Nachtfahrten vermieden werden, da der pechschwarze australische Outbackhimmel trotz Scheinwerfer kein Stück Straße und erst recht keinen Wildwechsel offenbart. Bei der Suche nach einem Stellplatz für die Nacht sind ausgetrocknete Flussbetten tabu, da es zu plötzlichen Überflutungen kommen kann.

Fahrverhalten

Offroad-Touren sind alles andere als eine entspannte Spazierfahrt. Vielmehr wartet an jeder Kurve eine neue fahrerische Herausforderung. Es ist daher ungemein wichtig, dass der Urlauber routiniert im Umgang mit einem Geländewagen ist und über ausreichend Kenntnisse im Fahren auf Schotter- oder Sandstraßen verfügt. Jeden Morgen sind der Reifendruck sowie die Öl-/Kraftstoff- und Wasservorräte des Wagens zu überprüfen. Darüber hinaus sollten der Luftfilter sowie die Windschutzscheibe täglich gereinigt und der Unterboden auf Lecks oder gerissene Kabel untersucht werden. Falls sich Pflanzen unter dem Fahrzeug verfangen haben, müssen sie entfernt werden, da sie ggf. Feuer fangen könnten.

Für Fahrten auf unbefestigten Straßen hat der Urlauber auf Schlaglöcher, weiche Straßenränder und schmale Brücken zu achten. Außerdem sind der Allradantrieb und die Verriegelungsnaben je nach Untergrund einzustellen. Je rauer das Gelände bzw. je loser der Sand, desto niedriger sollte der Reifendruck und damit auch die Geschwindigkeit sein. Im Fall von Spurrillen, Schlaglöchern, Steinen etc. heißt es, runter vom Gas. Kommt ein anderer Wagen entgegen, sollte der Selbstfahrer ebenso abbremsen und sich möglichst weit links halten. Bei einem vorausfahrenden Wagen ist ausreichend Abstand zu halten, damit das Sichtfeld nicht durch aufgewirbelten Staub eingeschränkt wird. Fahrten im Regen sind bestenfalls zu vermeiden, da die Straßen ggf. unpassierbar und tückisch sind. Ein Flussbett sollte nur unter äußerster Vorsicht durchquert werden – der Wasserstand kann sich durch heftigen Regen oder Flut plötzlich verändern.

Fahren auf Sandpisten wie auf Fraser Island macht besonders Spaß.

Verhaltensregeln im Falle einer Panne

- Ruhe bewahren
- am Fahrzeug bleiben
- wenn möglich, über Telefon oder Radio Hilfe rufen
- Wasser und Nahrungsmittel einteilen
- im Schatten aufhalten
- auf Hilfe warten
- nicht auf eigene Faust loslaufen!

12. Der Schlafplatz

Auf der Suche nach dem besten Stellplatz

12. Der Schlafplatz

Einer der großen Vorteile eines Camperurlaubs ist es, dass man den Schlafplatz bereits mit sich führt und damit die Freiheit genießt, an jedem (fast) beliebigen Ort übernachten zu können. Einfach so an den Straßenrand zu fahren und dort zu übernachten, ist allerdings weder gesetzlich erlaubt noch besonders erinnerungswürdig. Vielmehr gibt es in Australien eine Vielzahl unterschiedlichster Übernachtungsmöglichkeiten, von kostenfrei über günstig bis hin zu luxuriös. Je nach persönlicher Vorliebe braucht der Reisende nur noch zu überlegen, welche Art von Schlafstätte er favorisiert.

Eine Einschränkung bleibt jedoch: Ist der anvisierte, ausgewiesene Stellplatz nur über eine unbefestigte Straße erreichbar, egal, ob es sich dabei um eine *rest area* oder einen Campingplatz handelt, darf dieser seitens des Vermieters nur angefahren werden, wenn der Zufahrtsweg eine bestimmte Länge nicht überschreitet. Einige Anbieter geben dafür eine maximale Anfahrtslänge von bis zu zwölf Kilometer vor, andere Vermieter haben ihre *Terms & Conditions* wage gehalten und sprechen lediglich von einer vertretbaren Streckenlänge.

12.1 Campingplätze

Als Outdoor-Nation par excellence verfügt Australien über ein dichtes Netzwerk an Campingplätzen unterschiedlichster Größenordnung. Sie sind über das ganze Land verteilt und reichen von beschaulichen, privat betriebenen Campingplätzen bis hin zu Holiday Parks, die Kleinstädten ähneln. Sie mögen sich in den Ausmaßen und der Ausstattung unterscheiden, doch sie haben wesentliche Merkmale gemein:

Lage

Jeder Touristen-Hotspot Australiens verfügt über mindestens einen Campingplatz. Je größer der Ort, desto mehr Campingplätze buhlen um die Aufmerksamkeit der Selbstfahrer. Oft befinden sie sich in der Nähe des Stadtzentrums oder entlang der zentralen Durchgangsstraßen. In den Metropolen wie Sydney und Melbourne sind sie erfahrungsgemäß etwas weiter auswärts angesiedelt. Wer möchte schließlich zwischen Stadtverkehr und Wolkenkratzern frühmorgens aus dem Camper steigen und sich strecken? Je besser die Lage, desto teurer ist meist auch der Preis. Oft haben sich die großen Campingplatz-Ketten wie BIG4 die Logenplätze in den Orten gesichert und werben mit Stellplätzen direkt am Meer und privatem Strandzugang. Es gibt keine erholsamere Einschlafmusik als Wellenrauschen. Kleinere Anbieter hingegen betreiben den Stellplatz auf der anderen Straßenseite und sind dafür deutlich günstiger. Sie überzeugen den Besucher weniger mit der Lage,

Gemütliche Sitzecke mit toller Aussicht

sondern eher mit der persönlichen, familiären Atmosphäre. Wer Glück hat, bekommt mancherorts beides.

Gelände

Ein australischer Campingplatz ist eine Welt für sich, die sich oft auf den ersten Blick nicht gänzlich erfassen lässt. Aus diesem Grund bekommt der Besucher beim Einchecken einen ausgedruckten Lageplan in die Hand, um sich auf dem Gelände zurechtzufinden. Darin eingezeichnet und mit einem Kreis markiert sind nicht nur der eigene Stellplatz, sondern auch die anderen Räumlichkeiten wie Küche, Waschräume & Co. Wer nicht ins Blaue hinein buchen möchte, kann sich das Areal vor Bezahlung auch zeigen lassen und dann entscheiden, ob es dieser oder doch der vorherige Campingplatz wird. Für diejenigen, die länger bleiben möchten, ist der Wohlfühlfaktor schließlich entscheidender als für die Urlauber, die nur auf Durchreise sind.

Beim Check-in erhält der Wohnmobil-Besucher in der Regel einen festen Stellplatz zugewiesen. In der Nebensaison kann er diesen mitunter frei wählen, da die Mehrheit der Plätze leer steht. Die eigentlichen Parkbereiche gibt es in unterschiedlichster Größenordnung. Einige befinden sich Tür an Tür, andere hingegen sind durch Büsche oder Bäume voneinander abgetrennt und bieten mehr Freiraum. Vom Gedanken eines Stellplatzes in Größe einer Kleingarten-Parzelle sollte sich der Mieter dennoch verabschieden. Wer etwas mehr Privatsphäre bevorzugt, zieht einfach seine Gardinen im Fahrzeug zu und schon ist er unter sich. Auch den Stellplatz-Untergrund gibt es in unterschiedlichster Ausführung wie Sand, Schotter, Rasen

Manchmal sind die Stellplätze sehr großzügig.

oder Beton. Letzterer mag zwar wenig natürlich wirken, hat allerdings den Vorteil, dass das Fahrzeug gerade steht und z. B. nicht nach hinten abfällt. Das wiederum stört nämlich sehr beim Schlafen. Im Fall eines begrünten Stellplatzes liegen auf dem Boden häufig kleine Kunststoff-Mappen, die als Trittfläche bzw. Wohnfläche dienen und besonders dann praktisch sind, wenn sich dank Dauerregens Pfützen vor der Camper-Haustür bilden.

Powered site mit Strom- und Wasseranschluss

Die Stellplätze sind zumeist nach Kategorien auf dem Gelände angeordnet und werden in *unpowered site* und *powered site* unterschieden, d. h. ohne und mit Stromanschluss. Verfügt der gemietete Camper über eine zweite Batterie, ist es ratsam, diese auf dem Campingplatz voll aufzuladen. So kann der Urlauber Mikrowelle oder Steckdosen nutzen. Mittels eines beigefügten Stromkabels wird das Wohnmobil unkompliziert an den Strom angeschlossen. Aber auch für denjenigen, der nur mit Zelt oder Minivan unterwegs ist, lohnt sich die Reservierung einer *powered site*. Auf diese Weise kann er seine technischen Gerätschaften wie Netbook oder Smartphone aufladen. Der Preisunterschied zwischen einem Stellplatz mit und ohne Stromzufuhr beträgt meist nur wenige Dollar. Neben einem Anschluss für Strom verfügt der Stellplatz ebenso über einen Wasseranschluss. Mithilfe eines Schlauchs, der sich ebenfalls im Camper befindet, lässt sich der Wassertank auffüllen.

Mit Strom verkabelt auf dem Campingplatz

TIPP: Gratis-Strom
Die Versuchung ist groß, lediglich eine *unpowered site* zu buchen und seine Gerätschaften einfach an den frei zugänglichen Steckdosen aufzuladen. Davon gibt es nämlich in Australien, auch auf den Campingplätzen, ausreichend, z. B. in der Küche oder in den Waschräumen. Im ersten Moment ist es wohl eine Frage des Anstandes, unentgeltlich den Strom anzuzapfen, um auf diesem Weg einige Dollar zu sparen. Andererseits ist dieser Gedanke meiner Erfahrung nach zu deutsch. Bisher haben wir zumindest nie erlebt, dass sich ein Australier darüber erbost hätte. Letztendlich dienen die *powered sites* eher dazu, den Camper an den Strom anzuschließend und nicht etwa, um dort ausschließlich Smartphone, Kamera etc. aufzuladen.

Neben den Stellplätzen für Wohnmobile und Zelte verfügt ein Campingplatz außerdem über sogenannte *cabins*. Dabei handelt es sich um kleine Hütten bzw. Bungalows für mehrere Personen, entweder mit (*ensuite*) oder ohne eigenes Badezimmer sowie Küche. Sie eignen sich für Reisende, die zwar mit dem eigenen Fahrzeug kommen, darin aber nicht schlafen können oder möchten. Häufig werden sie von Familien oder Gruppen über mehrere Tage gemietet. Und schließlich entdeckt der Urlauber zwischen den Wohnmobilen, Zelten und Hütten die australischen Dauercamper. Meist sind sie leicht erkennbar an einer auffälligen, blinkenden Dekoration ihres Stellplatzes und der anzuzweifelnden Fahrtüchtigkeit ihres

Cabins sind für mehrere Personen geeignet.

Liebevoll dekoriertes Eigenheim

Caravans bzw. Wohnmobils. Manche Dauercamper kommen jede Saison aufs Neue, andere wohnen das ganze Jahr über dort. Dies hat nicht nur idyllische Gründe. Gerade in den Städten sind die Mieten zum Teil so teuer, dass ein Stellplatz auf dem Campingplatz günstiger ist. So haben sie ihrem fahrbaren Untersatz im Laufe der Zeit in ein kleines, liebevolles Eigenheim umgewandelt.

Ausstattung

Inmitten der Stellplätze und *cabins* sind die Gebäudekomplexe für Toiletten, Duschen und die Küche angeordnet. Je nach Größe des Campingplatzes gibt es mehrere davon auf dem Gelände verteilt, um die Fußwege kurz und die Auslastung gering zu halten. Die Benutzung dieser ist grundsätzlich im Preis enthalten. Mitunter müssen die Besucher an der Tür einen Code eingeben. Auf diese Weise können sich Unbefugte keinen Zutritt verschaffen. Nicht nur an eventueller Sicherheitsvorkehrungen, sondern auch an den gepflegten Räumlichkeiten zeigt sich einmal mehr die Campingleidenschaft der Australier. Wir waren bisher auf keinem Campingplatz unterwegs, bei denen wir uns grauten, auf die Toilette zu gehen oder uns nach dem Duschen dreckiger als zuvor fühlten. Letztere haben außerdem eine Umkleidekabine integriert, sodass niemand nach dem Duschen mit dem Handtuch über den Campingplatz huschen muss.

Waschküche mit Waschmaschine und Trockner

Darüber hinaus verfügen die Campingplätze in der Regel über eine Waschküche. Die Benutzung der Waschmaschinen sowie der Trockner kostet pro Ladung bis zu 5 AUD. Es schadet also nicht, ausreichend Ein- und Zwei-Dollarmünzen vorrätig zu haben. Eigenes Waschmittel ist bestenfalls mitzubringen oder kann an der Rezeption gekauft werden. Außerdem sind für die Nutzung der Maschinen meist feste Zeiten festgelegt, um nicht dank rüttelnder Schleudergänge die Nachtruhe der anderen Camper zu stören.

Wer möchte da noch im Wohnmobil kochen?

Eine weitere wichtige Rolle auf dem Campingplatz kommt der Küche zu. Nicht, dass die Australier ungemeine Feinschmecker wären. Aber da der größte Teil ihres Lebens draußen stattfindet, gehört Outdoor-Kochen zu einem erfüllten Urlaub mit dazu, allen voran – ganz richtig – das Grillen! Die Campingplatz-Küche befindet sich meist zentral auf dem Gelände und ist entweder offen oder durch einige Wände vor Wind und Wetter geschützt. Zur Ausstattung gehören Kühlschrank, Mikrowelle, Toaster, Ofen, der besagte Gasgrill etc. und somit eigentlich alles, was man zum Kochen braucht – und das völlig kostenfrei. Nur Besteck, Geschirr sowie die Lebensmittel sind selbst mitzubringen. Die Einladung, das Kochen aus dem Camper nach draußen zu verlegen, könnte verlockender nicht sein. Mitunter gibt es in der Küche sogar einen Fernseher oder einen kleinen Kräutergarten zur Selbstbedienung. Gerade an den Küstenorten, in denen der Fischfang beliebt ist, befinden sich etwas abseits vom Rest der Küche separate Fischausnahme-Stellen. Wie heißt es immer so schön – in der Küche und nicht im Wohnzimmer findet die eigentliche Party statt. Das gilt ohne Zweifel auch auf australischen Campingplätzen.

Je nach Größenordnung und Preislage des Campingplatzes kommen noch weitere Features wie freies WLAN, eine Minigolfanlage, ein Spielplatz oder ein Swimmingpool hinzu. Sonnensegel sowie Zäune sorgen für den Schutz der Kleinen. Mitunter befindet sich bei der Rezeption ein kleiner Supermarkt, in denen das Nötigste für erhöhte Preise eingekauft werden kann, z. B. Snacks, Getränke oder eben Fischköder. Auch ein Buchaustausch oder DVD-Verleih ist uns auf unseren Reisen schon begegnet.

Gerade im Sommer bei der Campingplatzsuche ausschlaggebend: der Pool

Preise & sonstige Informationen

Eine *unpowered site* kostet im Jahresdurchschnitt etwa 40 AUD, eine *powered site* rund 50 AUD. Mitunter wird eine zusätzliche Gebühr für weitere Erwachsene und/oder Kinder berechnet. Eine *cabin* ist ab ca. 170 AUD pro Nacht verfügbar. Die Preise für einen Stellplatz variieren deutlich zwischen Neben- und Hauptsaison. Während der *peak season* steigen die Stellplatzgebühren mitunter um das Doppelte.

TIPP: Sparen durch den Vermieter

Viele australische Wohnmobil-Vermieter kooperieren mit Campingplatzketten wie BIG4 oder G'Day Parks. Mieter profitieren dabei häufig von vergünstigten Übernachtungspreisen. Nachfragen bei der Fahrzeugübernahme lohnt sich.

Auch wenn die großen Campingplatzketten eine großartige Lage sowie hohe Qualität versprechen, lohnt es sich, die kleineren, privaten Stellplätze in Augenschein zu nehmen. Oft ist der Betrieb familiär, wodurch der Urlauber von den Betreibern oder Gästen mitunter tolle Insidertipps erhält.

Der Campingplatz im Wilsons Prom National Park ist oft ausgebucht.

In der Regel ist es nicht erforderlich, einen Stellplatz im Voraus zu reservieren. Wer jedoch in der Hochsaison unterwegs ist, sollte besser am Tag zuvor oder morgens bei den gewünschten Campingplätzen anrufen und nach Verfügbarkeiten sowie Preisen fragen. Auf diese Weise umgeht man das Risiko, kurz vor Einbruch der Dunkelheit am Campingplatz anzukommen und zu erfahren, dass dieser ausgebucht ist. Andernfalls heißt es, weiterfahren und suchen. In den australischen Ferien bzw. zwischen den Feiertagen ist es unter Umständen nötig, die Stellplätze bereits von der Heimat aus zu buchen, da diese auf beliebten Strecken ähnlich wie Hotels sehr stark nachgefragt sind oder eine Mindestübernachtung von mehreren Tagen fordern.

Mitunter liest der Urlauber auch solche Hinweise.

Darüber hinaus ist auch die Rezeption eines Campingplatzes nicht 24/7 geöffnet, sondern schließt zumeist gegen 19 Uhr. Unangemeldete Besucher stehen unter Umständen vor verschlossenen Schranken. Auch hier lohnt sich der kurze Anruf zwischendurch mit der Ankündigung, dass man ggf. erst nach Schließzeit eintrifft. In diesem Fall wird der Schlüssel nicht selten an den Hauswart oder einem Dauercamper übergeben, der dem Urlauber später aufmacht, die Abrechnung erfolgt am kommenden Tag. Die Australier sind unkompliziert. Ein Überblick über die bekannten und renommierten Campingplatzketten sowie Suchportale ist auf Seite 301 zu finden.

12.2 Rest Areas

Notwendigkeit

Rest areas gehören zu einem Selbstfahrerabenteuer Australien dazu wie eine Fahrt entlang der Great Ocean Road. Sie sind nichts weiter als Rastplätze und doch so viel mehr. Mit dem Flair, den deutsche Rastplätze entlang der Autobahn versprühen, dürfen sie keinesfalls verglichen werden. Vielmehr liegen die *rest areas* meist etwas abseits der Straße und nicht unmittelbar daneben, sodass sich der Lärm durch vorbeifahrende Autos in Grenzen hält. Entlang vieler Highways herrscht sowieso kein starker Verkehr, sodass die Geräuschkulisse generell eher natürlichen und nicht motorisierten Ursprungs ist. Lauter wird es nur, wenn ein *road train* auf die *rest area* hinauf fährt. Für die Truckfahrer sind die Rastplätze alltäglicher und notwendiger Reisebegleiter, da sie über viele Stunden hunderte Kilometer auf den Straßen zurücklegen. Gerade ihr Job hat dazu geführt, dass das Netz an *rest areas* stetig ausgebaut wurde. Denn der erhöhten Unfallgefahr aufgrund von Müdigkeit und Erschöpfung am Steuer lässt sich am besten mit einer Pause oder einer kurzen *power nap* (Kraftschlaf) entgegenwirken. Neben den *road train*-Fahrern nutzen auch einheimische Urlauber und solche aus Übersee die *rest areas* gerne für eine kurze Erholung oder einen nächtlichen Zwischenstopp.

Weitläufige *rest area* mit Feuerstelle und Sitzgelegenheit

Prinzipiell dürfen Fahrer auf den *rest areas* übernachten. In Flyern und auf ihrer Website informieren die regionalen Verkehrsbehörden sowie Automobilclubs den Fahrer über vorhandene *rest areas*, deren Ausstattung sowie zeitliche Nutzungsdauer. So darf auf manchen Rastplätzen max. 24 oder 48 Std. geparkt bzw. übernachtet werden. Andere *rest areas* hingegen weisen den Fahrer mit *no camping*- oder *no overnight stay*-Schildern darauf hin, sich einen anderen Schlafplatz für die Nacht zu suchen. Wer die zeitlichen Vorgaben überschreitet oder trotz Verbotes auf einer *rest area* übernachtet, hat bei Kontrolle mit Bußgeldern zu rechnen.

> **TIPP: Im Zweifelsfall**
> So lange sich auf der *rest area* kein Hinweis bezüglich einer begrenzten Nutzungsdauer oder gar eines Übernachtungsverbots befindet, kann der Selbstfahrer hier ruhigen Gewissens nächtigen. Häufig sind diese Einschränkungen nur in der unmittelbaren Nähe von Städten oder touristisch stark frequentierten Orten zu finden, was vor allem der Rücksichtnahme auf örtliche Campingplätze geschuldet ist.

Ausstattung

Die Ausstattung der *rest areas* variiert sehr stark und reicht von unbefestigten Parkplätzen unter Bäumen ohne alles bis hin zu halben Campingplätzen. Manche verfügen lediglich über Sitzgelegenheiten, Mülleimer und Komposttoiletten, andere wiederum sind voll ausgestattet mit Toilettenhäuschen, fließend Wasser und vielleicht sogar einem *barbecue*, obwohl das eher selten vorkommt. Worin alle *rest areas* jedoch übereinstimmen ist, dass sie prinzipiell kostenfrei sind. Hier kann man ordentlich sparen, wenngleich der Mieter eines Wohnmobils ohne Nasszelle dafür auf ein wenig Komfort, vor allem bezüglich der Waschroutine, verzichtet. Denn Duschen gibt es auf den *rest areas* eher selten.

Hinweisschild zur Rest Area-Nutzung

TIPP: Ökologischer Fußabdruck
Wer sich mit Wasserflasche gewappnet z. B. die Haare auf einer *rest area* waschen möchte, sollte möglichst darauf achten, biologisch abbaubares Shampoo bzw. Duschgel zu verwenden.
Das Gleiche gilt für den Abwasch. Viele kleinere Campermodelle wie der Hitop oder Minivan sind nicht *self-contained*, haben also keinen geschlossenen Wasserkreislauf. Das Wasser der Spüle fließt nach dem Ablassen direkt unter dem Camper heraus.

Rest areas bieten gegenüber der Übernachtung auf Campingplätzen den Vorteil, dass sie frei verfügbar und nicht reserviert werden müssen, auch während der Hochsaison. Allerdings kommen sie sicherlich nicht für jeden Reisetyp in Betracht, da sie einen Verzicht auf Komfort bedeuten und es einen gewissen Abenteuergeist erfordert, gelegentlich mitten im Nirgendwo sein Nachtlager aufzuschlagen. Wir haben uns bisher immer für eine Mischung aus *rest areas* und Campingplätzen entschieden, einfach, um unser Reisebudget zu schonen und auch abseits der anderen Touristen unterwegs zu sein. Als wir im Winter unterwegs waren, gönnten wir uns hingegen jede Nacht einen Stopp auf dem Campingplatz. Zum einen waren diese in den Nebensaison eh billiger, zum anderen sehnten wir uns an den kalten Abenden doch sehr nach einer warmen Dusche.

Nicht jede ausgewiesene *rest area* eignet sich für ein Wohnmobil.

12.3 Nationalparks

Viele Nationalparks verfügen über ausgewiesene Stellplätze für Camper. Dabei überzeugen sie vor allem durch ihre traumhafte Lage sowie der Nähe zur Natur und bieten somit ein komplett anderes Übernachtungsgefühl als auf Campingplätzen oder *rest areas*. Die Gebühr ist entweder sehr gering oder sogar kostenfrei. Mitunter muss zuvor der Anfahrtsweg geklärt werden, da einige *campgrounds* nur über unbefestigte Straßen erreichbar sind bzw. es für große Motorhomes bzw. Caravans keine Wendemöglichkeiten vor Ort gibt.

Der *campground* am Lucky Beach in WA ist sehr beliebt – kein Wunder bei dem Ausblick.

Ausstattung

Auch hier unterscheiden sich die einzelnen *campgrounds* deutlich in ihrer Ausstattung. Einige gleichen eher *rest areas*, falls nur Sitzmöglichkeiten sowie Biotoiletten vorhanden sind. Andere hingegen besitzen Duschen, *barbecues* oder sogar Küchen und machen damit den Campingplätzen vor Ort durchaus Konkurrenz. Allerdings verfügen die wenigsten Stellplätze in den Nationalparks über Stromanschluss, von Handyempfang ganz zu schweigen. Mitunter gibt es nur kaltes bzw. über Solaranlagen erhitztes und damit begrenztes Wasser für die Duschen.

Reservierung & Preise

In vielen australischen Nationalparks hat sich das Buchungssystem in den vergangenen Jahren deutlich verändert. Während früher häufig das Prinzip *first come, first serve* galt, ist heute oftmals eine Online-Reservierung erforderlich oder zumindest dringend empfohlen. Die Stellplätze werden in der Regel über die jeweiligen staatlichen Nationalpark-Websites gebucht und bezahlt, siehe Seite 294. Gerade in beliebten Parks oder während der Ferienzeiten sind viele Campgrounds frühzeitig ausgebucht – etwa im Cape Le Grand National Park in Western Australia oder im

Wilsons Promontory National Park in Victoria. Spontanes Anreisen ohne Reservierung ist zwar teilweise noch möglich, sollte jedoch nicht mehr als selbstverständlich angesehen werden. Die Preise variieren je nach Lage, Ausstattung und Nachfrage und unterscheiden sich deutlich zwischen einfachen Bush-Campgrounds und gut ausgestatteten Anlagen mit sanitären Einrichtungen. Die Übernachtung auf einem Campground innerhalb eines Nationalparks ist zusätzlich zur Parkeintrittsgebühr zu bezahlen (nicht in jedem Nationalpark wird Eintritt erhoben). Der Parkeintritt wird entweder vorab online bezahlt oder erfolgt vor Ort über Selbstregistrierungssysteme („*honesty box*“) am Parkeingang.

12.4 Weitere Übernachtungsmöglichkeiten

Neben den vorherigen, typischen Übernachtungsmöglichkeiten gibt es noch Alternativen, die eher dann zum Tragen kommen, wenn vielleicht einmal dicke Luft im Camper herrscht, nicht genügend Schlafplätze vorhanden sind oder man in den Großstädten wie Sydney unterwegs ist und nicht allzu weit auswärts stehen möchte.

Motels sind weit verbreitet in Australien.

Motels

So kann der Selbstfahrer z. B. in den zahlreichen Motels und Bed & Breakfast einen Zwischenstopp einlegen. Diese verfügen in der Regel immer über eigene Parkplätze, sodass er sich um die lange Suche nach einem Stellplatz in der Nähe keine Sorgen machen muss. Da viele Motels eine überdachte Rezeption besitzen, sollte der Mieter allerdings darauf achten, dass er mit dem Wohnmobil durch die Einfahrt passt. Alternativ besteht die Möglichkeit, die Hostels entlang der Strecke anzufahren und gegen ein geringes Entgelt ihren Parkplatz und die Waschräume bzw. Küche zu nutzen. Diese Variante ist mitunter günstiger als ein Stellplatz auf dem Campingplatz.

RV friendly town

Darüber hinaus wurde durch den Campervan and Motorhome Club of Australia die Initiative der *RV friendly towns* ins Leben gerufen. Dabei handelt es sich um einen Verbund von landesweit kleinen Städten, die durchreisenden Wohnmobilurlaubern vor Ort frei wählbare Stellplätze zu günstigen Raten sowie bestimmte Einrichtungen und Serviceleistungen anbieten. Damit eine Stadt als *RV friendly* ausgezeichnet wird, muss sie den Selbstfahrern Stellplätze in der Nähe des Stadtzentrums, Zugang zu Trinkwasser sowie eine Entsorgungsstation für Abwasser zur Verfügung stellen. Mitunter zählen auch ein Mechaniker, eine Besucherinformation sowie eine medizinische Notfallversorgung zum Leistungsspektrum. In einer *RV friendly town* genießt der Urlauber also ein gewisses Maß an *freedom camping*, ohne dabei auf die Annehmlichkeiten einer Stadt verzichten zu müssen. Eine Erweiterung dieses Programms sind die *RV friendly destinations*, zu denen u. a. Veranstaltungsorte oder Vereinsgebäude gehören.

> *RV friendly town*
> Eine Übersicht aller RV friendly towns mit Standorten und Details bietet folgende interaktive Karte:
> - rvfriendly.cmca.net.au/Map/RVFriendlyMap

RV friendly town: Sea Lake

12.5 Wild bzw. freedom camping

Wild camping oder auch *freedom camping* ist eine in Australien, gerade unter fahrenden Backpackern, verbreitete Art des Campings. Die rechtliche Situation ist nicht einheitlich geregelt und wird von den jeweiligen Bundesstaaten und Kommunen bestimmt. In vielen Regionen ist das Übernachten außerhalb ausgewiesener Plätze eingeschränkt oder verboten.

Regeln

Wild camping trägt den Charakter bereits im Namen.Hier übernachtet der Selbstfahrer nicht an ausgewiesenen Stellplätzen, sondern sucht sich einen Platz in der Natur. In abgelegenen Gebieten wird dies teilweise toleriert, sofern keine lokalen

Hinweise am Eingang eines Nationalparks informieren über geltende Stellplatz-Bestimmungen.

Verbote bestehen und der Reisende sich verantwortungsvoll gegenüber Mensch und Natur verhält.

Wer sich jedoch entlang der touristischen Routen bewegt und seinen Stellplatz individuell wählen möchte, sollte besonders aufmerksam sein. In Orten, an Stränden oder auf öffentlichen Parkplätzen ist das Übernachten häufig eingeschränkt oder untersagt, auch wenn nicht immer ein entsprechendes Schild darauf hinweist.

Konfliktpotenzial

Freedom camping ist mittlerweile in Australien durchaus umstritten. Öffentliche Plätze stehen grundsätzlich allen zur Verfügung, gleichzeitig führen zunehmende Nutzung und teilweise mangelnde Rücksichtnahme dazu, dass Gemeinden verstärkt eingreifen.

Besonders in Städten und beliebten Küstenregionen wurden in den vergangenen Jahren vermehrt „*no camping*"-Schilder aufgestellt. Kontrollen finden häufig nachts statt, und Verstöße können mit Verwarnungen oder Bußgeldern geahndet werden. Auch öffentliche Einrichtungen wie Toiletten unterliegen zunehmend Nutzungsregeln.

Verbote auf öffentlichen Toiletten

Verbote

Steht auf einem Park- oder Rastplatz ein *no camping-* oder *no overnight*-Schild, wird aus dem *wild camping* grundsätzlich illegales Camping. Darüber hinaus ist das Übernachten am Straßenrand, auf Parkplätzen von Geschäften oder in Wohngebieten vielerorts eingeschränkt oder untersagt und richtet sich nach den jeweiligen lokalen Vorschriften. Wer dabei erwischt wird, riskiert nicht nur ein unsanftes Wecken, sondern auch ein Bußgeld.

Mitunter lässt sich ein Anhalten unmittelbar am Straßenrand jedoch nicht vermeiden – etwa dann, wenn die Weiterfahrt zu gefährlich wird. In solchen Fällen kann es sinnvoll sein, eine Pause einzulegen, um die Fahrt später sicher fortzusetzen. So hatten

Campen am Straßenrand ist illegal.

wir uns einst einen *campground* für die Nacht auserkoren, der jedoch nach ausgiebiger Erkundung des Geländes nur für einen 4WD in Frage kam. Da es bereits stockdunkel war und die Augen langsam schlapp wurden, übernachteten wir an der Einfahrt zur *rest area* direkt neben der Straße.

Neuseeland als Vorreiter
Neuseeland ist hinsichtlich des *freedom camping* deutlich strikter unterwegs als Australien und plakatiert seit Jahren zahlreiche Plätze und Parkanlagen, auch außerhalb der Großstädte, mit Verbotshinweisen. Der Unmut über verantwortungslose Touristen und ihr eigenes, erhöhtes Umweltbewusstsein haben sie berechtigterweise dazu angespornt.

12.6 Übernachtungsfinder

Broschüren & Online-Portale

Der Selbstfahrer in Australien hat zahlreiche Möglichkeiten, seinen Schlafplatz für die Nacht zu finden. Dabei kann er die klassischen Printausgaben der Campingplatz-Broschüren, Reiseführer etc. nutzen oder er verlässt sich bei der Suche ganz auf das Internet. Die Onlineportale listen oftmals selbst die kleinsten *campgrounds* auf und werden regelmäßig aktualisiert, meist von anderen Nutzern. Ist man jedoch in

Campingbroschüren der Touristeninformationen helfen bei der Stellplatzsuche.

Gegenden unterwegs, in denen der Handyempfang bescheiden bzw. nicht vorhanden ist, kann die gedruckte Ausgabe plötzlich von unschätzbarem Vorteil sein.

Die Vermieter bestücken ihre Camper mit einem Campingplatzverzeichnis derjenigen Ketten, mit denen sie Rabattaktionen vereinbart haben. Möchte der Mieter allerdings auch in Nationalparks oder auf *rest areas* übernachten, lohnt der Gang in die Touristeninformationen. Ein kurzer Plausch mit den Mitarbeitern kann darüber hinaus nicht schaden. Persönliche Empfehlungen sind mitunter mehr Wert als jede Reiseführer-Empfehlung.

Apps

Da sich die Planung und Suche zunehmend auf das Smartphone verlagert hat, kann der Selbstfahrer eine Vielzahl hilfreicher Apps nutzen. Diese sind häufig zumindest in der Grundversion kostenfrei. Viele Anwendungen lassen sich auch offline nutzen, sofern Karten und Inhalte zuvor heruntergeladen wurden. Auch die Vermieter bedienen diesen Bedarf, indem sie eigene App-Anwendungen kostenfrei bereitstellen. Diese geben i.d.R. einen Überblick über Campingplätze, Unterkünfte sowie öffentliche Toiletten, LPG-Flaschenbefüllungen, Tankstellen und Entsorgungsstellen in der Nähe. Auch Geldautomaten, Supermärkte, Polizei, Krankenhäuser, Touristeninformationen und Waschsalons werden bei Bedarf angezeigt.

Im Folgenden möchte ich zwei Übernachtungsfinder näher vorstellen, die uns in den vergangenen Jahren bei der Suche nach einem Nachtlager zuverlässig geholfen haben und daher absolut eine Empfehlung wert sind.

Camps/Caravan Parks Wide Australia

Die Reiseführer „Camps Australia Wide“ und „Caravan Parks Australia Wide“ gehören zu den bekanntesten Nachschlagewerken für Selbstfahrer in Australien. Die Autoren Philip und Cathryn Fennell sind Australier und selbst begeisterte Camper. Seit 2001 sind sie unterwegs und testen die Campingplätze ihrer Heimat. Hier erhält der Fahrer also geprüftes Wissen aus erster Hand!

In jeder guten Newsagency bekommt man den Camps Australia Wide.

Der englischsprachige Campingführer bietet einen umfassenden Überblick über Campingmöglichkeiten im ganzen Land: von einfachen rest areas über Nationalparks und abgelegene campgrounds bis hin zu *station stays*. Teurere Campingplätze werden nur aufgeführt, wenn sie sehr abgelegen, sehr gut ausgestattet oder in einer gewissen Weise einzigartig sind. Große Campingplatzketten wie

BIG4 findet der Urlauber hingegen in der Pendant-Ausgabe Caravan Parks Australia Wide. Die Inhalte sind nach Bundesstaaten gegliedert und kombinieren Kartenmaterial mit kurzen Beschreibungen der einzelnen Plätze. So erhält der Reisende auf einen Blick Informationen zu Lage, Ausstattung und Erreichbarkeit, etwa ob ein Stellplatz auch ohne Allradfahrzeug zugänglich ist oder über grundlegende Infrastruktur wie Toiletten oder Trinkwasser verfügt.

Der Camps Australia Wide listet *rest areas* wie diese im Outback auf.

Ergänzend enthalten die Reiseführer praktische Hinweise, etwa zu Entsorgungsstationen oder relevanten Kontaktstellen für Reisen in abgelegene Regionen. Der Fokus liegt dabei klar auf der Suche nach geeigneten Übernachtungsplätzen und weniger auf klassischen Sehenswürdigkeiten.

Die Inhalte sind auch in digitaler Form als App verfügbar und ermöglichen so eine flexible Nutzung unterwegs.

Wiki Camps

Eine der bekanntesten Apps für Selbstfahrer in Australien ist WikiCamps Australia. Sie bietet einen umfassenden Überblick über Übernachtungsmöglichkeiten – von kostenfreien rest areas bis hin zu Campingplätzen – und erleichtert so die spontane Planung unterwegs. Daneben werden vereinzelt Sehenswürdigkeiten aufgeführt, wenngleich diese nicht im Vordergrund stehen. Ein großer Vorteil der App ist ihr Community-Ansatz: Nutzer können Stellplätze hinzufügen, Bewertungen abgeben, Informationen ergänzen und Fotos hochladen. Dadurch entsteht eine große und regelmäßig aktualisierte Datenbasis, die auch abgelegene Orte abdeckt.

Die App ermöglicht sowohl eine Karten- als auch eine Listenansicht und bietet verschiedene Filtermöglichkeiten, etwa nach Ausstattung oder Lage. So lässt sich schnell erkennen, ob ein Platz den eigenen Anforderungen entspricht.

Allerdings basiert ein Großteil der Inhalte auf Nutzerangaben. Die Qualität und Aktualität der Informationen kann daher variieren. Nachdem wir mithilfe der App eine vielversprechende *rest area* gefunden hatten, stellten wir vor Ort fest, dass sie nur für einen 4WD befahrbar ist. Des Weiteren sind laut Anwendung viele Stellplätze entlang der Highways eine *rest area*, ohne dass sie als solche offiziell ausgeschildert sind und so auch nicht in einem Reiseführer wie dem Camps Wide Australia erwähnt werden. Gerade im Dunkeln sucht man als Fahrer daher mitunter vergeblich nach der besagten *rest area*.

13. Unterbrechungen und Pannen

Die Gefahr von Buschbränden ist im Sommer besonders hoch in Australien.

13. Unterbrechungen und Pannen

Pannen – sie sind keinem Urlauber zu wünschen, aber in der Planung möglichst einzukalkulieren. Mietfahrzeuge sind Gebrauchsgegenstände. Egal, für welche Camperkategorie sich der Selbstfahrer entscheidet, ob neuwertig oder low-cost, groß oder klein: Unterbrechungen können jedem widerfahren, sie können unverschuldet sein oder selbst verursacht. Wer sie erlebt, sollte mit einer gewissen Gelassenheit an die Lösung des Problems herangehen, um den restlichen Urlaub nicht mit schlechter Laune zu verbringen. Rückblickend hatte ich auf vielen Camperreisen eine Panne. Diese waren Gott sei Dank kleineren Ausmaßes und ließen sich relativ schnell beheben. Nichtsdestotrotz brachten sie unseren Zeitplan ein wenig ins Wanken. Natürlich war das in diesem Augenblick ärgerlich. Ein Ausflug zum Mechaniker gehört nicht unbedingt auf die To-do-Liste in Australien, wenngleich das ein sehr amüsantes Erlebnis sein kann. Im Nachhinein konnten wir jedoch darüber schmunzeln und brachten eine tolle Geschichte mit nach Hause.

13.1 Sicheres Fahren

Konzentration

Um in Australien von einem Ziel zum nächsten zu kommen, muss der Urlauber deutlich mehr Kilometer zurücklegen als in der Heimat. Gerade auf den Hinterlandstraßen bietet die Sicht aus dem Fenster kaum Abwechslung fürs Auge. Die Streckenführung ist überwiegend gerade, die vorbeiziehende Landschaft eintönig, nur ab und an durchbrechen Ortschaften die Monotonie. Besonders extrem fällt Urlaubern dies z. B. auf dem Stuart Highway oder bei der Durchquerung der Nullarbor-Ebene auf: Endlos scheinen sich die Highways dahin zu ziehen. Ein anderes Fahrzeug zeigt sich nur selten. Gelegentlich hüpft ein Känguru umher. Links und rechts ziert wildes Buschland die Szenerie, soweit das Auge reicht.

Deutliche Schilder am Straßenrand erinnern daran, eine Pause einzulegen.

Hier von einer erhöhten Unfallgefahr zu reden, scheint zunächst absurd. Doch die Monotonie der Streckenführung in Kombination mit langen Distanzen kann die Konzentration beim Fahren erheblich beeinträchtigen. Übermüdung und Sekundenschlaf sind dabei ein nicht zu unterschätzendes Risiko. Entlang der Highways befinden sich daher riesige Plakate, die mitunter sehr direkt und anschaulich auf die Gefahren durch Erschöpfung oder Sekundenschlaf am Steuer aufmerksam machen. Sie fordern dazu auf, möglichst alle zwei Stunden mindestens 15 Minuten eine Pause einzulegen, um einen Kaffee zu trinken, sich die Beine zu vertreten und die Augen umherschweifen zu lassen, auch wenn es gerade nicht viel zu sehen gibt – selbst dann, wenn das Ziel schon in greifbarer Nähe liegt.

Falls die Müdigkeit zu stark wird – einen Powerschlaf einlegen!

TIPP: Coffee for free
Mitunter schenken die *visitor centres* kostenlosen Kaffee für Autofahrer aus. Damit ist der kurze Zwischenstopp nicht nur lohnenswert, um nach bisher unbekannten Sehenswürdigkeiten zu fragen, sondern auch, um mit einem Koffeinschub erfrischt weiterzufahren.

Die Vermieter halten sich in ihren Infobroschüren und auf ihrer Website mit Hinweisen zum sicheren Fahren in Australien nicht zurück. Gerade die Budget-Anbieter scheuen sich nicht, ihre tendenziell jüngeren und weniger fahrerprobten Mieter mit deutlichen Worten für dieses Thema zu sensibilisieren. Doch trotz aller Warnungen und Vorkehrungen lässt es sich manchmal nicht vermeiden, dass der Selbstfahrer einen Unfall verursacht.

Straßen- & Verkehrsverhältnisse

Auch die ungewohnten Straßenbedingungen verlangen nach einer erhöhten Konzentration des Urlaubers. Große bzw. schnelle Fahrzeuge verursachen auf den Schotterstraßen dichte Staubwolken, die die Sicht für den dahinter oder vorbei Fahrenden erheblich beeinträchtigen können. Besser ist es, genügend Abstand zu halten oder die Geschwindigkeit zu drosseln. Auf losem Belag drehen die Reifen schneller durch bzw. verlieren an Halt. In Kurven und auf abfallendem Gelände sollte der Fahrer daher vom Gas gehen und scharfes Abbremsen vermeiden. Bei einer geteerten Straße ist die Kante unter Umständen nicht befestigt, sondern besteht aus losem Belag. In diesem Fall spricht man von *soft edges*. Wer entgegenkommenden *road trains* ausweichen möchte oder einfach zu weit links fährt und dabei die Kante ungünstig erwischt, kann schnell ins Schleudern geraten und die Kontrolle über das Fahrzeug verlieren.

An Baustellen gilt erhöhte Vorsicht.

TIPP: Zum Sicheren Fahren

- jemanden über die geplante Route informieren, gerade bei Touren ins Outback
- Fahrzeug regelmäßig überprüfen (Öl- und Kühlwasser, Reifen)
- Straßen- und Wetterbedingungen beachten
- Warnschilder am Straßenrand ernst nehmen
- regelmäßig Pausen machen bzw. Fahrer wechseln
- nicht abseits ausgewiesener Wege unterwegs sein
- genügend Essen und Trinken dabei haben
- im Fall einer Panne am Fahrzeug bleiben
- auf besondere australische Straßenbedingungen Rücksicht nehmen: Wildwechsel etc.
- sich an den Linksverkehr erinnern!

Wer seine Sicherheit beim Fahren vorab festigen möchte, kann unter folgendem Link ein Quiz zu verschiedenen australischen Fahrsituationen und Verkehrsbestimmungen durchführen:

- www.driverknowledgetests.com/learners-permit/tourist

13.2 Unfall- und Pannengefahren

Wildwechsel

Häufiger Anblick im Outback – leider

Der Urlauber wird es nicht gerne hören – aber gerade wer mit dem eigenen Fahrzeug unterwegs ist, wird am Straßenrand zunächst mehr tote als lebendige Kängurus sehen. Wildwechsel sind eine allgegenwärtige Gefahr auf australischen Straßen, vor allem außerhalb der Städte. Gerade zur Dämmerung und während der Nacht ist das Risiko besonders hoch, wenn die Tiere durch das Licht angelockt werden. Wer in der Dunkelheit unterwegs ist, sollte also besser runter vom Gas gehen und auf einen plötzlichen Wildwechsel gefasst sein. Hüpft ein Känguru auf die Straße, heißt es, abzubremsen und das Tier ggf. durch Hupen zu verscheuchen. Auf keinen Fall sollte der Fahrer dem Tier ausweichen, da bei diesem Fahrmanöver die Gefahr eines *single vehicle rollover* besteht, also des Überschlags. Doch nicht nur Kängurus, sondern auch andere

Risiko von Känguru-Wildwechsel:

- Wildwechsel-Unfälle mit Kängurus passieren meist zwischen 17-22 Uhr.
- Das Risiko eines Unfalls ist im Winter höher.
- Das Risiko eines Unfalls ist nach langen Dürreperioden höher.
- Schwere Verletzungen resultieren zumeist aus dem Versuch, dem Känguru auszuweichen.

Tiere wie Emus, Rinder, Wildpferde oder Kamele stehen plötzlich unverhofft auf der Straße. Während die Trucks spezielle *roo/bull bars*, also Frontschutzbügel, am Fahrzeug haben, um Wildunfälle abzufangen, ist die Karosserie eines Wohnmobils dem Wildunfall schutzlos ausgeliefert. Der Sachschaden am Fahrzeug wäre entsprechend hoch, von möglichen Personenschäden einmal abgesehen. Und an vorderster Stelle sollte ebenso an das Wohl der Tiere gedacht werden: So sind der Tasmanische Teufel oder Kasuar in Queensland bereits in ihrem Bestand gefährdet. Jeder Wildunfall mehr verringert die Population dieser einmaligen Artgenossen.

TIPP: Unfälle mit Wildwechsel vermeiden

- Wenn möglich, nicht in der Dämmerung fahren.
- Verkehrszeichen mit Wildwechsel ernst nehmen.
- Falls Tiere am Straßenrand gesichtet werden, mit Vorsicht fahren, da diese oft in Herden zusammen sind.

Versicherungsschutz bei Wildunfällen

Bei Abschluss einer Zusatzversicherung des Vermieters sind Wildunfälle prinzipiell inkludiert, allerdings nur bei Fahrten während des Tages. Wer zur Dämmerung oder bei Nacht außerhalb von Städten unterwegs ist, erhöht das Risiko eines Wildunfalls und fährt damit im Sinne des Vermieters fahrlässig. Kommt es zu einem Unfall, ist der Schaden nicht durch die Versicherung gedeckt. Fahrten in der Dunkelheit sollten also bestenfalls vermieden werden.

Mängel am Fahrzeug

Zu den üblichen Pannen in Australien gehören geplatzte Reifen und Steinschläge. Gerade wenn ein road train vorbei rauscht, ist ein umherfliegender Kieselstein nicht weit entfernt. Schneller, als man schauen kann, hat sich in der Windschutzscheibe ein kleiner Riss breit gemacht. Extreme Hitze und langes Fahren beanspruchen zudem die Reifen. Bei längeren Fahrten und hohen Außentemperaturen schadet es nicht, die Reifen während einer Pause abkühlen zu lassen. Gleiches, nur verstärkt, gilt für den Motor. Ein Überhitzen des Motors ist die häufigste Ursache dafür, mit dem Wagen in Australien liegenzubleiben. Kühlwasser und Ölstand sind daher unbedingt jeden Morgen aufs Neue zu kontrollieren.

Auch Emus kreuzen ungeniert die Straßen.

Keine Seltenheit: geplatzter Reifen am Straßenrand

Selbstverschuldete Pannen

Weitere, in der Regel selbst verschuldete Unterbrechungsgefahren, gerade bei Urlaubern, sind ein leerer Tank bzw. eine leere Batterie. Wir hatten beides: In Sydney ging unserer Hauptbatterie die Puste aus, als wir nach einer durchzechten Silvesternacht anscheinend vergessen hatten, die Scheinwerfer auszumachen. Am Morgen danach war zwar die Milch im Kühlschrank kühl, allerdings wollte der Motor nicht mehr starten. Gott sei Dank arbeitet die *roadside assistance* auch an Feiertagen. Das Benzin hingegen ging uns in Neuseeland aus. Da uns das in Australien genauso hätte passieren können, erwähne ich es hier. Wir hatten uns ein wenig mit dem Spritverbrauch und der Toleranz der Tankanzeige verschätzt. Zwar kamen wir an einigen Tankstellen vorbei, allerdings war uns dort das Benzin zu teuer und so spekulierten wir auf fallende Preise im nächsten Ort. Der ließ jedoch länger auf sich warten als gedacht. Und so gluckste der Motor plötzlich ein paar Mal auf, ehe wir mit letztem Schwung auf eine *rest area* hinauf rollten. Glücklicherweise stand dort ein anderer Camper, der uns in den nächsten Ort fuhr. Mit einem Benzinkanister in der Hand trampten wir zum Fahrzeug zurück. Auch in Australien sollte der Selbstfahrer nicht auf günstigere Benzinpreise setzen, wenn der Tank bedrohlich gegen Null strebt. Gerade im Hinterland sind die Tankstellen spärlich gesät. Schilder am Straßenrand informieren darüber, wann die nächste Zapfsäule kommt. So kann der Fahrer abschätzen, ob er mit seiner Tankfüllung reicht oder doch lieber nachfüllt. Im Zweifelsfall ist jede Tankstelle mitzunehmen, die am Horizont erscheint. Denn helfende Autofahrer lassen im australischen Busch mitunter lange auf sich warten.

Schilder am Straßenrand verweisen auf mögliche Gefahren.

Höhere Gewalt

Neben Unfallrisiken, die auf das Fahrverhalten zurückzuführen sind, kann das Wohnmobil selbst für eine längere Zwangspause sorgen. Sicherlich werden die Fahrzeuge regelmäßig gewartet, dennoch kann ein Vermieter nicht ausschließen, dass plötzlich ein Mangel auftritt, der zuvor nicht absehbar war. Ein Camper ist ein Alltagsgegenstand, der beinahe täglich in Gebrach ist. Und dessen exakte „Haltbarkeit" lässt sich genauso wenig vorhersagen wie die des heimischen Staubsaugers. Ein plötzlicher Schaden ist zutiefst ärgerlich, aber nicht gänzlich auszuschließen, Wartung und Pflege hin oder her.

Auf unserer ersten Campertour pfiff es plötzlich aus unserem Auspuff, was dazu führte, dass wir ungewollt einen halben Tag in Newcastle verbrachten, um den Schaden reparieren zu lassen. Ein anderes Mal meinte plötzlich der elektrische Fensterheber auf der Beifahrerseite kaputt gehen zu müssen – natürlich, während das Fenster gerade geöffnet war. Da wir im Winter unterwegs waren, wurde es bei einstelligen Außentemperaturen mit 100 km/h auf dem Highway durchaus frostig.

TIPP: Keine Panik
Im Fall eines Unfalls oder einer Panne heißt es, nicht in Panik zu geraten. Sofern man eine Versicherung abgeschlossen hat und nicht vertragsbrüchig gefahren ist, sind keine finanziellen Folgen zu befürchten. Ebenfalls inkludiert ist die Mitgliedschaft in einem australischen Automobilclub. Eine Pannenhilfe rund um die Uhr ist, Handyempfang vorausgesetzt, also gewährleistet.
Darüber hinaus sind die Australier freundliche Gefährten. Mit sehr hoher Wahrscheinlichkeit hält ein Einheimischer an, sobald er am Straßenrand ein liegengebliebenes Fahrzeug sieht. Sich gegenseitig zu helfen, ist Down Under eine Selbstverständlichkeit, selbst wenn es sich dabei nur um die Mitfahrgelegenheit in den nächsten Ort handelt. Gerade wer in abgelegenen Gebieten gestrandet ist, sollte daher beim Fahrzeug bleiben.

Immer daran denken, das Wohnmobil auch abzuschließen.

13.3 Information des Vermieters

Egal, um welche Art von Panne oder Unterbrechung es sich handelt – der Vermieter ist schnellstmöglich in Kenntnis zu setzen. Kommt der Fahrer dieser Pflicht nicht nach, erlischt sein Versicherungsschutz.

Verhaltensregeln

Im Mietpreis inkludiert sind grundsätzlich eine kostenlose Pannenhilfe der *roadside assistance* sowie die Nutzung einer 24-Std-Service-Hotline des Vermieters. Letztere steht zumeist auf dem Zündschlüssel, sodass man diese immer griffbereit hat. Mitunter kann das Problem direkt am Telefon behoben werden. Schließlich kennen die Vermieter ihre Fahrzeuge in- und auswendig und können so manches Problem via Fernwartung unkompliziert beheben. In anderen Fällen reicht es, wenn die *roadside assistance* hinzugerufen und der Fehler am Straßenrand behoben wird. Ist der Schaden schwerwiegender, heißt es notgedrungen, ab in die Werkstatt. In diesem Fall fragt der Vermieter den Fahrer nach seinem aktuellen Standpunkt und vermittelt einen Mechaniker in der Nähe. In dicht besiedelten Gebieten ist die nächste Werkstatt oft nicht weit, andernorts muss der Fahrer mitunter noch etwas Strecke zurücklegen. Ist an ein Vorwärtskommen nicht mehr zu denken, organisiert der Vermieter einen Abschleppdienst. Sollte dieser aufgrund eigener Verschuldung, z. B. infolge einer leeren Batterie, eines leeren Tanks oder verlorener Schlüssel erforderlich sein, trägt der Mieter die Kosten.

In der Werkstatt

Der tägliche Ölcheck ist wichtig.

In der Werkstatt wird der Schaden behoben, ohne dass der Mieter in Vorkasse treten muss. Die Rechnung geht direkt an den Vermieter. Dem Urlauber bleibt nichts weiter übrig als Däumchen drehen und auf eine fixe Reparatur zu hoffen. Als wir unseren Wagen bezüglich des Fensterhebers einweisen mussten, verloren wir mit Telefonaten, Anfahrt und eigentlicher Reparatur gute zwei Stunden. Mehr Zeit geht verloren, falls der Mechaniker nicht jedes benötigte Ersatzteil auf Lager hat oder der Schaden schwerwiegender ist und das Fahrzeug ggf. über Nacht in der Werkstatt bleiben muss.

Allem Ärger zum Trotz kann der Besuch einer Werkstatt Down Under ein amüsanter Zeitvertreib sein: Im Fall unseres defekten Fensterhebers steuerten wir den vom Vermieter genannten Mechaniker an – und landeten auf einer Pferdefarm! In der Garage zwischen Pferdekoppel und Haus befand sich die besagte Werkstatt. Ebenso eigentümlich war die Reparatur. Leider hatte der Mechaniker keinen passenden Ersatzmotor auf Lager, dafür umso mehr innovativen Tatendrang. Er nahm die kom-

Werkstatt im Aussie Stlye

Notdürftige Reparatur, um schnell wieder auf der Straße zu sein

plette Türverkleidung ab, sägte ein Holzstück zurecht und klemmte es unter das Fenster. Wir fragten kurz beim Vermieter nach, ob diese provisorische Reparatur in Ordnung ginge, was der Fall war. Perfekt. Es konnte weitergehen.

An diesem Beispiel zeigt sich einmal mehr die Unbeschwertheit der Aus-tralier, auch der Vermieter. Wenn sich ein Problem einfach beheben lässt, sollte man sich als Urlauber damit zufrieden geben, auch wenn es nicht der heimischen Norm und Qualität entspricht.

Eigenmächtige Reparaturen

Nicht ganz so locker sehen die Vermieter eigenmächtige Reparaturen. Lässt der Mieter eventuelle Mängel auf eigene Faust bei einer beliebigen Werkstatt beheben, ohne zuvor den Vermieter darüber in Kenntnis zu setzen, bleibt er unter Umständen auf den Reparaturkosten sitzen, selbst wenn der Schaden versichert war. Die Vermieter haben feste Vertragswerkstätten, in denen Schäden an ihren Fahrzeugen zu vereinbarten Konditionen behoben werden können.

Bei kleineren Schäden, deren Reparatur eine bestimmte Summe nicht übersteigt (in der Regel 100 AUD), kann der Fahrer meist eigenmächtig eine Werkstatt beauftragen. In diesem Fall tritt er in Vorkasse und erhält den Betrag nach Vorlage der Rechnung bei Abgabe des Wohnmobils zurück.

Unfall

Ist der Mieter in einen Unfall verwickelt, greift eine vertraglich festgesetzte Prozedur. Nachdem zunächst die Polizei sowie ggf. ein Krankenwagen gerufen wurde, muss der Fahrer einen *motor vehicle accident report*, also einen Schadensunfallbogen, ausfüllen, der sich in den Vertragsunterlagen befindet. Darin sind Angaben zur eigenen Person und dem Camper sowie zu eventuellen Drittbeteiligten und deren Fahrzeugen zu machen. Darüber hinaus ist der Unfallhergang auf einer Zeichenvorlage skizzenhaft festzuhalten sowie zu beschreiben, d. h. Straße, Ort, Datum, Angaben zur Polizei und möglicher Zeugen.

Vorgehensweise bei Unfall

1. Namen, Adresse usw. vom beteiligten Fahrer und eventueller Zeugen geben lassen
2. Keine Schuldzuweisung machen, darüber entscheidet Versicherung
3. Unfall bei Polizei melden, ungeachtet der geschätzten Reparaturkosten
4. Schadensunfallbogen ausfüllen
5. Schaden sowie Nummernschilder der Fahrzeuge fotografieren, wenn möglich von verschiedenen Blickwinkeln
6. Vermieter innerhalb der nächsten 24 Std. über Unfall informieren

Nachdem der Unfallhergang erfasst und vor Ort abgewickelt ist, kann der Mieter ein Ersatzfahrzeug des Vermieters in Anspruch nehmen. Dies ist allerdings abhängig von Verfügbarkeit, Standort und verbleibender Mietdauer. Hat der Mieter den Unfall verursacht, trägt er trotz eventuell abgeschlossener Versicherung die Kosten für die Ausfalltage des beschädigten Campers.

TIPP: Erreichbarkeit mit dem Handy

Um im Fall eines Unfalls oder einer Panne Hilfe rufen zu können, sollte mindestens ein funktionstüchtiges Handy vorhanden sein. Um dabei nicht in Unkosten zu geraten, kann sich der Selbstfahrer unkompliziert eine australische SIM Card mit Prepaid-Tarif besorgen. Den besten Empfang auch außerhalb der Städte bieten Telstra und Optus. Wer offroad unterwegs ist, sollte darüber hinaus ein Satellitentelefon einpacken. Denn Handyempfang gibt es dort draußen mit Sicherheit nicht.

13.4 Kritische Wetterverhältnisse

Der australische Petrus zeigt sich gelegentlich etwas mürrisch; in den letzten Jahren schaffte er es (leider) auch oft in unsere Nachrichten. Unabhängig davon, in welcher Saison der Reisende gerade unterwegs ist, sollte er sich daher regelmäßig über die Wetterverhältnisse vor Ort informieren.

Überschwemmung

Die bereits in Teil 1 erwähnte Regenzeit, aber auch anhaltende Niederschläge im Rest des Landes führen mitunter dazu, dass einzelne Abschnitte oder längere Passagen einer Straße überflutet sind. Davon betroffen sind nicht nur unbefestigte Zufahrtsstraßen, sondern auch die geteerten Highways. Oft liegt die Ursache bei einem sogenannten *creek*, also einem Wasserzulauf, der entlang des Highways verläuft. In der Regel führt dieser keinen Tropfen Wasser und ist damit für den Fahrer im ausgedörrten Zustand auch nicht erkennbar. Sobald es jedoch ein wenig mehr regnet, steht der angrenzende Teil der Straße unter Wasser. Auch ausgetrocknete Flussbetten, deren Pegelmesser nur selten das Wasser bis zum Halse steht, verwandeln sich bei Dauerregen rasend schnell in reißende Ströme und schneiden ganze Städte von der Außenwelt ab. Wer einmal im Sandbett des Todd River in Alice Springs gestanden hat, dem fällt diese Vorstellung enorm schwer, doch es zeigt einmal mehr, dass mit Mutter Natur in Australien nicht zu spaßen ist.

Hat der Selbstfahrer Glück, ist nur eine Straßenhälfte von der Überschwemmung betroffen. In diesem Fall kann er unter Berücksichtigung des Gegenverkehrs auf die andere Fahrbahn ausweichen und so das Flutwasser umfahren. Unter keinen Umständen sollte tiefes oder gar fließendes Flutwasser mit einem Mietcamper durchfahren werden. Zu groß wäre das Risiko für Mensch und Fahrzeug. Schäden, die in diesem Zusammenhang am Wohnmobil entstehen, sind aufgrund fahrlässigen Fahrens durch keine Versicherung abgedeckt – der Mieter haftet in voller Höhe! Eine kurzweilige Badeeinlage mit einem Camper ist also bestenfalls zu vermeiden, selbst wenn es sich nur um eine scheinbar kleine Pfütze auf der Straße handelt. Es lässt sich nie wirklich abschätzen, wie tief das Wasser tatsächlich ist. Gerade bei *creeks* kann sich in der Fahrbahn eine Senke befinden, die infolge der Überschwemmung nicht sichtbar ist. Wer dort mit dem Wagen hinein fährt, kommt

Bei gefluteten Straßen heißt es, vorsichtig fahren.

unter Umständen in einer Badewanne wieder hinaus. Da die Innenausstattung eines Campers meist aus Holz ist, führt nur ein wenig Wasser zu aufgeschwemmten Möbeln – schwerwiegendere Schäden an Motor außer Acht gelassen. Außerdem kann das Flutwasser, sofern es bereits mehrere Tage lang steht, erhebliche Schäden am Straßenbelag verursacht haben, die sich dem prüfenden Blick des Fahrers entziehen. Für den prinzipiell nicht versicherten Unterboden wären die Auswirkungen verheerend.

Flutwasser darf nicht durchfahren werden.

Überschwemmte Straßen sind für den Mieter ärgerlich, da sie einen Zwangsstopp bedeuten. Selbst wenn das Wasser allmählich zurückweicht, ist der Fahrbahnbelag mitunter so in Mitleidenschaft gezogen, dass die Straße für Instandsetzungsarbeiten weiterhin geschlossen bleibt. Im besten Fall kann der Urlauber das betroffene Gebiet auf anderen Straßen umfahren und so den Zeitverlust reduzieren. Gibt es keine alternative Strecke, muss er ausharren oder umkehren, sofern das Mietende naht. Ist es dem Reisenden nicht möglich, die geplante Niederlas-

sung rechtzeitig zu erreichen, sollte er den Vermieter darüber schnellstmöglich in Kenntnis setzen. Gegebenenfalls fallen Gebühren für eine verspätete Rückgabe oder ein Änderung des Abgabedepots an.

TIPP: Stürmische Zeiten
Mieter eines Hochdachcampers werden stärkere Winde schnell im Fahrgefühl merken. Aufgrund des höherliegenden Daches sind sie besonders „rüttelanfällig" für Sturmböen. In diese Fällen heißt es, runter vom Gas, Hände fest ans Steuer und ordentlich dagegen lenken.

Buschbrände

Neben Überschwemmungen gehören Buschbrände zu den wiederkehrenden Gefahren im australischen Wetterkalender. Anhaltende Hitze und Trockenheit sowie kräftige Winde erhöhen ebenso das Risiko wie Unachtsamkeit und Fahrlässigkeit. Nicht nur Blitzeinschläge, sondern auch weggeworfene Zigarettenstummel haben in den letzten Jahren leider immer wieder für verheerende Buschfeuer gesorgt. Kleinere Brände hingegen gehören Down Under aufgrund der extremen klimatischen Verhältnisse zum sommerlichen Alltag. Oft werden diese sogar vorsätzlich gelegt, um ausgedörrtes Land unter Kontrolle abbrennen zu lassen und damit größeren, katastrophalen Bränden entgegenzuwirken.

Nachwirkungen eines Buschfeuers

Besonders hoch ist die Waldbrandgefahr in den wärmeren Monaten (Oktober bis April) bzw. zur Trockenzeit (Juni bis Oktober). Während dieser *bush fire danger period* gilt für den Selbstfahrer also erhöhte Aufmerksamkeit. Am Straßenrand und in den Ortschaften sind sogenannte *fire danger ratings*-Schilder aufgestellt, die über die aktuelle Buschbrandgefahr in der Region informieren. Sie geben nicht an, wie hoch die Wahrscheinlichkeit eines Feuers ist, sondern welche Auswirkungen ein Brand hätte, würde es zu diesem Zeitpunkt ausbrechen. Die Skala reicht von „gering“ bis „katastrophal“ und wird regelmäßig angepasst. Je höher die Waldbrandgefahr ist, desto wahrscheinlicher wird durch die örtlichen Behörden eine *fire ban* ausgesprochen. In diesem Fall ist der Umgang mit Feuer stark eingegrenzt bzw. strengstens verboten. Darunter fallen offene Feuer, auch auf Campingplätzen, Grillen mit Kohle oder das bloße Anzünden von Streichhölzern. Der Betrieb von Gas- bzw. elektrischen Grills und das Anzünden von Zigaretten ist hingegen gestattet, sofern sich in unmittelbarer Nähe keine entflammbaren Gegenstände befinden. Ein Feuerverbot gilt entweder für einzelne Orte oder ganze Regionen und wird täglich neu festgelegt.

Schilder informieren über die Buschbrandgefahr.

Ist die Buschbrandgefahr während der eigenen Reisezeit außerordentlich hoch, sollte sich der Selbstfahrer über eventuell gefährdete Streckenabschnitte oder *fire bans* regelmäßig auf dem Laufenden halten: Besonders hilfreich und aktuell sind die Internetseiten und Social Media Kanäle bzw. Apps der staatlichen Feuerwehrstellen. Hier bekommt der Urlauber nicht nur einen Überblick über die Gefahrenlage in seiner Region, sondern erhält Auskünfte über derzeitige Feuer und ihren Verlauf sowie geplante bzw. empfohlene Rettungsmaßnahmen. Auch die örtlichen Radiosender sowie Touristen-

Bei einer *total fire ban* gilt absolutes Feuerverbot.

informationen versorgen Anwohner und Urlauber mit Informationsbroschüren und Updates zum Thema. Und schließlich heißt es, die Augen bzw. Nase offen zu halten. Rauch ist schon von Weitem sichtbar und auch zu riechen.

Wütet auf der geplanten Strecke ein Buschbrand, sollte der Urlauber kurz anhalten und die Situation abwägen: Kommen Fahrzeuge entgegen, die über die Lage Auskunft geben könnten? Gibt es eine Umgehungsstraße in der Nähe? Was berichten die Behörden? Mitunter handelt es sich um ein kontrolliertes Feuer, welches unbedenklich passiert werden kann. Andernfalls ist es ratsam, das gefährdete Gebiet zu verlassen. Abgelegene Regionen sollten bei erhöhter Brandgefahr prinzipiell gemieden werden.

Verhaltensregeln bei nahendem Buschfeuer

- Auto nicht auf der Fahrbahn, sondern am Straßenrand parken
- Warnlichter an, Fenster und Türen verschließen, Motor ausschalten
- auf den Fahrzeugboden legen, Wasser trinken
- Mund mit feuchtem Tuch bedecken
- Feuerwand vorbeiziehen lassen
- vorsichtig aussteigen, auf Hilfe warten

Die Natur erholt sich von einem Feuer.

Fahren im Winter
Schneefälle treten in Australien meist nur in den alpinen Gegenden zwischen New South Wales und Victoria auf. Wer hier im Winter unterwegs sein möchte, fragt beim Vermieter besser nach Schneeketten. Aber auch in den tiefer liegenden Regionen ist es keine Seltenheit, dass die Temperaturen im Süden des Kontinents nachts unter 0° C fallen und es daher zu Bodenfrost kommt. Glatteis bzw. Blitzeis kennen die Australier also ebenso wie wir – sie nennen es *black ice*.

Durchfährt der Urlauber ein von Buschbränden betroffenes Gebiet, ist der Anblick für ihn erschreckend und erstaunlich zugleich. Ebenso wie der Australier sind auch die Flora und Fauna Down Unders wahre Stehaufmännchen und zeigen sich nach einer Naturkatastrophe zwar getroffen, aber nicht gebrochen. Wir passierten auf unserer Tour südlich von Perth völlig unerwartet einen Wald, in dem zwei Wochen zuvor ein Feuer gewütet hatte. Obwohl alle Brände gelöscht waren, glühten noch immer einzelne Baumstämme. Der Himmel leuchtete orange, der Boden war aschgrau, die Luft roch nach Rauch. Doch so unheimlich die Atmosphäre war – unsere Stimmung entspannte sich, sobald wir die ersten saftig grünen Grasbüschel entdeckten, die bereits hier und da aus der Erde hervorlugten. Davon einmal abgesehen, brachte der vergangene Buschbrand unsere Schlafplatzplanung für die Nacht durcheinander. Denn der *campground*, den wir uns zuvor ausgesucht hatten, war von den Feuern ebenfalls betroffen und bis auf Weiteres geschlossen. Eine *rest area* kam für uns ebenso nicht in Frage, da die Luft sehr stickig war und uns die Vorstellung, nachts zwischen glühenden Bäumen zu schlafen, nicht ganz behagte. So fuhren wir notgedrungen weiter, bis uns wieder üppiges Grün und frische Luft umgab.

14. Alltag im Camper

Ein Gefühl von Freiheit bestimmt den Alltag.

14. Alltag im Camper

Die ersten Tage bzw. Nächte im Wohnmobil werden sicherlich ungewohnt sein. „Wie ging das nochmal mit dem Bettaufbau?“ und „Wo verstauen wir nur unser Gepäck?“ sind typische Fragen, die einem Camperurlauber zu Beginn leichtes Kopfzerbrechen bereiten. Erfahrungsgemäß lässt jedoch die Vertrautheit nicht allzu lange auf sich warten und der Alltag im Wohnmobil folgt routinierten Abläufen.

14.1 Gepäck und Ordnung

Eine große Rolle spielt dabei das mitgebrachte Gepäck. Dieses sollte nicht zu üppig ausfallen und vor allem leicht zu verstauen sein. Aufgrund des begrenzten Stauraums im Fahrzeug, gerade in den kleineren Modellen, sind Hartschalenkoffer unpraktisch. Stattdessen eignen sich Reisetaschen oder Rücksäcke, da sich diese hervorragend in freie Lücken knautschen lassen und so keinen Platz wegnehmen bzw. Stolperstelle sind. Aber auch ein weicherer Koffer lässt sich mühelos unterbringen – nämlich auf den Vordersitzen.

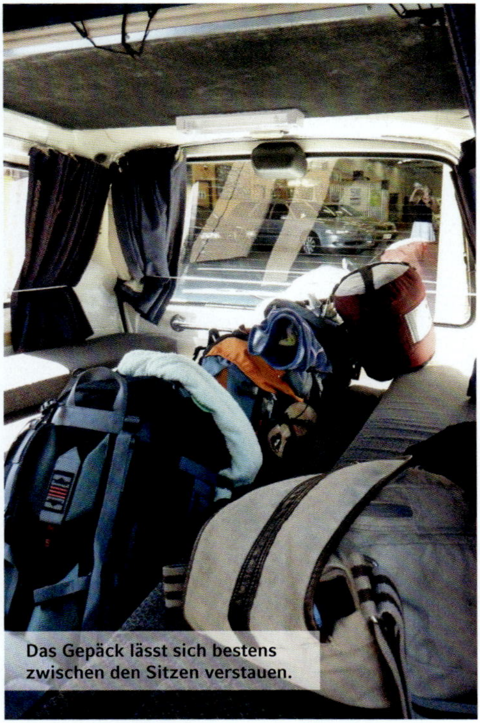

Das Gepäck lässt sich bestens zwischen den Sitzen verstauen.

Gepäckunterbringung

Denn der Urlauber wird zumindest in den Vans und Hochdachmodellen nicht drum herumkommen, das Gepäck alltäglich hin und her zu räumen. Während es sich bei der Fahrt im Innenraum befindet, wechselt es spätestens abends den Platz, wenn es an der Zeit ist, die Sitzecke bettfertig zu machen. Am Morgen, sobald das Bett wieder abgebaut und das Frühstück verspeist ist, wird der Koffer einfach wieder an seinen angestammten Platz gestellt. *Too easy*, wie der Australier sagt. Kleinere Gegenstände, an die der Reisende häufig auch zwischendurch heran muss, lassen sich prima in den Fächern und Schränken des Campers verstauen. Mieter eines großen Motorhomes hingegen werden auch für die Unterbringung der Kleidung ausreichend Platz im Fahrzeug finden.

Darüber hinaus sollten Dinge des alltäglichen Bedarfs während des Trips an einem festen Platz verstaut sein, z. B. die Kulturtasche, Spiele, Schreibzeug oder die Taschenlampe. So spart man sich das lästige Suchen in allen Ecken und Winkeln des Fahrzeugs. Denn wer spätestens nachts auf einer *rest area* auf die Toilette muss und vergessen hat, wo die Stirnlampe liegt, wird das Durcheinander verfluchen. Bestimmte Sache wie Reisebroschüren, Sonnenbrille oder auch Ladekabel gehören in die Fahrerkabine, da der Urlauber diese tendenziell eher während der Fahrt benötigt als im Standmodus.

Ordnung ist das halbe Leben – auch im Camper.

Reinigung

Auch wenn Putzen sicherlich nicht zu den Lieblingsbeschäftigungen während des Urlaubs zählt, bringt der Alltag in einem Wohnmobil eine gewisse Unordnung mit sich. Da im Camper kein großer Mülleimer vorhanden ist, sollte der Abfall besser täglich auf der *rest area* oder dem Campingplatz entsorgt werden. So lassen sich vor allem üble Gerüche, die sich in der Enge eines Campers schnell einnisten, vermeiden. Ebenso ist es ratsam, das benutze Geschirr vor jeder Weiterfahrt zu reinigen. Andernfalls klappert dieses während der Fahrt in der Spüle hin und her oder fällt ggf. bei einer scharfen Bremsung heraus.

Und schließlich schadet es nicht, das Wohnmobil ab und an auszufegen. Wer besonders oft am Strand unterwegs ist, wird staunen, wie schnell sich Sand im Fahrzeug breit machen kann. Im undankbaren Fall von Dauerregen kann es in einem Wohnmobil mitunter nicht nur schnell dreckig, sondern auch ungemütlich werden. Klamme Kleidung trocknet nur schwer und riecht bekanntermaßen muffig. Wenn möglich, sollte der Selbstfahrer in diesem Fall nicht nur regelmäßig zum Handfeger greifen, sondern auch einen Trockner in der Nähe in Anspruch nehmen.

Auch ein Camper muss mal unter die Dusche.

Auch wenn es nicht zu den Pflichten eines Mieters gehört, mit dem Wohnmobil durch eine Waschanlage zu fahren, bleibt einem manchmal nichts anderes übrig. Aufgrund einer Baustelle fuhren wir einmal über mehrere Kilometer auf unbefestigter Straße. Unser strahlend weißer Camper hatte anschließend eine wunderbar rote Schlammverzierung. Im nächsten Ort gönnten wir daher unserem Wohnmobil eine Waschkur, die nur wenige Dollar kostete.

14.2 Tägliche Routine

Auf- & Abbau

Gerade in den ersten Tagen wird der tägliche Morgen bzw. Abend noch etwas holprig verlaufen. Die Wege im Camper sind zunächst ungewohnt, die Ausstattung und Funktionen noch nicht ganz vertraut. Selbst in einem großen Motorhome findet das Leben plötzlich auf deutlich kleinerem Raum statt. Daran muss sich auch die körperliche Motorik erst einmal gewöhnen, allen voran beim Auf- und Abbau des Bettes. Doch spätestens nach zwei Tagen wissen die Hände ganz genau, was sie zu tun haben und die Zuständigkeiten sind fest verteilt.

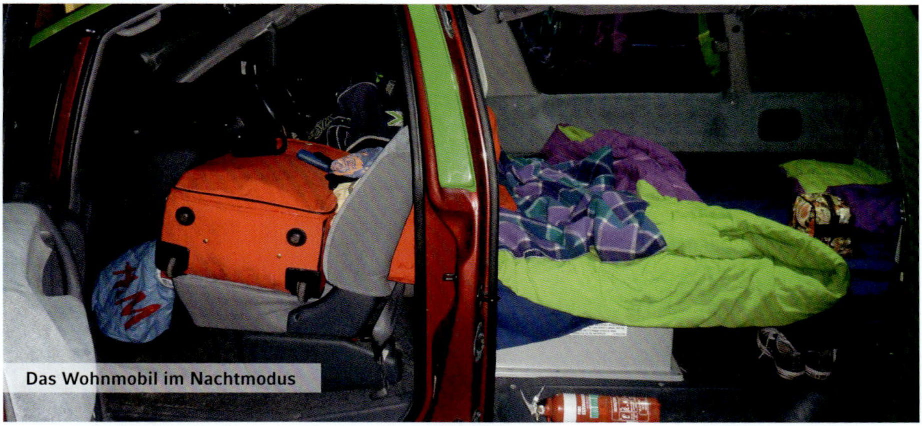

Das Wohnmobil im Nachtmodus

Am ersten Miettag ist es ratsam, den Stellplatz für die Nacht noch bei Tageslicht zu erreichen, damit der erstmalige Umbau nicht im Dunkeln stattfindet. Morgens bauen wir das Bett grundsätzlich wieder in die Sitzecke zurück, um dort vor allem abends gemütlich zu sitzen. Es gibt aber auch Mieter, die es beim Bett belassen und während des Tages alles darunter bzw. darauf verstauen. Hier muss jeder Reisende sein eigenes Komfortlevel finden.

Einer Routine bedarf es ebenso bei der alltäglichen Stellplatz-Organisation. Der *road trip* bringt es mit sich, dass der Urlauber meist jede Nacht an einem anderen

Checkliste abends – Am Stellplatz angekommen

- Camper an den Strom anschließen, falls vorhanden
- Umgebungen erkunden, solange es noch hell ist
- Gasflasche aufdrehen und ein leckeres Essen kochen
- bei Bedarf Wäsche waschen
- Gepäck verstauen
- Bett aufbauen
- Gasflasche zudrehen, Lichter ausschalten

Ort verbringt und damit immer wieder aufs Neue „Wurzeln schlagen“ muss, wenn auch nur für kurze Zeit. Ein ähnlicher Rhythmus pendelt sich für den Morgen danach ein, wenn es heißt, den Camper für die Weiterfahrt startklar zu machen.

Wasser lässt sich auf jedem Campingplatz nachfüllen.

Checkliste morgens – Den Stellplatz verlassen

Innen

- Betten abbauen, Bettwäsche verstauen
- Abwasch machen, Spüle leeren
- Türen und Schubfächer fest verschließen
- Kühlschrank fest verschließen
- Geschirr und Zubehör sicher verstauen
- Gardinen zurückziehen
- Fenster schließen
- Wasserpumpe ausschalten
- Müll entsorgen

- Wassererhitzer, Klimaanlage, Ofen ausschalten
- TV-Monitor einfahren

Außen

- ggf. Markise und Außentreppe einfahren
- falls zuvor geöffnet, Gasflasche wieder zudrehen
- Wassertanks auffüllen
- Abwassertanks leeren
- Wasserschlauch und Stromkabel abziehen
- Campingstühle und Tisch verstauen
- ggf. Heckklappe schließen
- ggf. Hebeböcke anheben
- Gepäck sicher verstauen
- Öl- und Kühlwasserstand kontrollieren
- Reifendruck kontrollieren

Fahrerkabine

- Straßenkarten/GPS parat
- Getränke auffüllen, Snacks einpacken
- Geldbörse, Führerschein, Ausweis verstauen
- Smartphone, Kamera am Mann und aufgeladen
- Sonnenbrillen dabei
- Windschutzscheibe prüfen und ggf. reinigen
- Tankanzeige kontrollieren

Leerung der (Ab)Wassertanks

Je nach gewähltem Fahrzeugmodell ist eine regelmäßige Leerung der Abwassertanks erforderlich. Diese dürfen nur an dafür eingerichteten *waste points* oder *dump points* erfolgen, die sich auf den Campingplätzen bzw. auf größeren *rest areas* befinden. Das Abwasser der Toilette, das sogenannte *black water*, sammelt sich meist in einer separaten Kassette, wie man es von einer chemischen Bio-Toilette kennt. Für die Leerung nimmt der Reisende den Kanister heraus und kippt den Inhalt in die dafür vorgesehene Abwasseröffnung des *dump point*. Anschließend wird die Kassette von innen sowie außen durchgespült und mit ein wenig Wasser inkl. Reinigungstablette aufgefüllt. Um den Abwassertank, den *grey water tank*, von Spüle und Dusche zu leeren, verbindet der Mieter diesen mittels eines im Camper vorhandenen Schlauchs mit der dafür vorgese-

Dump Point zur Abwasserentleerung

hen Öffnung des *waste point*. Mit jedem Auffüllen des Frischwassertanks sollte auch der Abwassertank geleert werden.

14.3 Kochen im Camper

Mit der Größe des Wohnmobils steigt nicht nur das Fassungsvermögen des Kühlschranks, sondern auch die Anzahl der Herdplatten und damit die Möglichkeiten, auf dem Teller allabendlich für Abwechslung zu sorgen. Töpfe, Pfannen & Co. sind in ausreichender Menge vorhanden, je nachdem, wie viel Freude der Mieter am Kochen hat. Anderen hingegen vergeht bei 40 Grad Außentemperatur jeglicher Geschmack auf warme Hausmannskost. Sie bevorzugen stattdessen leichtes Essen wie Salate oder Sandwichs. Dem kulinarischen Genuss sind in einem Mietcamper (fast) keine Grenzen gesetzt. Wem die eigene Wohnmobilküche zu eng wird, kann auf die Gemeinschaftsküchen der Campingplätze oder an die öffentlichen Grillplätze ausweichen. Ein saftiges Steak schmeckt eh besser, wenn es von einem *barbie* und nicht aus einer Pfanne kommt.

Die Küchen in den Wohnmobilen sind bestens ausgestattet.

> **TIPP: Kochen bei offenem Fenster**
> Wer im Camper kocht, sollte währenddessen unbedingt für frische Luft sorgen. So werden nicht nur üble Essensgerüche vertrieben – auch eventuelle Gasrückstände verflüchtigen sich.

Einfache Mahlzeiten

Während wir in der heimischen Küche durchaus gerne den Kochlöffel schwingen, halten wir es auf unseren *road trips* eher bescheiden. Zum Frühstück gibt es meist Müsli oder Toast, manchmal gesellt sich noch Rührei oder Bacon hinzu. Als Wachmacher dienen Tee oder Instant-Kaffee, dessen Geschmack je nach Gelingen der Dosierung durchaus lecker sein kann. Die Auswahl an Teesorten in den Supermärkten beschränkt sich typisch britisch weitestgehend auf schwarzen und grünen Tee.

Grüne Snacks sollten bei einer Campertour nicht fehlen.

TIPP: Toast ohne Toaster
Wer am Morgen nicht auf seinen knusprigen Toast verzichten möchte und keinen Toaster zur Verfügung hat, hält seine Brotscheibe einfach für einige Zeit über die offene Gasflamme des Camperherdes. Der Geschmack erinnert zwar an ein rauchiges Grillaroma, aber schmecken tut es trotzdem.

Wraps sind ein guter Lunchsnack.

Absolut beliebter Snack – Tim Tam's

Zum Lunch eignen sich wunderbar selbstgemachte Wraps oder Sandwichs. Die Zubereitung ist herrlich einfach: Salatmischung, Käse, Thunfisch oder Geflügel und ein Schuss Barbecue-Sauce – fertig ist der Snack für zwischendurch. Wer es typisch australisch mag, garniert sein Sandwich zusätzlich mit Rote Beete. Australier lieben die knallig rote Knolle, am liebsten in Essig eingelegt. Alternativ zur eigenen Zubereitung bieten die Cafés und Tankstellen bzw. *roadhouses* entlang der Strecke leckere einheimische Snacks wie *toasted sandwichs*, *meat pies*, *dim sims* oder *sausage rolls*. Wenngleich man sich über den Nährwert, Geschmack und Hang, alles mit Teig zu ummanteln, streiten kann, gehören diese Happen doch irgendwie zu einer Selbstfahrerreise dazu und sollten unbedingt einmal ausprobiert werden. Natürlich gibt es Down Under ebenso die bekannten Fast-Food-Ketten, bei denen Reisende auch entlang deutscher Autobahnen gerne Pause machen. McDonalds heißt in Australien umgangssprachlich Maccas, Burger King ist offiziell unter dem Namen Hungry Jacks bekannt.

Snacks für Zwischendurch

Die etwas gesünderen Snack-Varianten im Vergleich zu Süßigkeiten oder frittierten Bissen sind sicherlich Müsliriegel, Trockenfrüchte, Nüsse oder auch geschnit-

bush food
Ganz andere kulinarische Genüsse bietet das sogenannte *bush tucker* – pflanzliche oder tierische Nahrungsmittel, die seit jeher von den Aborigines verzehrt werden und allmählich fester Bestandteil der australischen Küche geworden sind. Dazu gehören neben den Macadamianüssen auch Honigameisen oder Witchetty-Maden.

TIPP: Typische Aussie *road trip* Snacks

- Tim Tam's: einheimische Keks-Ikone mit Schokoladenüberzug und verschiedensten Füllungen, u. a. Schwarzwälder Kirsch
- Anzac Cookies: Keks aus Haferflocken, mit jeder Menge Butter und Sirup vermengt
- Shapes: würziger Cracker mit verschiedenen Geschmacksrichtungen, z. B. Chicken Flavour oder Pizza
- Lamingtons: Biskuitkuchen, in Schokoladensauce und Kokosraspeln gewälzt
- Sausage Roll: Blätterteigrolle mit zerriebener Wurstfüllung
- Meat Pie: Teigtasche, gefüllt mit Hackfleisch, Hähnchen oder Gemüse
- Dim Sims: Teigknödel mit Fleisch- oder Gemüsefüllung, frittiert oder gedämpft
- Vegemite: Brotaufstrich aus Hefeextrakt, geliebt oder gehasst
- Fish & Chips: Pommes mit Fisch, häufig ganzes Filet statt kleiner Stückchen
- Damper: Brot aus Weizenmehl, Wasser und Salz, über dem Lagerfeuer aufgebacken

tenes Gemüse mit Dip. Diese lassen sich ohne Probleme auch während der Fahrt essen und besänftigen das leichte Bauchknurren zwischendurch.

Wer abends nicht unbedingt kochen möchte oder die Nase voll von Nudeln hat, gönnt sich den Besuch eines Restaurants oder Pubs. Letztere sind im Vergleich zu den Restaurants günstiger und bieten die etwas urige Atmosphäre sowie oft auch ein tolles Fotomotiv. Das Essen wird in der Regel direkt am Tresen bestellt, bezahlt und auch selbst abgeholt, genauso wie die Getränke. Das Trinkgeld kann der Urlauber hier getrost sparen. Auf jeder Speisekarte eines Pubs stehen Steak und Chicken Parmigiana, ein paniertes Schnitzel mit Schinken, Tomatensauce und Käse überbacken. Für Fleischliebhaber ist kein Australien-Trip komplett, ohne eines der typischen Pub-Gerichte probiert zu haben.

Ein *barbie* gehört einfach zum Campen dazu.

14.4 Camping-Etikette

Australiern eilt der Ruf voraus, überaus gastfreundlich und hilfsbereit zu sein – zu Recht, wie gerade Selbstfahrer feststellen werden. Egal, ob man mit plattem Reifen am Straßenrand steht oder auf dem Campingplatz nach weniger bekannten Attraktionen fragt – die Aussies sind äußerst zuvorkommend und teilen nur zu gerne ihre Erfahrungen und Geschichten, gerade wenn es um das Thema Campen geht. Ebenso gespannt lauschen sie wiederum den Erlebnissen des Urlaubers und sind immer wieder überrascht, welche Ecken dieser bereits entdeckt hat.

Respect the locals – man ist schließlich nur Gast in Australien.

Umso wichtiger ist es, dass man sich stets bewusst ist, nur Gast in diesem Land zu sein. Wild camping hat in den vergangenen Jahren vereinzelt zu Spannungen zwischen Einheimischen und Reisenden geführt, insbesondere dort, wo Rücksichtnahme und gegenseitiger Respekt nicht gewahrt wurden.

Während einer Wohnmobilreise sollte sich der Urlauber also stets an die offensichtlichen sowie ungeschriebenen Campingregeln halten, um die Herzlichkeit und Gastfreundlichkeit der Australier nicht unnötig zu strapazieren. Dazu bedarf es nicht mehr als eines gesunden Menschenverstands und respektvollen Miteinanders.

Respektvolles Camping

- *No camping-* oder *no overnight stay*-Schilder weisen auf Plätze hin, an denen nicht übernachtet werden soll und darf.
- Das Aufschlagen des Nachtlagers inmitten eines Wohngebietes ist ebenfalls untersagt. Dieses Gebiet ist Rückzugsort für Anwohner und nicht für Touristen.

- Beim *freedom camping* ist der Stellplatz nur für kurze Zeit in Anspruch zu nehmen und nicht als permanenter Schlafplatz zu nutzen.
- Ohne Erlaubnis darf kein Privatgrundstück betreten werden.
- Öffentliche Toiletten sollten nicht als privater Waschsalon für Körper oder Kleidung umfunktioniert werden.
- Beim Verlassen des Stellplatzes sind keine Spuren zu hinterlassen.
- Auf andere Stellplatz-Nachbarn ist Rücksicht zu nehmen.
- Gemeinschaftlich genutzte Anlagen wie der Grill oder die Campingplatzküche sind nach eigener Nutzung zu reinigen.

Nachhaltiges Camping

- Beim Campen im Outback oder in den Nationalparks ist Rücksicht auf die Natur zu nehmen. Es sollte nur auf ausgewiesenen Stellplätzen übernachtet werden, um weder Boden noch Pflanzen zu beschädigen.

- Ist kein WC in der Nähe, sind die Hinterlassenschaften mindestens 100 Meter vom Stellplatz und einer eventuellen Wasserstelle entfernt sowie ca. 15 Zentimeter tief zu begraben und mit Erde zu bedecken.
- Geschirr ist möglichst nicht in Wasserläufen oder im See zu reinigen. Andernfalls ist für die Mitnahme biologisch abbaubarer Reinigungsmittel zu sorgen.
- *Leave no trace*: Jeglicher Müll ist mitzunehmen bzw. ordnungsgemäß zu entsorgen. Essen oder sonstige Reste dürfen nicht in der Erde vergraben werden, da Tiere diese wieder ausgraben könnten.
- Wilde Tiere sollten weder gefüttert noch gestreichelt werden, da sie sich sonst an die Zufütterung gewöhnen oder von den Lebensmitteln krank werden könnten.

Sicheres Camping

- Befestigte bzw. ausgewiesene Straßen sind möglichst nicht zu verlassen, um die Wildnis zu schützen. Auch ist die Gefahr gering, sich zu verirren bzw. in unwegsamem Gelände stecken zu bleiben.
- Straßensperrungen sind strikt zu befolgen.
- Reißende Wasserläufe sollten nicht durchquert werden.
- Bei einem nahenden Buschfeuer ist möglichst auf eine alternative Route auszuweichen oder umzukehren.
- Zu Zeiten erhöhter Waldbrandgefahr sind eventuelle *fire bans* zu befolgen. Im Fall eines offenen Feuers ist dieses klein und kontrollierbar zu halten. Nur am Boden liegendes, abgestorbenes Brennholz sollte dafür verwendet werden. Anschließend ist das Feuer vollständig mit Wasser oder Erde zu löschen.
- Nachtfahrten sollten aus Rücksicht auf Wildwechsel vermieden werden.

Teil 4
Die Route – Auf ins Vergnügen

Endlose Weiten voraus – fehlender Gegenverkehr lässt tolle Fotomotive zu.

In Australien reiht sich eine *scenic route* an die nächste, an jedem drittem Kreisverkehr ist ein neuer *tourist drive* ausgeschildert. Der Selbstfahrer hat die Qual der Wahl, auf welcher Panoramastrecke er Down Under entlang touren möchte. In den meisten Fälle verlangt es die verfügbare Zeit, sich auf einige wenige davon zu konzentrieren. Die immense Fläche von 7,69 Millionen Quadratkilometer lässt eine Erkundung querfeldein kaum zu, es sei denn, man ist mehrere Monate unterwegs. Doch wer einmal in Australien war, kommt meistens wieder.

Einige Routen stechen besonders hervor – unter ihnen natürlich die Great Ocean Road. Sucht man in der Reiseliteratur nach den schönsten *road trips* der Welt, taucht die legendäre Küstenstraße mit absoluter Sicherheit in der Liste auf. Auch andere Strecken auf dem Fünften Kontinent bieten beim Blick aus dem Fenster reichlich Spektakel, wie die Great Alpine Road in den Victorian Alps. Als höchst gelegene und das ganze Jahr über passierbare Straße verspricht sie ein Bergpanorama, das der Reisende so vielleicht nicht von Australien erwartet. Andere Routen hingegen bestätigen die Vorstellung von der großen Leere des Outback. So durchquert der Fahrer auf dem Eyre Highway die berüchtigte, trostlose Nullarbor-Ebene und tourt zugleich auf dem längsten geradlinigen Streckenabschnitt Australiens: Ganze 145,6 Kilometer ziehen ohne eine einzige Kurve im Straßenverlauf vorbei. Für Offroad-Fahrer hingegen ist die Bezwingung der Gibb River Road erklärtes Fahrziel. Egal, für welche Strecke sich der Urlauber entscheidet – eine beeindruckende Kulisse bieten die Routen allesamt.

Welc
SOUT

15. Klassische Routen

Der Stuart Highway verbindet das Northern Territory mit South Australia.

15. Klassische Routen

Auf den folgenden Seiten sind die beliebtesten Selbstfahrerstrecken Australiens aufgeführt. Sie führen meist auf direktem Weg zum Ziel. Abseits der Highways gibt es natürlich weitaus mehr zu entdecken. Schließlich sind die schönsten Erlebnisse mitunter die, die es nicht in die ursprüngliche Routenplanung geschafft haben. Also nur zu – Abstecher sind keinesfalls Umwege, sondern vielversprechende Abenteuerpfade.

Die angegebene Streckendauer der vorgestellten Routen ist nur ein Richtwert. Wer länger Zeit hat, fährt die Tour mit angezogener Handbremse. Drängt die Zeit oder liegt das Interesse woanders, wird die Strecke im Schnelldurchlauf erkundet. Für die intensivere Planung findet der Reisende auf den Websites und in den Broschüren der Fremdenverkehrsämter weiterführende Routendetails, mit Tages- und Kilometervorgaben oder nach Themenbereichen gegliedert (z. B. Naturerlebnisse, Outdoor-Aktivitäten oder kulinarische Highlights).

15.1 Die Ostküste

Die Ostküste Australiens ist die beliebteste Region für Selbstfahrertouren – zumindest für Erstbesucher. Zwischen Melbourne und Cairns jagt ein touristisches Highlight das Nächste, seien es paradiesische Strände, idyllische Städte oder eine aufregende Unterwasserwelt. Längere Zeit am Stück fährt der Urlauber hier selten – dafür passiert zu viel entlang der Strecke. Innerhalb weniger Tage bzw. Wochen bekommt der Selbstfahrer an der Ostküste sozusagen am meisten geboten.

Pacific Coast Touring Route, New South Wales

Zwischen Harbour und Story Bridge

Ausgangspunkt vieler Selbstfahrerstrecken ist Sydney – schließlich landen hier die meisten Urlauber. Nach einigen Tagen Sightseeing in der Metropole heißt es ab auf die Straße Richtung Brisbane. Auf dem Weg in die drittgrößte Stadt Australiens warten malerische Küstenorte, Traumstrände und tierische Begegnungen auf den Entdecker.

Streckenverlauf: Sydney – Blue Mountains – Central Coast – Hunter Valley – Port Macquarie – Coffs Harbour – Byron Bay – Gold Coast – Brisbane
Streckenlänge: ca. 1300 km
Empfohlene Reisedauer: 6-7 Tage

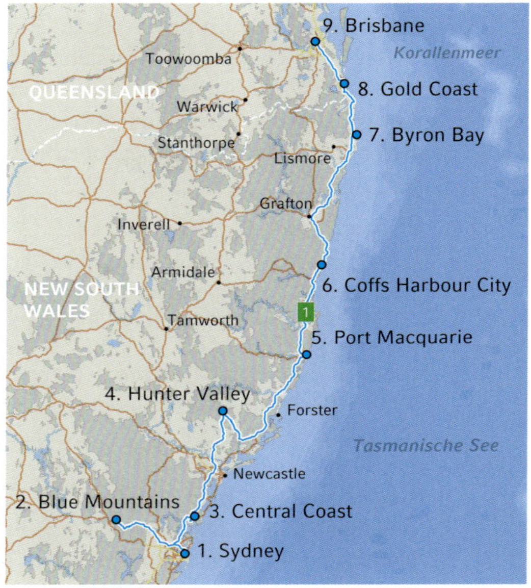

Streckenhighlights:

- Blue Mountains
- Hunter Valley
- Koala Hospital, Port Macquarie
- Dorrigo National Park, Waterfall Way
- Byron Bay
- Gold Coast

Bevor der Urlauber Richtung Norden aufbricht, lohnt sich zunächst ein Abstecher in den Osten. Die Blue Mountains sollten auf keiner Tour entlang der Ostküste fehlen. Der bis zu 1100 Meter hohe Gebirgszug ist nur knapp 1,5 Fahrstunden von Sydney entfernt. Ihren Namen erhielt die Region vom feinen Dunstschleier ätherischer Öle, die durch die Eukalyptusbäume abgesondert werden. Das touristische Zentrum ist Katoomba. Hier kann der Besucher vom Aussichtspunkt Echo Point das wohl berühmteste Wahrzeichen bestaunen: die Three Sisters. Weitere sehenswerte Attraktionen sind die Wentworth Falls, der ebenso atemberaubende Ausblick von Sublime Point im deutlich ruhigeren Leura sowie die Scenic World, eine Kombination aus erlebnisreicher Gondel- und Zugfahrt durch die Berge.

Three Sisters in den Blue Mountains

Anschließend geht es an die Küste, genauer gesagt an die Central Coast zwischen Sydney und Newcastle. Wer mehr Zeit im Gepäck mitbringt, sollte im Norden von Sydney im Ku-ring-gai Chase National Park Halt machen. Vom West Head Lookout hat man einen einzigartigen Ausblick auf die Mündung des Hawkesbury River und das gegenüber liegende Barrenjoey Lighthouse.

TIPP: Australian Reptile Park

Möchte man nicht auf sein Glück vertrauen, Koalas & Co. in freier Wildbahn zu sehen, ist der Australian Reptile Park bei Gosford einen Besuch wert. Neben Reptilien bekommt der Besucher hier auch Spinnen, Amphibien und natürlich Beuteltiere zu Gesicht. Der Eintritt ist zudem deutlich günstiger als im berühmten Australia Zoo bei Brisbane.

- www.reptilepark.com.au

Nächste Etappe ist die Hafenstadt Newcastle. Auf den ersten Blick mag sie unscheinbar sein, aber ein weiterer Blick hinter die Fassade lohnt: Surfstrände, historische Architektur, das maritime Erbe und ein Spaziergang zur Landspitze Nobbys Head sorgen für Abwechslung. Gourmetfreunde ziehen hinter Newcastle womöglich einen Abstecher landeinwärts in Erwägung. Das Hunter Valley mit seinen feinen Weinen, noblen Restaurants, Schokoladen- und Käseverkostungen sorgt für echten Gaumenschmaus fernab der üblichen Campingküche. Zurück am Meer lohnt sich unbedingt ein längerer Stopp in Port Macquarie – vor allem für einen Besuch des Koala Hospital, in dem verletzte oder erkrankte Koalas liebevoll wieder aufgepäppelt werden.

Bedrohter Koala-Bestand

Die Koala-Populationen in New South Wales, Queensland und dem Australian Capital Territory (ACT) gelten als gefährdet. Gründe dafür sind schwindender Lebensraum, Wildunfälle, Buschfeuer und Krankheiten.

In Nambucca Heads mündet der Nambucca River bildgewaltig in den Pazifischen Ozean – ein toller Spot für eine ausgedehnte Mittagspause oder gar länger. Kurz vor Coffs Harbour führt ein Abstecher landeinwärts auf den Waterfall Way, der auf 190 Kilometer Länge mehrere Nationalparks verbindet. Einer von ihnen ist der Dorrigo National Park. Das Weltnaturerbe beheimatet den urzeitlichen Gondwana Rainforest, der sich am besten vom Skywalk im Park bestaunen lässt.

Berühmteste Sehenswürdigkeit von Coffs Harbour ist wohl die Big Banana, die zu den Big Things (siehe Seite 138) zählt. Ein kurzes Foto und es kann es weiter gehen Richtung Yamba. In diesem verträumten Fischerort kann man die Seele baumeln lassen. Angeblich fühlt sich der Urlauber hier wie in Byron Bay vor einigen Jahrzehnten – bevor die Touristenscharen an den östlichsten Zipfel des australischen Festlandes pilgerten und sich Stars wie Chris Hemsworth vor Ort niederließen. Byron Bay überzeugt weniger durch Attraktionen als vielmehr durch einen gewissen Vibe, dem man sich nur schwer entziehen kann.

TIPP: Wanderlust im Hinterland

Wer dem Trubel der Gold Coast lieber fern bleibt oder sich davon erholen möchte, geht seiner Wanderlust in den unzähligen Nationalparks des Hinterlandes nach, zum Beispiel im Wollumbin National Park. Hier thront der 1156 Meter hohe Wollumbin (Mount Warning), dessen Gipfel als erster des Festlandes das Sonnenlicht zu sehen bekommt. Aufstiege zum Sonnenaufgang sind sehr beliebt, wenngleich beim örtlichen Aborigine-Stamm nicht gern gesehen, da die Stätte heilig ist.

Von Byron Bay ist es ein Katzensprung bis zur Gold Coast und damit zum Kontrastprogramm der bisherigen idyllischen Küstenszenerie. Die Gold Coast ist die Party- und Spaßhochburg Australiens. Den Besucher erwarten unzählige Freizeitparks und ein schillerndes Nachtleben. Nur eine Autostunde entfernt ist man schließlich am Ziel der Reise – Brisbane – angekommen.

Ausblick im Ku-ring-gai-Chase-Nationalpark bei Sydney

Weiterführende Infos unter:
- www.sydney.com
- www.queensland.com
- www.parks.qld.gov.au
- www.winecountry.com.au
- www.lovecentralcoast.com
- www.experiencegoldcoast.com
- www.nationalparks.nsw.gov.au

Pacific Coast Touring Route, Queensland
Regenwald trifft auf Korallenriff

Wer auf der Suche nach Sommer, Sonne, Strand und Meer ist, wird die Route zwischen Brisbane und Cairns in vollen Zügen genießen. Keine Strecke lockt Sonnenanbeter, Naturliebhaber und Wasserratten mehr an als die Küste des Sunshine State Queensland.

Streckenverlauf: Brisbane – Fraser Island – Bundaberg – Airlie Beach – Townsville – Cairns

Streckenlänge: ca. 1780 km
Empfohlene Reisedauer: 10 Tage

Streckenhighlights:
- Moreton Island, North Stradbroke Island
- Glass House Mountains
- Sunshine Coast
- Fraser Island
- Whitsunday Islands
- Mission Beach
- Great Barrier Reef

Die ersten Highlights der Strecke liegen bereits vor der Haustür von Brisbane: North Stradbroke Island und Moreton Island. Beide Sandinseln bieten Natur pur fernab des

Stadttrubels. Allerdings ist nur North Stradbroke Island mit einem Zweiradantrieb befahrbar. Für die Erkundung von Moreton Island benötigt man einen Geländewagen. Alternativ sind geführte Touren möglich.

Im Norden von Brisbane schließt sich die Sunshine Coast an. Auf knapp 100 Kilometern folgt ein Traumstrand dem nächsten. Hier heißt es, einfach rechts abbiegen und schauen, welcher Sand am schönsten unter den Füßen knirscht. Besonders sehenswerte Kleinstädte für Pausen oder Übernachtungen sind Caloundra, Maroochydore oder das pittoreske Noosa im Norden der Region. Mag man es etwas ruhiger und weniger touristisch, ist Coolum ein guter Stopp.

Man sollte allerdings auch das Hinterland nicht außer Acht lassen. Kurz hinter Brisbane ragen die Glass House Mountains in die Höhe – eine Ansammlung zerklüfteter vulkanischer Gipfel, die zum Bushwalking einladen. Nicht weit entfernt befindet sich der Australia Zoo, der wohl berühmteste Zoo des Landes, bekannt durch TV-Shows und seinen Gründer Steve Irwin, dem Crocodile Hunter. Dementsprechend üppig ist der Eintritt. Weiter nördlich folgt Eumundi, bekannt für seine New-Age-Atmosphäre und zahlreichen Märkte. Und bei den Noosa Everglades handelt es sich nicht etwa um Sümpfe voller Krokodile, sondern um ein verzweigtes Flusssystem, dass sich bestens mit dem Kajak erkunden lässt.

Zwischenstopp in Noosa

Über der Sunshine Coast erhebt sich Fraser Island aus dem Meer, die größte Sandinsel der Welt. Wer keinen Geländewagen gemietet hat, muss seinen Camper auf dem Festland zurücklassen. Es gibt allerdings zahlreiche Touranbieter vor Ort, die in einem oder mehreren Tagen die Highlights der Insel abfahren, wie den 75 Mile Beach, Lake McKenzie und Eli Creek. Perfekter Ausgangspunkt für Touren nach

Fraser Island ist Hervey Bay. Auf der Weiterfahrt sollten Rumliebhaber einen Zwischenstopp in Bundaberg einlegen, kommt doch hier der berühmteste Rum des Landes her.

TIPP: Whale Watching
Hervey Bay ist ebenso Whale Watching-Hotspot für Buckelwale. Wer nicht auf Fraser Island übersetzen möchte, sollte zwischen Juli und November dennoch kurz Halt in der Stadt machen und seinen Blick hinaus aufs Meer richten.

Nördlich von Fraser Island beginnt schließlich das Great Barrier Reef und zieht sich über 2300 Kilometer hinauf bis nach Cairns und weiter. Gute Schnorchel- und Tauchplätze gibt es auf der folgenden Strecke in Hülle und Fülle – ebenso wie einladende Sandstrände für die Landratten. Agnes Water und Town of 1770 sind nur zwei der beliebten Spots für Wasseraktivitäten entlang der Capricorn Coast. Auch die südlichen Riffinseln wie Lady Elliot Island oder Heron Island gelten als Top-Destinationen für Unterwassersport. Allerdings liegen diese recht weit von der Küste entfernt und lassen sich nicht unbedingt in jeden Campingtrip einbauen.

Besonders populär bei Urlaubern ist die Whitsunday Coast. Das Archipel der 74 Whitsunday Islands ist ein Paradies für Segeltörns, Schnorcheln, Tauchen und Strandspaziergänge. In keiner Touristenbroschüre fehlt das Bild vom Whitehaven Beach, der regelmäßig die Listen der schönsten und weißesten Strände weltweit anführt. Mackay und vor allem Airlie Beach sind die Ausgangstore für Erkundungen in dieser Region. Wer sich entscheidet, an einem mehrtägigen Segeltörn teilzunehmen, kann seinen Camper auf mehreren ausgewiesenen Parkplätzen vor Ort unterstellen.

Regenzeit und Quallensaison
Im Norden von Queensland können zwischen November und April Zyklone auftreten (siehe Seite 193 ff.). Diese beeinflussen nicht nur das touristische Angebot vor Ort, sondern auch das Vorwärtskommen. Ebenso präsent zu dieser Zeit sind die hochgiftigen und tödlichen Würfelquallen. Daher verfügen Orte wie Cairns oder Airlie Beach trotz verlockenden Meeres vor der Haustür über geschützte Schwimmbecken (*lagoons*) direkt am Strand. Ins Wasser geht es zudem oft nur im Wetsuit.

Weniger bekannt und daher zu Hochzeiten kaum überlaufen für Ausflüge ins Riff ist Townsville. Freunde des Adrenalins statten Mission Beach einen Besuch ab. Fallschirmspringen oder Wildwasserrafting sind nur einige der möglichen

Actionerlebnisse vor Ort. Von dort aus ist es für australische Verhältnisse eine Kurzstrecke bis zum Ziel Cairns.

Weiterführende Infos:
- www.queensland.com
- www.parks.qld.gov.au
- www.visitsunshinecoast.com
- www.visitfrasercoast.com
- www.visitcapricorn.com.au
- www.tourismwhitsundays.com.au
- www.tropicalnorthqueensland.org.au

Great Tropical Drive, Queensland
Jenseits von Cairns

Urlauber, die nicht nur entlang der Küste fahren, sondern Riff, Regenwald und Outback miteinander kombinieren möchten, sind auf dem Great Tropical Drive bestens unterwegs.

Streckenverlauf: Cairns – Port Douglas – Cape Tribulation – Mareeba – Charters Towers – Townsville – Cairns
Streckenlänge: ca. 1420 km
Empfohlene Reisedauer: 13 Tage

Streckenhighlights:
- Port Douglas
- Mossman Gorge
- Daintree Rainforest
- Cape Tribulation
- Atherton Tablelands
- Undara Volcanic National Park
- Charters Towers
- Great Barrier Reef

Nicht weit außerhalb von Cairns kann der Urlauber kurzzeitig auf andere Fortbewegungsmittel umsteigen: Eine Seilbahn führt über die Gipfel des Regenwaldes hinauf in das Dorf Kuranda,

Mossman Gorge

auf dessen Märkten sich allerlei Schnickschnack, aber auch das ein oder andere tolle Souvenir erstehen lässt. Für den Rückweg bietet sich die malerisch in den Gebirgszug eingebettete Kuranda Scenic Railway an.

Etwas weiter entfernt liegt Port Douglas. Im Vergleich zu Cairns ist das Resort-Städtchen nicht nur deutlich nobler, sondern auch um einige Traumstrände reicher. Von dort aus führt der Weg zur Mossman Gorge – einer Schlucht, in der kristallklares Wasser über Felsen im Flussbett rauscht.

Je mehr der Selbstfahrer gen Norden fährt, desto grüner wird es um ihn herum. Mit einer Fähre kreuzt er den Daintree River und ist plötzlich mittendrin im üppigen immergrünen Daintree Rainforest. Mit etwas Glück sichtet er einen der sehr seltenen Helmkasuare. Am Cape Tribulation treffen die zwei Weltnaturerbestätten Regenwald und Great Barrier Reef direkt aufeinander – es gibt wohl nur wenige Naturschauspiele, die so eindrucksvoll sind. Der Rückweg erfolgt zunächst über die gleiche Strecke. Auf Höhe von Port Douglas biegt man jedoch Richtung Mareeba und Atherton ab und fährt durch das grüne Hinterland der Atherton Tablelands. Die Temperaturen sind aufgrund der höheren Lage deutlich kühler als „unten“ an der Küste. Vorbei ziehen Obst- und Kaffeeplantagen sowie verträumte Dörfer, Wasserfälle und die höchsten Gipfel von Queensland.

Ende der Zivilisation

Cape Tribulation markiert für viele Selbstfahrer den Übergang vom gut erschlossenen Straßennetz in abgelegenere Regionen. Während die Strecke bis dorthin in der Regel problemlos befahrbar ist, beginnt nördlich davon mit dem Bloomfield Track eine anspruchsvollere Route, die in Richtung Cooktown führt und meist nur mit einem Geländewagen zu bewältigen ist.

Von der Hochebene geht es hinein in den Bush. In den ehemaligen Goldgräberstädten Ravenshoe und Charters Towers kann der Urlauber nicht nur ein wenig Outbackluft schnuppern, sondern auch in die reiche Vergangenheit des Bundesstaates eintauchen. Ebenso sehenswert ist der Undara Volcanic National Park, in dessen Höhlen man dem Verlauf einstiger Lavaströme folgt. Auf dem Weg nach Townsville lässt man die Hitze des Busches mehr und mehr hinter sich und begibt sich an der erfrischenden Küste entlang wieder zurück nach Cairns (siehe Routenverlauf).

Weiterführende Infos:
- www.queensland.com
- www.parks.qld.gov.au
- www.tropicalnorthqueensland.org.au
- www.athertontablelands.com.au

15.2 Die Südostküste

Die dicht besiedelte Region zwischen Adelaide, Melbourne und Sydney ist auf übersichtlicher Größe besonderes facettenreich. Schillernde Metropolen, üppige Regen- und Eukalyptuswälder, kilometerlange Sandstrände und imposante Gebirgszüge bilden die Kulisse für einen abwechslungsreichen *road trip*, für den auch wenige Tage ausreichen.

Sydney-Melbourne Coastal Drive, New South Wales & Victoria

Der Blockbuster unter den *road trips*, Karte S. 226: blaue Route

Egal, von welchem Ende man diese Strecke fährt – sie ist eine der abwechslungsreichsten Routen Australiens: Der *road trip* verbindet nicht nur die zwei größten und unter Urlaubern beliebtesten Metropolen des Landes, sondern ebenso traumhafte Nationalparks, einheimische Tiere aus nächster Nähe, weitläufige Strände und eindrucksvolle Architektur.

Streckenverlauf: Sydney – Batemans Bay – Eden – Lakes Entrance – Wilsons Promontory National Park – Phillip Island – Melbourne
Streckenlänge: ca. 1270 km
Empfohlene Reisedauer: 7 Tage

Streckenhighlights:
- Royal National Park
- Sea Cliff Bridge

- Blowhole, Kiama
- Hyams Beach, Jervis Bay
- Pebbly Beach
- Mallacoota
- Gippsland Lakes
- Wilson Promontory National Park
- Penguin Parade, Phillip Island

Sobald man in südlicher Richtung aus der Metropolregion hinaus fährt, kann der Urlauber seine Lungen im Royal National Park mit frischer Luft auffüllen. Der älteste Nationalpark des Landes und zweitälteste der Welt bietet zu viele wunderbare Naturschauspiele, um nur hindurchzufahren. Es lohnt sich, für einen oder mehrere Tage Rast zu machen, sofern die Zeit ausreicht.

Auf der Weiterfahrt Richtung Wollongong passiert der Urlauber die eindrucksvolle Sea Cliff Bridge, die sich elegant an den steilen Klippen der Küste entlang schlängelt. Nicht wenige Urlauber drehen am anderen Ende der Brücke um, damit sie die Aussicht und das Fahrvergnügen nochmals genießen können. Südlich von Wollongong gelangt man nach Kiama, wo sich das angeblich größte Blowhole der Welt bestaunen lässt. Das Wasser türmt sich an den Uferfelsen auf und schießt in Fontänen in die Höhe – manchmal mehr, manchmal weniger imposant.

Wir bleiben beim Thema Wasser: Der Hyams Beach in der Jervis Bay streitet sich seit jeher mit dem Whitehaven Beach der Whitsunday Inseln (siehe Routenverlauf Pacific Coast Touring Route, Queensland, Seite 220 ff.) um den Titel des weißesten Strandes. Egal, ob mit oder ohne Auszeichnung – einen wunderschönen Stopp für eine Pause oder gar Übernachtung bietet die Bucht auf jeden Fall. Bevor der Fahrer nach Batemans Bay hineinfährt, sollte er kurz zuvor am Pebbly Beach Halt machen. Die Chance, hier neben Anglern völlig entspannte Kängurus am Strand zu sichten, ist äußerst hoch!

TIPP: Abstecher in die Hauptstadt
Wer es schafft, sich für ein zwei Tage von den Stränden zwischen Kiama und Batemans Bay loszureißen, kann der Hauptstadt des Landes, Canberra, einen kurzen Besuch abstatten. Im Vergleich zu Melbourne oder Sydney erscheint sie sehr provinziell. Aber allein die Museumsdichte und Führungen durch das Parlament oder Anzac Memorial entschädigen für die fehlende Skyline und etwas fade Atmosphäre.

In der südlichsten Stadt von New South Wales – Eden – dreht sich alles um das Thema Wale, schließlich wurden diese hier einst gejagt. Mittlerweile begnügen sich die Einwohner – und Urlauber – glücklicherweise damit, sie zu beobachten. Und das ist in Eden zwischen Mai und November besonders gut möglich.

Walbeobachtung bei Hervey Bay

Nachdem die Grenze zu Victoria passiert wurde, lohnt für Vogelliebhaber ein Abstecher in den abgelegenen Croajingolong National Park. Dieser ist allerdings weitgehend nur mit einem Geländewagen befahrbar. Einen Eindruck dieser „Wildnis" bietet der Küstenort Mallacoota, der über eine enge, kurvenreiche Straße erreichbar ist und gute Möglichkeiten für Schwimmen, Surfen oder Bushwalking bietet.

Nächstes Etappenziel ist der äußerst beliebte Urlaubsort Lakes Entrance. Wie der Name bereits vermuten lässt, ist Wasser die Hauptattraktion vor Ort. Hier fließen die Gippsland Lakes in den südlichen Ozean. Mit etwas Glück tummeln sich vor der Landzunge Delfine. Ebenso fotogen ist der Ninety Mile Beach. Nur könnte der Strandspaziergang etwas länger dauern.

Der wohl eindrucksvollste Nationalpark der Route ist der Wilsons Promontory National Park. Ein Tag ist viel zu wenig, um die unzähligen Naturspektakel dieser Halbinsel zu erkunden. Vom schweißtreibenden Aufstieg auf den Mount Oberon über Wassersport am Squeaky Beach bis hin zu Fotosessions mit Wombats am Straßenrand – dieser Nationalpark ist zur Hochsaison und in den Ferien völlig zu Recht beliebtes Urlaubsziel für die Einheimischen. Wer hier übernachten möchte, sollte frühzeitig seinen Stellplatz buchen!

Bevor es nach Melbourne geht, heißt es, Bekanntschaft mit den süßen Bewohnern von Phillip Island zu machen. Jeden Abend watscheln unzählige Zwergpinguine bei der sogenannten Penguin Parade aus dem Meer zurück in ihre Nester am Strand. Diesen Anblick sollte man sich nicht entgehen lassen. Und bitte unbedingt beim Wegfahren prüfen, ob sich nicht ein Pinguin hinter den Reifen versteckt hat.

TIPP: Abstecher ins Inland
Auch in Victoria gibt es eine sehr fotogene Alternative zur Küstenstrecke. Statt den Wilsons Promontory National Park und Phillip Island anzufahren, warten im Inland mit dem Goldgräberstädtchen Walhalla und den Wasserfällen und Regenwäldern des Baw Baw National Park ebenso tolle Eindrücke.

Weiterführende Infos:

- www.sydney.com
- www.visitvictoria.com
- www.nationalparks.nsw.gov.au
- www.parks.vic.gov.au
- www.grandpacificdrive.com.au
- www.sydneymelbournetouring.com
- www.visitcanberra.com.au
- www.visiteastgippsland.com.au
- www.visitphillipisland.com.au

Great Southern Touring Route, Victoria

Victoria im Querschnitt, Karte S. 226: rosa Route

Der kleinste Bundesstaat Australiens hat auf geringer Fläche unglaublich viel zu bieten: von berühmten Surferstränden hinauf auf verschneite Gipfel hinein in das tiefrote Hinterland. Victoria hält mehr Trümpfe in der Hand als nur die legendäre Great Ocean Road und eine der lebenswertesten Metropolen der Welt, Melbourne.

Streckenverlauf: Melbourne – Geelong – Great Ocean Road – Port Fairy – Halls Gap – Ballarat – Melbourne
Streckenlänge: ca. 850 km
Empfohlene Reisedauer: 5 Tage

Streckenhighlights:
- Bells Beach, Torquay
- Otway National Park, Cape Otway Lighthouse
- Shipwreck Coast
- Twelve Apostles, Loch Ard Gorge
- Grampians National Park
- Goldfields: Ararat, Ballarat
- Daylesford

Von Melbourne aus geht es geradewegs zur Great Ocean Road. Diese Richtung ist durchaus entscheidend, da man so auf der zum Meer gewandten Straßenseite fährt und einen ungestörten Blick auf den Küstenverlauf genießen kann. Zuvor lohnt ein kurzer Zwischenstopp in Geelong. Entlang der Strandpromenade kann man hier bei einer ausgiebigen Mittagspause die Baywalk Bollards entdecken, lebensgroße Holzfiguren mit einem bestimmten Themenbezug.

TIPP: You Yangs
Zwischen Melbourne und Geelong liegt der Höhenzug der You Yangs. Die bis zu 319 Meter hohe Bergkette ist ein wahres Outdoor-Paradies für Wanderer, Mountainbiker und Kletterer.

Twelve Apostles entlang der Great Ocean Road

Torquay am Beginn der Great Ocean Road mag zwar recht beschaulich wirken, gehört aber unter Surfern zu den ganz Großen: Am Bells Beach findet alljährlich einer der größten Surfwettbewerbe der Welt statt. So verwundert es auch nicht, dass die „Surfing Capital of Australia" dem Sport ein Museum gewidmet hat und zwei der größten Surfermarken, Quicksilver and Rip Curl, hier ihre Wurzeln haben.

Der erste Streckenabschnitt der Great Ocean Road windet sich in sanften Kurven durch die hügelige Küstenlandschaft direkt am Meer entlang. Malerische Küstenorte wie Anglesea und Apollo Bay buhlen um die Aufmerksamkeit der Urlauber. Wer hier entlang tourt, sollte unbedingt viel Zeit mitbringen. Ein Aussichtspunkt jagt den nächsten und man möchte an jedem Halt machen. Ein besonders schönes, da hochgelegenes Panorama bietet Teddy's Lookout bei Lorne.

TIPP: Timing

Besonders schön leuchten die Twelve Apostles im Licht der untergehenden Sonne. Zwar ist der Besucherandrang auch am Ende des Tages noch recht üppig, aber man genießt einen freien Ausblick ohne viel Gedränge.

Auf ungefähr halber Strecke passiert man den Great Otway National Park. Ein Abstecher zum Cape Otway lohnt nicht nur des Leuchtturmes wegen, sondern auch aufgrund der vielen Koalas in den Baumkronen. Zurück auf dem Highway verläuft die Great Ocean Road nicht mehr direkt am Meer entlang. Die Landschaft hat sich geändert: Weitläufige Strände sind steilen Klippen gewichen. Und zu den berühmtesten zählen ohne Frage die Twelve Apostles, London Bridge und Loch Ard Gorge.

Leuchtturm in Port Fairy

Für viele endet die Great Ocean Road in Warrnambool. Dabei liegt nur 30 Kilometer westlich ein beschauliches Städtchen, das den viel entspannteren Ausklang bietet – Port Fairy. Selbst zur Hochsaison ist es bisher vom Massentourismus verschont geblieben. Von hier aus ist es in nördlicher Richtung nicht weit bis zum Wanderparadies Grampians National Park. Das touristische Zentrum mag zwar in Halls Gap im nördlichen Teil des Parks liegen, aber deutlich weniger stark frequentierte Wanderwege liegen mit dem Mount Sturgeon und Mount Abrupt im Süden bei Dunkeld. In Halls Gap lohnt ein Besuch des Brambuk Cultural Centre, das einen interessanten Einblick in die indigene Kultur der Region ermöglicht.

Mit den Goldfields folgt ein Kontrastprogramm. Mitte des 19. Jahrhunderts war Australien das Mekka der Goldgräber. Und nirgends waren die Funde so üppig und glänzend wie in Victoria. So wurde die größte Inlandsstadt Victorias, Ballarat, auf Gold gebaut. Eindrucksvolles Zeugnis dessen ist Sovereign Hill – ein riesiges Outdoor-Museum, das die Stadt zur Zeit des Goldrausches wieder zum Leben erweckt.

Nach so viel Geschichtsinput benötigt der ein oder andere womöglich etwas Entspannung. Perfekter Ort dafür ist die Region rund um Daylesford, Victorias Wellnessoase mit mineralischen Quellen und unzähligen Spa-Angeboten. Völlig tiefenentspannt geht es anschließend zurück in den Trubel Melbournes.

TIPP: Weiter bis nach Adelaide

Wer nicht unbedingt zurück nach Melbourne fahren möchte, sondern Adelaide als Ziel auserkoren hat, kann über den Southern Ocean Drive von Port Fairy aus weiter die Küste entlang über Mount Gambier und den Coorong National Park nach Adelaide fahren. Alternativ schlägt man nach dem Besuch der Grampians die Inlandsroute ein.

- www.southaustralia.com

Weiterführende Infos:

- www.visitvictoria.com
- www.parks.vic.gov.au
- www.greatsoutherntouring.com.au
- www.visitgrampians.com.au
- www.visitballarat.com.au

Great Alpine Road, Victoria

Der Gipfelstürmer unter den Routen, Karte S. 226: rote Route

Dass abseits der Great Ocean Road eine weitere „großartige Straße“ durch das High Country Victorias führt, wissen die wenigsten Besucher. Dabei bietet ihr Pendant, die Great Alpine Road, beim Blick aus dem Fenster ein absolut ebenbürtiges Landschaftspanorama.

Streckenverlauf: Wangaratta – Bright – Mt Hotham – Omeo – Bairnsdale
Streckenlänge: ca. 310 km
Empfohlene Reisedauer: 3 Tage

Streckenhighlights:

- Mount Buffalo National Park
- Bright
- Alpine National Park
- Mount Hotham, Dinner Plain
- Tambo River
- Gippsland

Australiens höchstgelegene, ganzjährig befahrbare Straße verläuft auf knapp 310 Kilometer Länge zwischen Wangaratta im Norden und Bairnsdale an der Küste. Was den *road trip* so aufregend macht, sind nicht nur das Fahrvergnügen und die vielen Wow-Momente. Faszinierend ist vor allem die abwechslungsreiche Szenerie, bedingt durch den zurückzulegenden Höhenunterschied von rund 1800 Meter und die verschiedenen jahreszeitlichen Anblicke.

Verschnaufen in Bright

In Wangaratta startend, geht es zunächst durch ebenes Farmland und Täler. Weidende Schaf- und Rinderherden ziehen vorbei, Obstplantagen und Weinberge schließen sich an. In der Ferne lassen sich bereits die imposanten Bergzüge erkennen, die kurz darauf mit einem ersten Highlight aufwarten – dem Mount Buffalo National Park: Mehr als 90 Kilometer Wanderwege, wunderschöne Wasserfälle und atemberaubende 360°-Ausblicke auf die Alpen erwarten den Urlauber hier.

Im Anschluss lädt das idyllische Städtchen Bright zu einem Stopp ein. Bright ist eine Kleinstadt wie aus dem Bilderbuch, aus der man so schnell nicht wieder weg möchte. Von seiner strahlendsten Seite zeigt sich der Ort im Herbst, wenn die hiesigen Laubbäume in den Farben Rot, Orange und Gelb explodieren.

Aufgrund der umliegenden Berge spürt man es kaum, doch seit Wangaratta ist die Great Alpine Road lediglich um etwa 100 Meter angestiegen. Erst nach Harrietville schießt sie wortwörtlich in die Höhe. Auf unzähligen Serpentinen und durch Haarnadelkurven hindurch windet sich die Straße steil hinauf Richtung Mount Hotham (1861 Meter). An ein Überholen oder schnelles Fahren ist bis auf Weiteres nicht zu denken.

Am Danny's Lookout kurz vor dem Gipfelplateau wird der Fahrer mit einer spektakulären Aussicht auf den Alpine National Park für die nervenaufreibende Tour hinauf entschädigt. Nur wenige Kilometer weiter, auf etwa 1750 Meter Höhe, liegen die Ski-Resorts Mount Hotham und Dinner Plain. Im Sommer recht ausgestorben, besiedeln im Winter Ski- und Snowboardfahrer die anspruchsvollen Pisten und Chalets in den Dörfern.

Nach Dinner Plain geht es stetig wieder bergab. Gemächlich schlängelt sich die Great Alpine Road auf dieser Seite durch die hügelige Landschaft hindurch, die man so wohl auch im deutschen Alpenvorland sehen könnte. Im weiteren Verlauf passiert die Straße zunächst Omeo, ein Pionier-Bergstädtchen mit historischem Ortskern, und folgt dann Richtung Bruthen dem kurvenreichen Flusslauf des Tambo River. Die Great Alpine Road endet schließlich in Bairnsdale, dem Tor zu der ausgedehnten Seenlandschaft der Gippsland Lakes (siehe Routenverlauf Sydney-Melbourne Coastel Drive, New South Wales & Victoria, Seite 225 ff.).

Weiterführende Infos:

- www.visitvictoria.com
- www.parks.vic.gov.au
  www.victoriashighcountry.com.au
- www.visitwangaratta.com.au
- www.visitbright.com.au

15.3 Das Red Centre

Der Anblick des Uluru im Sonnenauf- oder -untergang gehört zu den Highlights eines Australienbesuchs. Allerdings liegt die heilige Stätte der Ureinwohner Tausende Kilometer weit weg von den großen Metropolen der Küste. Während der Fahrer ins tiefste Outback des Kontinents vorstößt, laufen die Kilometer auf dem Tacho nur so dahin. Belohnt wird er mit einer atemberaubenden Szenerie und dem Gefühl, mit sich und der Welt allein zu sein.

Explorers Way, South Australia & Northern Territory

Ab durch die Mitte, Karte unten: grüne Route

Es gibt wohl nur wenige Strecken in Australien, die länger und gegensätzlicher sind als der scheinbar niemals enden wollende Stuart Highway. Auf den Spuren des einstigen Pioniers John McDouall Stuart, der Mitte des 19. Jahrhunderts als erster erfolgreich – sprich lebend – den Kontinent von Süd nach Nord erschloss, durchfährt der Urlauber heute das Zentrum Australiens deutlich entspannter, aber ebenso intensiv. Manche Tage verbringt er fast nur fahrend, da es entlang der Strecke schlichtweg „nichts" zu sehen gibt außer der imposanten Weite des Outback.

Streckenverlauf: Adelaide – Coober Pedy – Alice Springs – Tennant Creek – Katherine – Darwin
Streckenlänge: ca. 3040 km
Empfohlene Reisedauer: 14 Tage

Streckenhighlights:
- Flinders Ranges National Park
- Coober Pedy
- Alice Springs

- Karlu Karlu
- Daly Waters Historic Pub
- Mataranka Hot Springs
- Nitmiluk National Park

Fast die Hälfte der landesweiten Weinproduktion stammt aus Südaustralien. Im Umland von Adelaide kann es bei der Vielzahl an Weingütern ganz schon süffig werden. Bekannte Regionen, die auf der Route Richtung Norden liegen, sind das Barossa Valley und Clare Valley. Wer seinen Kühlschrank im Wohnmobil mit erlesenen Weinen auffüllen möchte, die sich später unter den Sternen des Outback ganz wunderbar genießen lassen, bekommt hier die Chance dafür.

Port Augusta wird oft als „Kreuzung" Australiens bezeichnet. Kein Wunder – hier treffen sich die wichtigen Überlandstraßen und Zugverbindungen Richtung Perth in Western Australia, Sydney oder hinauf in den Norden.

TIPP: Flinders Ranges National Park

Einen ersten Eindruck von den Weiten des Outback bietet bei Port Augusta ein Abstecher in den Ikara-Flinders Ranges National Park. Größte Attraktion der mehr als 600 Millionen Jahre alten Landschaft ist Ikara (Wilpena Pound), ein Becken, das aussieht wie ein Meteoritenkrater, jedoch eine über Jahrtausende erodierte Gebirgskette ist. Eine befestigte Straße führt durch den Nationalpark hindurch, Wege tiefer hinein in den Park sind nur mit Allrad befahrbar.

Auf dem Stuart Highway geht es an Woomera vorbei. Hier wurden in den 1950er- und 1960er-Jahren nukleare Waffen getestet. Noch heute ist die Region zum Teil militärisches Sperrgebiet. In dem Örtchen Woomera, in dem nur wenige Hundert Menschen leben, kann die Geschichte der Raketenstarts in Ausstellungen nachverfolgt werden.

Auch in der nächsten Stadt sieht es so aus, als hätten Meteoriten eingeschlagen. Die Landschaft rund um Coober Pedy ist von Löchern und aufgetürmter Erde umgeben. Beim näheren Hinsehen handelt es sich um Minenschächte. In Cooper Pedy hausen unzählige Glücksritter, die sich durch die staubtrockene Erde wühlen – nicht etwa auf der Suche nach Gold, sondern nach Opalen. Das alltägliche Leben spielt sich im Untergrund ab – und das im wahrsten Sinne des Wortes. Das umgebene Niemandsland ohne Schatten, die glühende Hitze und lästigen Fliegen führten dazu, dass selbst Wohnungen und Kirchen unterirdisch gebaut wurden, um es kühl zu haben. Ein Stopp in Coober Pedy ist also definitiv ein Muss!

Die Fahrt geht weiter Richtung Norden, hinein in den endlosen Horizont. Im unscheinbaren Ort Marla startet oder endet die legendäre Offroadstrecke Oodnadatta Track (siehe Routenverlauf Seite 262 f.).

Zeitumstellung
An der Grenze zum Northern Territory sollte der Fahrer daran denken, während der Sommermonate seine Uhr um eine Stunde zurückzudrehen. Während South Australia seine Uhren auf Sommerzeit umstellt, gilt diese nicht im Northern Territory.

Bei Erldunda folgt der Abzweig Richtung Uluru und Kings Canyon (siehe Route Red Centre Way, Northern Territory, Seite 237 ff.). Wir fahren weiter nach Alice Springs. Allein durch ihre unglaublich abgeschiedene Lage in einer der unzugänglichsten Regionen der Erde ist sie einen Besuch wert. Mit keiner anderen Stadt Australiens vergleichbar, besitzt sie eine faszinierende Atmosphäre. Diese ergibt sich größtenteils durch die sehr präsente indigene Kultur vor Ort, die neben Galerien oder Didgeridoo-Workshops leider auch ihre Schattenseiten zeigt (Alkoholmissbrauch, erhöhte Kriminalität). Auch „Hinterlassenschaften" der weißen Siedler wie die School of the Air oder der Royal Flying Doctor Service gehören zu den Highlights der Stadt.

Kings Canyon

Die Zeiten hinterm Steuer bleiben vorerst lang. Einzige Abwechslung auf der folgenden Strecke bieten die *road houses* für einen kurzen Snack und ein Gefühl von Zivilisation sowie Karlu Karlu – auch bekannt unter dem Namen Devil's Marbles. Die gigantischen Granitfelsen liegen inmitten der trostlosen Ebene. Für die Ureinwohner sind sie heilig, da sie die Eier der Regenbogenschlange darstellen – eine zentrale Figur ihrer Traumzeit.

Auf halber Strecke zwischen Alice Springs und Katherine liegt mit Tennant Creek eine der größeren Ortschaften des Northern Territory. Mit rund 3500 Einwohnern verdeutlicht sie eindrucksvoll die geringe Bevölkerungsdichte des Territoriums. Ebenso aussagekräftig für die einzigartige Kultur und Stimmung im Outback ist Daly Waters. Der örtliche Pub ist nicht nur Lebensmittelpunkt der kleinen Gemeinde, sondern ebenso eine eindrucksvolle Galerie an Visitenkarten, Damenunterwäsche und anderen Erinnerungen von Durchreisenden. Ach ja – Campingplatz ist er auch.

TIPP: Erfrischung gefälligst?
Die Tage im Outback können lang und heiß sein. Die Thermalquellen von Mataranka versprechen zwar keine Abkühlung, aber zumindest eine Erfrischung unter Palmen in der sonst staubtrockenen Umgebung.

Bei Katherine lohnt ein längerer Stopp, denn nicht weit entfernt liegt der Nitmiluk National Park. Auch bekannt als Katherine Gorge bieten die Schluchten zahlreiche Möglichkeiten für Schwimmen, Wandern oder auch Kajakfahren.

Nach nur wenigen hundert Kilometern erreicht man schließlich Darwin und ist damit nach langen Tagen im weitestgehend menschenleeren Outback wieder in der Zivilisation angekommen.

TIPP: Timing
Da der Ghan, der berühmte Zug von Adelaide nach Darwin, ebenfalls in Katherine hält und seine Passagiere für einige Stunden in den Nationalpark „entlässt", lohnt es sich, den Aufenthalt außerhalb der Ankunftszeiten zu planen.

Weiterführende Infos:
- www.southaustralia.com
- www.northernterritory.com
- www.parks.sa.gov.au
- https://nt.gov.au/parks
- www.cooberpedy.com
- www.ayersrockresort.com.au
- www.tourismtopend.com.au

Red Centre Way, Northern Territory
Im Herzen des Kontinents, Karte S. 234: orange Route

Es wird fälschlicherweise oft angenommen, dass der Uluru um die Ecke von Alice Springs liegt. So mancher Selbstfahrer wird erstaunt sein, dass es vom Herzen des Kontinents nochmals knapp 470 Kilometer bis zum berühmten roten Felsen sind. Aber kein *road trip* entlang des Stuart Highway wäre vollkommen ohne „Abstecher" zu einigen der berühmtesten Sehenswürdigkeiten des Landes.

Streckenverlauf: Alice Springs – Uluru-Kata Tjuta National Park – Watarrka National Park – West MacDonnell Ranges – Alice Springs
Streckenlänge: 1700 km
Empfohlene Reisedauer: 7-10 Tage

Streckenhighlights:

- Uluru
- Kata-Tjuta
- Kings Canyon
- Finke National Park
- Hermannsburg
- Ellery Creek Big Hole
- Ormiston Gorge Glen Helen Gorge

Von Alice Springs (siehe Routenverlauf Explorers Way, South Australia & Northern Territory, Seite 234 ff.) geht es in südlicher Richtung bis nach Erldunda, der Abzweigung hinauf auf den eigentlichen Red Centre Way. Auf dem Weg zum Uluru thront der ebenso mächtige Mount Connor, den nicht wenige Besucher vor lauter Aufregung bereits für den Uluru halten.

Yulara ist der Ausgangspunkt für Touren zum Uluru. Hier gibt es zahlreiche Unterkunftsmöglichkeiten. Der Andrang zum Uluru ist für seine abgeschiedene Lage immens – gerade zum Sonnenauf- und -untergang. Zahlreiche Tourunternehmen

Eindrucksvoll – der Uluru, ehemals Ayers Rock

fahren ihre Passagiere zu den Aussichtspunkten, um das beeindruckende Farbspektakel zu beobachten. Ebenso lohnenswert ist der zehn Kilometer lange Base Walk, der auf gesamter Länge um den Uluru führt. Hintergrundwissen über seine Geologie und Bedeutung für die Ureinwohner bietet das Uluru-Kata Tjuta Cultural Centre.

Keine Besteigung mehr möglich
Seit Ende Oktober 2019 ist eine Besteigung des Uluru offiziell verboten. Zuvor konnten die Ureinwohner vor Ort, die Anangu, Besucher nur darum bitten, aus Respekt nicht auf ihre heilige Stätte zu klettern.

Bereits in der Ferne lässt sich die nur 40 Kilometer entfernte Felsformation Kata Tjuta – die Olgas – erkennen. Eine Wanderung inmitten der riesigen Kuppeln, die durch tiefe Täler verbunden sind, ist für manchen eindrucksvoller als der Anblick des prominenten Nachbarn. Allerdings muss das Wetter mitspielen: Sind die Temperaturen zu hoch, werden die Wanderwege wie der Valley of the Winds Walk seitens der Parkranger geschlossen.

Es geht zurück auf dem Highway zum Watarrka National Park. Eine Wanderung durch die Schluchten des Kings Canyon bleibt lebenslang in Erinnerung, vor allem der Abstieg hinein in den Garden of Eden, dessen natürliches Wasserbecken eine erholsame Abkühlung bietet, sowie der Rim Walk, eine Wanderung direkt am Rande der Kluft. Wehe dem, der keine festen Schuhe trägt.

Wer mit dem Geländewagen unterwegs ist, kann vom Kings Canyon über den Mereenie Loop (falls vom Vermieter erlaubt) direkt in die Wildnis der West MacDonnell Ranges fahren. Reisende ohne Allradantrieb müssen zurück auf den Highway Richtung Erldunda bzw. Alice Springs.

Kurz vor Alice Springs führt der asphaltierte Larapinta Drive hinein in die imposanten West MacDonnell Ranges. Es geht vorbei an den Schluchten Simpsons Gap, Standley Chasm und Glen Helen Gorge, eine spektakulärer und farbgewaltiger als die andere. Mit etwas Glück lassen sich hier Felsenkängurus blicken. Ein Abstecher in die Aboriginal-Gemeinde Hermannsburg lohnt, um einen Einblick in die ehemalige lutherische Missionsstation zu erhalten.

TIPP: Finke Gorge National Park
Von Hermannsburg ist das legendäre Palm Valley im Finke Gorge National Park erreichbar. In dem einer Wüstenoase gleichendem Tal wachsen unzählige tropische Palmen – und das inmitten des Outback! Der Park ist nur mit einem 4WD erreichbar.

Eine selbst im Sommer kühle Erfrischung gibt es im Ellery Creek Big Hole, einem Wasserloch mit Sandstrand, umgeben von grünen Eukalyptusbäumen und jeder Menge rote Erde. Am Ende der befestigten Straße bietet sich dem Besucher am Tyler Pass Lookout ein letzter erinnerungswürdiger Ausblick auf das umgebene Outback und seine endlose Weite, ehe es den gleichen Weg zurück nach Alice Springs geht.

Weiterführende Infos:
- www.northernterritory.com
- https://nt.gov.au/parks
- www.ayersrockresort.com.au

15.4 Das Top End

Der am dünnsten besiedelte Bundesstaat gilt mit Ausnahme des Uluru nicht wirklich als Besucherhochburg. Dabei ist das Top End rund um Darwin in der Zeit von April bis Oktober/November das perfekte Ziel. Man genießt den endlosen Sommer vor tropischer Kulisse, während die Leute im winterlichen Süden zwar keine Frostbeulen, aber zumindest Gänsehaut bekommen. Hier oben eilt der Selbstfahrer weniger von einer Attraktion zur nächsten, sondern lässt vielmehr das große Ganze auf sich wirken.

Nature's Way, Northern Territory
Unter Krokodilen und Wasserfällen

Das Farbenspiel des Top End könnte zu dem des nahen Outback nicht konträrer sein. Statt Rot in allen Nuancen herrschen im hohen Norden dank des tropischen Klimas satte Grüntone vor – ganz besonders zur Regenzeit (siehe Seite 37 f.). Wenngleich Campingtouren in diesem Zeitraum aufgrund der möglichen Straßensperrungen nicht unbedingt empfehlenswert sind, ließe sich die Route gut an den Anfang oder das Ende der *wet season* legen, um die berauschende Wasser- und Pflanzenwelt zu erleben.

Streckenverlauf: Darwin – Kakadu National Park – Pine Creek – Litchfield National Park – Darwin
Streckenlänge: ca. 840 km
Empfohlene Reisedauer: 5 Tage

Streckenhighlights:
- Mary River National Park

- Ubirr Rock, Nourlangie Rock
- Magnetic Termite Mounds
- Florence Falls, Wangi Falls

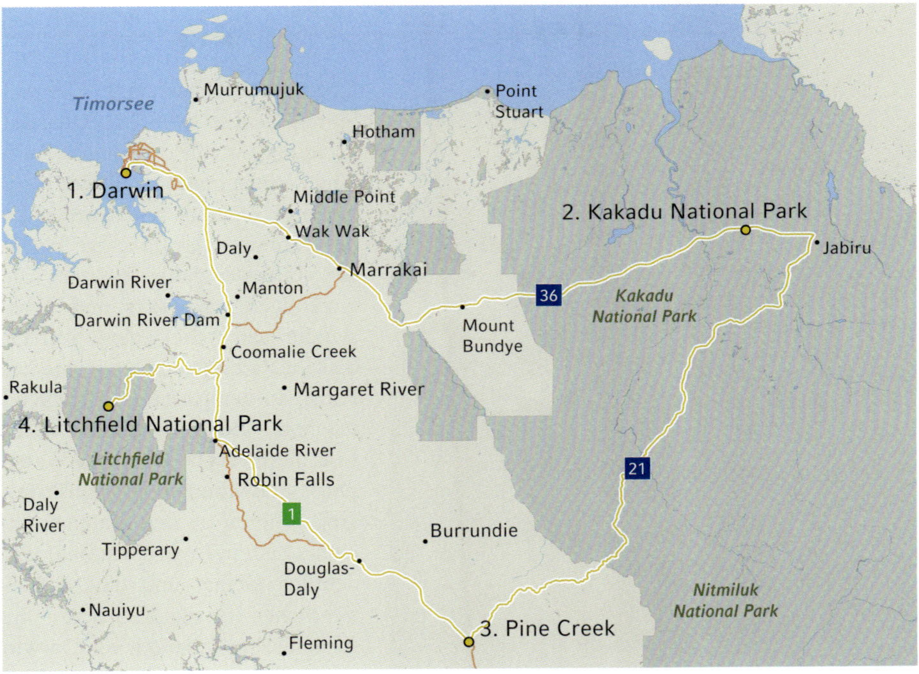

Von Darwin geht es zunächst zum Adelaide River Crossing. Dort werden Bootstouren auf dem gleichnamigen Fluss angeboten – Krokodilsichtung so gut wie garantiert! Statt direkt in den Kakadu National Park weiterzufahren, lädt der Mary River National Park zu einer längeren Pause ein. Zahlreiche *billabongs*, also Wasserlöcher, machen den Park zu einer einzigartigen Seenlandschaft und Beobachtungsstätte für australische Tiere.

Der Kakadu National Park ist ein Must-see im Top End. Der mit etwa 20.000 Quadratkilometer größte Nationalpark des Landes ist zugleich Weltnatur- und -kulturerbe. Nicht nur die traumhafte Landschaft, sondern auch die reiche indigene Tradition der Region machen ihn absolut sehenswert. Sei es Schwimmen unter Wasserfällen (ganz ohne Krokodile), Wandern entlang von Klippen aus Sandstein, Bootstouren oder die Besichtigung der Rock Art der Ureinwohner – es gibt so viel zu sehen, dass ein bloßer Tagestrip ein machbares, aber sehr straffes Programm wäre. Gerade die Felsmalereien am Ubirr Rock oder Nourlangie Rock sind eindrucksvolle Zeugnisse der Aborigines.

INFO: Abseits der Wege
Die berühmten Jim Jim Falls und Twin Falls sind nur über eine längere Offroad-Piste erreichbar, deren Befahrung mitunter seitens der 4WD-Vermieter ausgeschlossen ist.

Hier waren Termiten am Werk.

Über Pine Creek und Emerald Springs geht es beim Ort Batchelor Richtung Litchfield National Park. Unter Einheimischen gilt der Nationalpark sogar als sehenswerter als der berühmte, großflächige Nachbar. Gründe dafür könnten die unzähligen *rock pools* und Wasserfälle sein, die einen Aufenthalt im Park, gerade bei tropischer Hitze, so berauschend erfrischend machen. Beste Beispiele dafür sind die Florence Falls und Wangi Falls. Schwimmen und Bushwalking gehören zu den Hauptaktivitäten. Zudem ist der Nationalpark deutlich kleiner und damit übersichtlicher. Einzige Kehrseite – die schnelle Erreichbarkeit von Darwin lassen ihn gerade zur Hochsaison oft überlaufen sein.

Über Batchelor geht es schließlich auf dem Stuart Highway zurück nach Darwin.

TIPP: Riesige Grabhügel
Am Beginn des Litchfield National Park kommt der Besucher an scheinbar riesigen Grabtürmen vorbei. Dabei handelt es sich um die beeindruckenden Bauten von Termiten, die Magnetic Termite Mounds.

Weiterführende Infos:

- www.northernterritory.com
- https://nt.gov.au/parks
- www.tourismtopend.com.au

15.5 Die Westküste

Die Westküste steht auf dem Plan vieler, die ein zweites Mal nach Australien reisen. Western Australia, der größte Bundesstaat, bietet das volle Kontrastprogramm zum Rest des Landes. Fernab der Touristenströme ist der Urlauber hier noch unter sich. Die endlosen Straßen teilt er beinahe ausschließlich mit Kängurus, ebenso wie die Strände und Nationalparks. Nachts verliert er sich nicht in den Straßenfluchten der Städte, sondern im Anblick der Milchstraße in einer pechschwarzen Nacht.

Indian Ocean Drive, Western Australia & Northern Territory

Outback trifft Ozean, Karte: blaue Route

Der Indian Ocean Drive ist ein eindrucksvoller *road trip*, nicht nur hinsichtlich der Länge, sondern auch der Eindrücke entlang der Strecke. Größere Städte sind an der Westküste, zumindest nördlich von Perth, Mangelware – ebenso wie guter Handyempfang. Zwischen Perth und Darwin genießt der Urlauber Australien von seiner ursprünglichen, einsamen Seite.

Streckenverlauf: Perth – Geraldton – Shark Bay – Carnarvon – Exmouth – Broome – Darwin
Streckenlänge: ca. 4900 km

Empfohlene Reisedauer: 16-18 Tage

Streckenhighlights:
- Nambung National Park, Pinnacles
- Kalbarri National Park
- Hamelin Pool
- Shark Bay, Monkey Mia
- Ningaloo Reef
- Eighty Mile Beach
- Broome

Nach einigen Tagen Sightseeing in Perth verlassen wir die Hauptstadt Western Australias Richtung Norden. Zu den ersten Zielen gehört der Nambung National Park. Hier stehen die Pinnacles inmitten einer wüstenähnlichen Landschaft. Dabei handelt es sich um Kalksteinsäulen, die in die Höhe ragen. Ihre gelbliche Farbe bietet einen tollen Farbkontrast zum azurblauen Meer. Zwischen den Säulen sieht man zudem oft Emus stolzieren. Also Augen offen halten.

TIPP: Ab in den Sand
Wer sich mehr Action wünscht, kann bei Lancelin die Dünen mit dem Sandboard hinunter gleiten. Allerdings sollte man sich nicht unmittelbar zuvor mit Sonnencreme einschmieren, sonst klebt der Sand so richtig schön.

Geraldton ist mit etwa 38.000 Einwohnern die größte Stadt zwischen Perth und Darwin. Die Hafenstadt überzeugt durch ein großes Kulturangebot und ausgezeichnete Strände zum Wind- und Kitesurfen. Weiter nördlich folgt ein Abstecher vom Highway hinein in den Kalbarri National Park. Der Murchison River bahnt sich seinen Weg durch steile tiefrote Schluchten; die majestätischen River Red Gum-Eukalyptusbäume sorgen für grüne Tupfer hier und da. Der Kalbarri National Park ist ein Wanderparadies – perfekt, wenn man bereits länger im Camper unterwegs war und das Gefühl verspürt, sich die Beine zu vertreten. Besonders sehenswerte Attraktionen im Park sind unter anderem die Aussichtspunkte beim Nature's Window, Hawk's Head und Z-Bend. Beim Ross Graham Lookout gelangt der Besucher sogar hinunter an den Fluss. Neuestes Highlight im Park ist der Kalbarri Skywalk.

TIPP: Weiterfahrt bis nach Kalbarri
Der Nationalpark liegt einige Kilometer vor dem Ort Kalbarri an der Küste. Die Weiterfahrt lohnt sich allein wegen der spektakulären Aussichtspunkte auf die hiesige Steilküste, z. B. bei Natural Bridge oder Red Bluff.

Auf der Weiterfahrt zur Shark Bay passiert der Fahrer Hamelin Pool. In der geschützten Bucht kann man die ältesten noch lebenden Fossilien bestaunen. Über einen Boardwalk gelangt man näher an die Stromatolithen heran, die in der Form Korallen ähneln. Nicht weit entfernt liegt der Shell Beach. Wie der Name bereits vermuten lässt, besteht der Strand ausschließlich aus kleinen, schimmernden Muscheln, die wunderbar unter den nackten Füßen kitzeln.

Über Denham geht es zum Weltnaturerbe der Shark Bay. In den Gewässern und Buchten der Halbinsel leben unter anderem Dugongs, Schildkröten, Wale, Rochen, Haie und Delfine. Letztere sind das Highlight in Monkey Mia, wo die Meeresbewohner für eine morgendliche Fütterung bis an den Strand herankommen.

Schutz oder Vermarktung der Delfine?

Die Tümmler in Monkey Mia haben sich über Jahrzehnte an die Fütterung gewohnt. Fischer warfen hier früher ihre Fischabfälle ins Meer, die Delfine dankten es ihnen. Im Laufe der Zeit hat sich daraus eine beiderseitige Routine entwickelt, sie sich bestens touristisch vermarkten lässt. Allerdings schwimmen die Delfine nach der Fütterung wieder hinaus aufs offene Meer und halten nicht für weitere Showeinlagen her, wie man sie aus so manchem Themenpark kennt.

An der Westküste kann man mit Walhaien schwimmen.

Es wird zunehmend leerer und subtropischer auf dem Weg in den Norden. Carnavon gehört zu den größeren Städten an der Westküste und ist besonders als saisonaler Arbeitsort beliebt, denn in der fruchtbaren Region werden Obst und Gemüse angebaut. Die palmengesäumte Strandpromenade und das tropische Flair der Stadt laden zum längeren Verweilen (und Lebensmittel-Shopping) ein.

Das türkisfarbene Wasser der Coral Coast beheimatet zwei unglaubliche Attraktionen – das Ningaloo Reef und den Walhai. Im Unterschied zum Great Barrier Reef, das recht weit draußen liegt, ist das Ningaloo Reef vom Strand quasi „zu Fuß“ aus erreichbar. Die Korallen zeigen sich hier noch deutlich ungetrübter als ihre Verwandten an der Ostküste, vom deutlich geringeren Andrang einmal abgesehen. Statt nach Korallen zu tauchen bzw. schnorcheln, kann man dies auch in Begleitung des Walhai tun. Der größte Fisch der Welt zieht alljährlich zwischen April und Juli an der Küste vorbei. Gute Ausgangspunkte für Entdeckungen in dieser Region sind der eher touristische Ort Coral Bay oder das etwas ursprünglichere Exmouth.

Städte wie Dampier und Port Hedland sind eher industriell geprägt. Von hier werden unter anderem die riesigen Eisenerzvorkommen aus der Pilbarra Region verschifft. Es folgt die Weite und damit verbundene Leere. Einzige Orte der „Zivilisation“ sind die *road houses*, die nicht nur Snacks und eine Verschnaufpause versprechen, sondern vor allem auch den nötigen Sprit.

TIPP: Oasen in der Wüste
Einen „Abstecher“ wert sind der Millstream Chichester National Park sowie der Karijini National Park im Landesinneren. Sie bieten mit Felsenpools, Schluchten und Wasserfällen eine völlig andere Szenerie und sind eine tolle Abwechslung auf der sonst recht eintönigen Fahrt.

Angekommen in Broome ist man sofort im Entspannungsmodus. Das nach so viel Monotonie entlang des Highways paradiesisch wirkende Örtchen ist vor allem für seine Perlen bekannt. Ist man auf der Suche nach neuen Ohrringen oder einer Perlenkette, kommt die Kreditkarte sicherlich zum Einsatz. Kamelreiten am Cable Beach, Dinosaurierspuren am Gantheaume Point, die Mondspiegelung beim Naturphänomen Staircase to the Moon oder die historische Atmosphäre in Chinatown sind nur einige Möglichkeiten zum Zeitvertreib.

Offroad-Abenteuer
Hinter Broome, bei Derby, beginnt die 4WD-Abenteuerstrecke Gibb River Road (siehe Routenvorschlag S. 257 f.). Alle anderen müssen auf dem Highway nach Darwin weiterfahren.

Leider sind viele sehenswerte Orte in der Kimberley Region, wie die Windjana Gorge, die Bungle Bungle Range oder der Wolfe Creek-Krater überwiegend nur mit einem Geländewagen erreichbar. Allerdings gibt es Touren, die in Halls Creek oder auch Kununurra gebucht werden können. Mit Passieren der Grenze zum Northern Territory muss die Uhr 1,5 Stunden vorgestellt werden. Ebenso zu beachten sind Quarantänevorschriften (siehe Seite 153 f.).

Im Northern Territory geht es weiter Richtung Katherine und dann auf dem Stuart Highway hinauf nach Darwin. Details für die Strecke können in den Routenvorschlägen Explorers Way, South Australia & Northern Territory, Seite 234 ff., bzw. Nature's Way, Northern Territory, Seite 240 ff., nachgelesen werden.

Weiterführende Infos:

- www.westernaustralia.com
- www.northernterritory.com
- https://exploreparks.dbca.wa.gov.au
- https://nt.gov.au/parks
- www.destinationperth.com.au
- www.australiascoralcoast.com
- www.australiasnorthwest.com

Southwest & Golden Outback, Western Australia

Schöner geht nimmer, Karte S. 243: rosa Route

Die Südwestküste eignet sich hervorragend für eine Rundtour, die sowohl das goldene Outback als auch die üppigen Wälder und rauschenden Wellen der Ozeane miteinander verbindet. Kontrastreicher könnte eine Route nicht sein. Und wer vorher noch nicht von Western Australia begeistert war, wird es spätestens nach dieser Strecke sein.

Streckenverlauf: Perth – Kalgoorlie-Boulder – Esperance – Albany – Margaret River – Perth
Streckenlänge: 2190 km
Empfohlene Reisedauer: 12 Tage

Streckenhighlights:

- Kalgoorlie-Boulder
- Cape Le Grand National Park
- Stirling Range National Park
- Elephant Rocks, Green Pool
- Valley of the Giants

- Gloucester Tree, Bicentennial Tree
- Leeuwin-Naturaliste National Park
- Caves Road
- Hamelin Bay

Ob man diese Strecke im Uhrzeigersinn fährt oder andersherum, ist eigentlich egal. Allerdings kommt es der zeitlichen Planung zugute, wenn das größte Stück der Strecke zu Beginn „abgefahren“ wird. So geht es zunächst in das 600 Kilometer entfernte Kalgoorlie-Boulder. Die Stadt inmitten des Outback ist vor allem für eine Sache weltweit berühmt – für ihr Gold! Der Super Pit, die gigantische Goldmine am Rande der Stadt, lässt sich am besten auf einer geführten Tour oder vom Super Pit Lookout entdecken. In der Stadt zeugen historische Gebäude von der einstigen Goldgräber-Atmosphäre. Besonders sehenswert und aufschlussreich sind die Hannans North Tourist Mine oder das Museum of the Goldfields.

TIPP: Wave Rock

Der berühmte Wave Rock bei Hyden liegt ziemlich genau mittig der Route. Ob sich der Abstecher zu dem Felsen, der einer Surferwelle gleicht, lohnt, hängt ab vom Interesse und der verfügbaren Zeit.

Kängurus am Lucky Beach

Jetzt heißt es ab ans Meer! Auf halber Strecke gelangt man nach Norseman. Bedeutend ist dieser Ort vor allem für diejenigen, die sich auf den Weg nach Adelaide machen möchten und dazu die berüchtigte Nullarbor-Ebene kreuzen müssen – eine Strecke von rund 2700 Kilometer durch Niemandsland. Alle anderen fahren geradewegs hindurch bis nach Esperance.

Esperance ist eine Kleinstadt, in der man sich sofort wohlfühlt. Aufgrund der abgeschiedenen Lage ist der beliebte Urlaubsort selbst zur Hochsaison nie überlaufen. Schwimmen oder Kajakfahren an den traumhaften Stränden entschleunigt nach den vielen Fahrkilometern. Besonders eindrucksvoll ist der nahe Cape Le Grand National Park – ein Wander-, Wasser- und Tierparadies. Am Aushängeschild des Parks, Lucky Beach, tummeln sich regelmäßig Kängurus am Strand. Wer sich zu den Glücklichen schätzen möchte, hier die Nacht zu verbringen, sollte bereits vorab seinen Stellplatz buchen.

Auf der Weiterfahrt nach Albany lohnt sich die Abfahrt zum Stirling Range National Park. Die Gebirgskette erhebt sich recht plötzlich auf bis zu 1100 Meter. Bereits die Anfahrt bietet ein tolles Panorama. Noch spektakulärer ist allerdings die Aussicht vom höchsten Gipfel Bluff Knoll. Der Aufstieg ist schweißtreibend und nimmt Zeit in Anspruch.

Die älteste europäische Siedlung in Western Australia, Albany, bietet mit The Gap und Natural Bridge tolle Panoramablicke entlang der Steilküste. Zudem beheimatet es das landesweit geschätzte National Anzac Centre. Das interaktive Museum widmet sich ganz den Geschichten und Einsätzen der Anzacs (Australian and New Zealand Army Corps), die von hier in den Ersten Weltkrieg aufbrachen.

Australischer Patriotismus

Die Anzacs nehmen einen unglaublich hohen Stellenrang in der australischen Erinnerungskultur ein, denn sie repräsentierten und verteidigten die noch sehr junge Nation und ihr Mutterland England. Nur die wenigsten wissen, dass Australien im Verhältnis zu seiner damaligen Einwohnerzahl die höchsten Verluste im Ersten Weltkrieg erlitt. Der Anzac Day am 25. April ist daher einer der wichtigsten – wenn nicht sogar der wichtigste – Feiertag Down Under.

Auf der Höhe von Denmark kann man an den Stränden des William Bay National Park hervorragend baden gehen. Elephant Rocks und Greens Pool sind besonders einladend. Vom Strand geht es hinauf in luftige Höhen. Bei Walpole und Nornalup gehört der Valley of the Giants Tree Top Walk durch die Baumkronen zu den Besucherhighlights. Wer mehr Nervenkitzel möchte, steigt bei Pemberton über waghalsige „Stufen“ auf den Gloucester Tree oder Bicentennial Tree, von denen einst nach Feuern Ausschau gehalten wurde.

Aus den Wäldern geht es wieder hinaus ans Meer – genauer gesagt dorthin, wo der Südliche auf den Indischen Ozean trifft. Am Cape Leeuwin bei Augusta, dem südlichsten Zipfel des australischen Festlandes, kann man diesem Schauspiel zusehen, wenngleich man die Grenze zwischen beiden Ozeanen nicht wirklich erkennt.

TIPP: Auf Tuchfühlung mit Rochen
In der Bucht von Hamelin Bay tummeln sich oft viele Rochen, die so nah an den Strand kommen, dass man sie sogar berühren kann.

Zwischen den malerischen Städtchen Margaret River und Yallingup befinden sich unzählige Höhlen wie die Lake Cave oder die Jewel Cave, jede auf ihre Art außergewöhnlich und sehenswert. Zumal es hier unten wunderbar kühl ist, wenn draußen die Sonne auf der Haut brennt. Ebenso erfrischend ist womöglich ein Glas Wein: Margaret River ist das Top-Weinanbaugebiet der Westküste. An guten Restaurants und Verkostungen mangelt es hier nicht. Zudem gehört die hiesige Küste zu den besten Surfspots Australiens.

Busselton ist berühmt für seinen Holzpier – einen der längsten seiner Art weltweit. Knapp zwei Kilometer läuft man von einem zum anderen Ende. Rockingham und Bunbury sind hingegen nicht unbedingt sehenswert. Allerdings können Besucher in den Gewässern der Region Delfine, Seelöwen und Pinguine beobachten.

Weiterführende Infos:
- www.westernaustralia.com
- https://exploreparks.dbca.wa.gov.au
  www.destinationperth.com.au
- www.australiasgoldenoutback.com
- www.australiassouthwest.com

15.6 Tasmania

Es gibt Landkarten von Australien, auf denen Tasmania schlichtweg fehlt. Nicht nur Touristen, sondern auch Einheimische vergessen mitunter, dass die Insel zu Australien gehört. Und das, obwohl sich der Kontinent nirgends rauer und ungezähmter zeigt. Völlig berechtigt zählt die Tasmanian Wilderness zum UNESCO-Welterbe. Wer hier mit dem Camper unterwegs ist, fühlt sich nicht nur des Wetters, sondern auch der Landschaft wegen plötzlich weit weg vom Rest des Landes.

Circle Tasmania, Tasmania

Durch die tasmanische Wildnis

Die Größe der Insel ermöglicht es, dass der Urlauber sie in wenigen Tagen einmal umrunden kann. Ob er den Camper vom Festland übersetzt (nach Rücksprache mit dem Vermieter) oder diesen erst auf der Insel mietet, bleibt ihm überlassen. Er sollte dabei nur berücksichtigen, dass die Fährüberfahrt knapp neun Stunden dauert und durchaus rau ist. Zwei Tage würden in diesem Fall durch Hin- und Rückreise verloren gehen.

Streckenverlauf: Hobart – Freycinet National Park – Launceston – Cradle Mountain – Queenstown – Hobart
Streckenlänge: ca. 1040 km
Empfohlene Reisedauer: 6 Tage
Streckenhighlights:

- Port Arthur Historic Site
- Eaglehawk Neck, Blowhole, Tasmans Arch
- Freycinet National Park, Wineglass Bay
- Launceston, Cataract Gorge
- Cradle Mountain-Lake St Clair National Park
- Queenstown

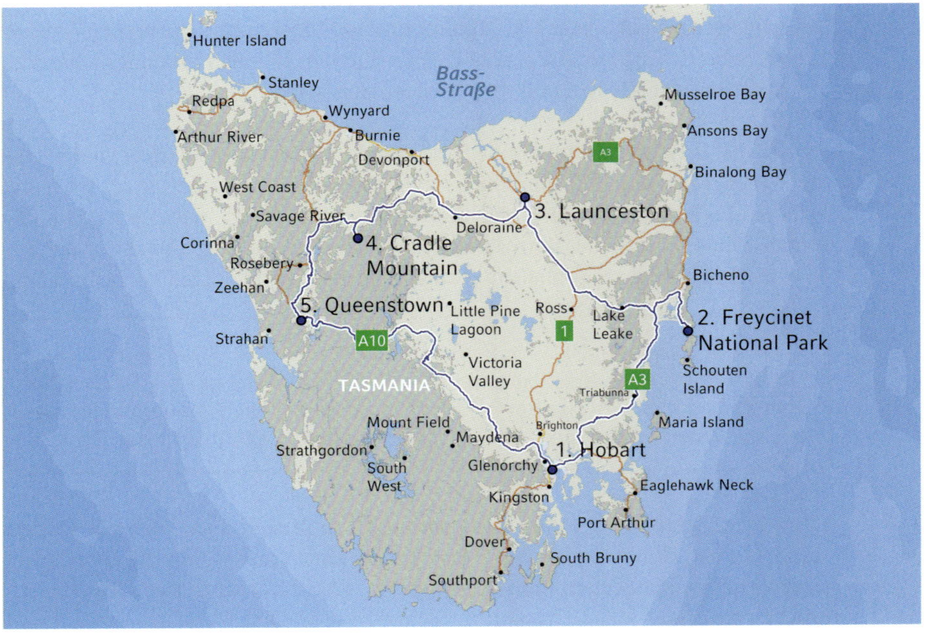

Die Rundtour startet in Hobart, da sich hier in der Regel die Depots der Wohnmobilvermieter befinden. Wer mehr Zeit hat, kann von der Hauptstadt Tasmanias zunächst einen Abstecher in den Süden unternehmen. Auf Bruny Island erwarten den Besucher abgelegene Küstenorte, Wälder mit einladenden Wanderstrecken und unzählige Begegnungen mit Pinguinen, Echidnas oder Wallabys.

Spirit of Tasmania
Die Fähre verbindet Geelong (nahe Melbourne) mit Devonport im Norden der Insel und fährt je nach Saison ein- bis zweimal täglich. Zuvor sollten die Quarantänebestimmungen beachtet werden: Nicht jedes Lebensmittel darf auf die Insel überführt werden. Der Zielhafen auf Tasmania ist Devonport im Norden der Insel.

Auf der Tasman Peninsula befindet sich eines der berüchtigtsten Gefängnisse der einstigen Sträflingskolonie Australien – Port Arthur Historic Site. Hierhin wurden Sträflinge verschifft, deren Delikte deutlich schlimmer waren als Diebstahl oder die auf dem Festland weitere Verbrechen begangen hatten. Isolierter konnte die Haft nicht sein. An eine Flucht war kaum zu denken. Die Atmosphäre ist gerade bei rauem Wetter durchaus beklemmend. Es ist daher keine große Überraschung, dass vor Ort auch Geistertouren angeboten werden.

Auf dem Weg nach Port Arthur lohnen sich mehrere kurze Zwischenstopps. Bei Eaglehawk Neck, einer 100 Meter schmalen Meerenge, versprechen *lookouts* wie Blowhole, Tasman Arch und Devil's Kitchen atemberaubende Ausblicke auf die stürmische Küste und ihre Felsformationen.

Es geht die Ostküste hinauf. Weiße Sandstrände, kristallklares Wasser, milde Sommer – hier macht der Einheimische Urlaub. Nächstes Etappenziel ist der Freycinet National Park mit seinen pink leuchtenden Granitfelsen. Die nahe Wineglass Bay verdankt ihren Namen der Form eines Weinglases. Ein Aufstieg hinauf auf den *lookout* ermöglicht einen traumhaften Blick auf die malerische Bucht und Tasman Sea.

TIPP: Der Nordosten
Der Nordosten der Insel ist unter Urlaubern weniger bekannt, aber nicht weniger sehenswert. Die Bay of Fires, der Mount William National Park sowie die Weinregion Pipers River gehören zu den Highlights dieser Region.

Launceston, die zweitgrößte Stadt der Insel, fühlt sich zwar weniger weltgewandt an als Hobart, aber die Universitätsstadt mausert sich zusehends mit einem reichen kulturellen und Sportangebot. Die Cataract Gorge samt Hängebrücke gehört auf jeden Fall auf die To-do-Liste vor Ort.

Den Norden der Insel rund um Devonport zieren kleine Küstenstädte und weites Farmland. Je weiter man hinein in den Nordwesten fährt, desto verlassener fühlt man sich. Die „brüllenden Vierziger“ – stürmische Westwinde – bestimmen das Wetter. Hier zeigt sich Tasmania von seiner besonders rauen Seite. Verspürt man Lust auf ein sehr authentisches Inselerlebnis abseits der üblichen Pfade, führt der Weg hinauf bis nach Stanley und Marrawah.

Hobart

Ansonsten biegt man bei Burnie gen Süden ab und gelangt in eine Region, die urzeitlich und mystisch wirkt – und sich mit nichts auf dem australischen Festland vergleichen lässt. Diese Wildnis wurde nie von Menschen gezähmt. Der Cradle Mountain-Lake St Clair National Park ist das Aushängeschild des Welterbes Tasmanian Wilderness mitsamt seiner Berge, Schluchten, Seen- und Moorlandschaften. Hier ragen Tasmanias höchster Berg Mount Ossa (1617 Meter) empor, hier plätschert Australiens tiefster natürlicher Frischwassersee Lake St Clair (167 Meter).

Overland Track

Zwischen Cradle Valley und Lake St Clair verläuft einer der populärsten Wanderwege Australiens: Der Overland Track ist 65 Kilometer lang und nimmt fünf bis sechs Tage in Anspruch.

Der Weg hinab in die Minenstadt Queenstown ist atemberaubend und abenteuerlich zugleich. In engen Serpentinen schlängelt sich die Straße hinunter ins Tal. Die Szenerie gleicht einer Mondlandschaft. Von hier aus geht es geradewegs zurück nach Hobart.

Weiterführende Infos:

- www.discovertasmania.com.au
- www.discoverthetasmanpeninsula.com.au
- www.parks.tas.gov.au
- www.spiritoftasmania.com.au

16. Offroad-Routen

Am Lucky Beach im Cape Le Grand Nationalpark entlang fahren – ein Traum

16. Offroad-Routen

Wer sich Down Under auf unwegsames Gelände traut, benötigt nicht nur fahrerisches Geschick im Umgang mit einem Geländewagen, sondern auch den Hang zur Einsamkeit. Die Offroad-Strecken Australiens versprechen Abgeschiedenheit und eine dramatische Szenerie. Sie befinden sich mehrheitlich im Outback des Landes. Doch auch entlang der Küsten und in den Gebirgen verlaufen waghalsige Schotterstraßen, die deutlich weniger Aufmerksamkeit erhalten, aber den Großen ihrer Klasse in nichts nachstehen. Und schließlich wäre da noch Fraser Island – die größte Sandinsel der Welt und nur mit einem 4WD befahrbar. Selbst ein offizieller Highway führt hier direkt am Strand entlang – auf Sand versteht sich. Festfahren ist garantiert und gehört zum Fahrspaß dazu.

Aufgrund des mittlerweile „hohen“ 4WD-Aufkommens entlang beliebter Offroad-Routen sind einige unter ihnen wie der Strzelecki Track vergleichsweise gut ausgebaut. Die breiten Schotterpisten rütteln den Abenteurer zwar immer noch gut durch, bringen ihn jedoch nicht mehr unbedingt an die Grenzen seines Fahrkönnens. Andere hingegen gehören weiterhin zu den unangefochtenen Klassikern, wenn es um Herausforderung und Spaß zugleich geht. Dazu zählen die Gibb River Road oder die Canning Stock Route.

Allerdings sollte man sich zuvor beim Vermieter informieren, welche Offroad-Strecken mit dem Mietwagen zugelassen sind. Für einige Abschnitte gelten Einschränkungen, andere Routen sind nur zur Regenzeit untersagt und so manche Piste ist gänzlich ausgeschlossen (siehe Seite 157 f.).

Gibb River Road, Western Australia

Karte links: blaue Route

Wer an Offroad-Touren in Australien denkt, hat dabei meist die Gibb River Road in Western Australia vor Augen. Keine 4WD-Piste genießt einen solch legendären Ruf wie diese angeblich letzte Wildnis Australiens. Sie verläuft von Derby kurz hinter Broome quer durch die Kimberley Region bis nach Kununurra und passiert ein scheinbar endloses Meer aus rotem Sand mit landschaftlicher Dramatik am Wegesrand. Im Unterschied zu anderen Offroad-Pisten, auf denen eher das Fahren als die Strecke das Highlight ist, bietet die Gibb River Road viel Abwechslung. Daher sollte der Urlauber für die Befahrung mehr Zeit einplanen, um die vielen Nationalparks, Schluchten und Wasserfälle entdecken zu können.

Durch den Pentecost River

Zu den Highlights entlang der Strecke gehören Windjana Gorge, Tunnel Creek, Lennard Gorge, Bell Gorge, Galvans Gorge, Barnett River Gorge, Manning Gorge, Mitchell Falls, Cockburn Ranges, El Questro Wilderness Park, Emma

Gorge und Lake Argyle. Übernachtungen auf einer der riesigen Viehfarmen dieser Region machen das Erlebnis Gibb River Road endgültig einzigartig.

Die Strecke ist zwar im Gegensatz zu anderen Routen nicht sehr lang und absolut herausfordernd, allerdings ist die Versorgung eher minimalistisch, sodass eine gute Vorbereitung sowie ein klarer Kopf in festgefahrenen Situationen erforderlich sind. Beste Reisezeit ist die Trockenzeit, also zwischen Mai und Oktober. Wenn es regnet, werden einige Abschnitte schnell unpassierbar.

Purnululu National Park & Bungle Bungle Range
Die berühmten „Bienenkörbe" der Bungle Bungle Range liegen nicht auf der Gibb River Road, sondern am Highway. Da für den Nationalpark allerdings ebenso ein 4WD erforderlich ist, sollte man diesen auf jeden Fall anfahren, wenn man schon einmal „in der Nähe" ist.

Streckenverlauf: Derby – Kununurra
Streckenlänge: ca. 660 km
Empfohlene Reisedauer: 12-14 Tage
Empfohlene Reisezeit: Mai-Oktober

Weiterführende Infos:
- www.kimberleyaustralia.com
- www.australiasnorthwest.com

Canning Stock Route, Western Australia

Karte S. 256: lila Route

Die Canning Stock Route ist eine ehemalige Route zum Viehtrieb. Anfang des 20. Jahrhunderts führten die Viehtreiber – sogenannte *drover* – riesige Rinderherden von den *stations* im Norden hinunter nach Süden Richtung Kalgoorlie. Die Strecke ist über 1700 Kilometer lang und damit die längste Viehtriebstrecke weltweit. Allein die schiere Distanz macht sie zu einer der anspruchsvollsten Offroad-Touren.

Für die Befahrung benötigen Urlauber eine *permit*. Diese ist kostenpflichtig und kann online erworben werben. Die Strecke verläuft zwischen Halls Creek im Norden und Wiluna im Süden Western Australias. Der Abenteurer durchquert die Tanami Desert, die Little und Great Sandy Desert sowie die Gibson Desert. Lange sandige Abschnitte, dichtes Buschwerk, Salzpfannen und mehr

Fahrverbot
Viele Vermieter von Geländewagen untersagen eine Befahrung der Canning Stock Route. Zu lang, anspruchsvoll und abgelegen ist die Strecke, um im Problemfall für schnelle Lösung und Bergung sorgen zu können. Der Vollständigkeit halber ist sie dennoch hier aufgeführt.

als 900 Dünen müssen bezwungen werden. Für Entdeckungen unterwegs sorgen unter anderem Wolfe Creek Meteorite Crater, Mount Ernest, Helena Spring, Lake Disappointment, Savory Creek, Durba Springs und Ingebong Hills.

Da die Strecke durch mehrere Klimazonen verläuft, sollte die Fahrtrichtung der Saison angepasst werden. Wer recht spät gegen September aufbricht, fährt besser von Nord nach Süd, um die nördliche Region hinsichtlich der beginnenden Regenzeit schnellstmöglich hinter sich zu lassen. Möchte man die Strecke nicht allein fahren, kann man sich einer *tag-along*-Tour anschließen. Dabei ist man mit anderen Reisenden in einem Konvoi unterwegs.

Streckenverlauf: Wiluna – Halls Creek
Streckenlänge: ca. 1750 km
Empfohlene Reisedauer: 21 Tage
Empfohlene Reisezeit: April-September

Wilde Kamele im Outback

Weiterführende Infos:
- www.canningstockroute.net.au
- www.australiasgoldenoutback.com
- www.australiassouthwest.com
- www.4wda.com.au

Outback Way, Western Australia, Northern Territory & Queensland
Karte S. 256: orange Route

Australias longest shortcut – so wird der Outback Way (Great Central Road) auch genannt. Statt die Küste zu umrunden, um von Perth nach Cairns zu gelangen, geht es sprichwörtlich einmal ab durch die Mitte. Der eigentliche Outback Way verläuft nur zwischen Laverton in Western Australia und Winton in Queensland. Highlight der Strecke ist sicherlich die Durchquerung des Red Centre bei Alice Springs, wenn in der Ferne die Gipfel des Uluru bzw. Kata Tjuta erscheinen.

Vor der Kulisse der Kata Tjuta

Der größte Teil ist Schotterpiste. Einige Abschnitte mit hoher touristischer Frequentierung, wie der Red Centre Way rund um den Uluru (siehe Route Red Centre Way, Northern Territory, Seite 237 ff.) sind befestigt. Der Streckenabschnitt innerhalb von Western Australia soll ebenfalls in den kommenden Jahren geteert werden. Aufgrund der guten Instandhaltung und ausgebauten Infrastruktur kann die Piste auch von weniger gut erfahrenen Offroad-Abenteurern befahren werden. Eine solide Vorbereitung ist dennoch unabdingbar!

Da einige Streckenabschnitte durch Aborigines-Gebiete führen, ist eine *permit* zur Durchquerung erforderlich.

Streckenverlauf:
Laverton – Winton
Streckenlänge: ca. 2700 km
Empfohlene Reisedauer: 14 Tage
Empfohlene Reisezeit: April-Oktober

Weiterführende Infos:

- www.outbackway.org.au
- www.clc.org.au
- www.wa.gov.au/service/aboriginal-affairs/aboriginal-heritage-conservation
- www.australiasgoldenoutback.com

Strzelecki Track, South Australia

Karte S. 256: dunkelblaue Route

„Bauherr“ dieser Strecke war der Viehdieb Harry Readford, der die Route um 1870 beim Versuch schuf, 1000 Rinder von South Australia nach Queensland zu schmuggeln. Aufgrund seiner enormen Schaffensleistung haben ihn die Richter trotz Vergehen für unschuldig befunden. Heute kann die Strecke recht problemlos mit einem Geländewagen abgefahren werden.

Wildblumen erwecken im Frühling das Outback zum Leben.

Die Entdeckung von Öl und Gas in der Region führte zum Ausbau in eine gute befahrbare Schotterpiste. Sie verläuft zwischen Lyndhurst, ca. 80 Kilometer südlich von Marree, zum Außenposten in der Wüste namens Innamincka. Mit Ausnahme der Flinders Ranges ist die Route recht flach und „einfach“ zu durchqueren. Für erhöhten Fahranspruch sorgen die gelegentlichen Sanddünen. Man muss also kein unglaublich erfahrener 4WD-Enthusiast sein, um die Strecke zu bewältigen.

Bald befestigt?

Der Strzelecki Track wird seit einiger Zeit abschnittsweise ausgebaut und verbessert, um den Transport von Vieh sowie Öl- und Gasressourcen zuverlässiger zu machen. Dennoch ist die Strecke weiterhin nicht durchgehend befestigt.

Streckenverlauf: Lyndhurst – Innamincka
Streckenlänge: ca. 470 km
Empfohlene Reisedauer: 2-3 Tage
Empfohlene Reisezeit: April-Oktober

Weiterführende Infos:

- www.theoutbackloop.com.au
- www.southaustralia.com

Oodnadatta Track, South Australia

Karte S. 256: gelbe Route

Wie der Birdsville Track (siehe Seite 263) startet der Oodnadatta Track in Marree und endet 620 Kilometer im nördlich gelegenen Marla am Stuart Highway. Die Strecke folgt der alten Trasse des Ghan-Zuges sowie der Overland Telegraph Line, eine Telegrafenleitung, die ab dem späten 19. Jahrhundert den Süden und Norden des Kontinents miteinander verband.

Lake Eyre National Park

Entlang der Strecke liegen der enorme Lake Eyre, der sechstgrößte Binnensee der Welt. Dieser ist zumeist ein trockener Salzsee, der sich nur alle paar Jahre mit Flutwasser aus Queensland füllt. Ist es einmal soweit, wird die Natur und Tierwelt der Region sprichwörtlich zum Leben erweckt. Zudem ist Lake Eyre der tiefste Punkte des australischen Festlandes (12 Meter unter Null). Weitere Sehenswürdigkeiten der Route sind das fotogene Pink Roadhouse, William Creek, der Mutonia Sculpture Park, warme Quellen des Großen Artesischen Beckens, Irrapatana Sandhills sowie der Marree Man – ein 4,2 Kilometer langer Umriss eines Aborigines, der in den Wüstensand gezeichnet wurde.

Dingozaun
Die Offroad-Pisten in Südaustralien kreuzen oft den Dingo Barrier Fence – ein einst über 8000 Kilometer langer Zaun von Queensland bis nach Südaustralien, um die wilden Hunde von den Schafherden fernzuhalten. Heute misst der Maschendrahtzaun über 5400 Kilometer und ist damit eines der längsten von Menschen errichteten Bauwerke.

Der Oodnadatta Track gehört zu den weniger schwierigen Schotterpisten mit nur wenigen sandigen Abschnitten und einigen Flussläufen. Theoretisch ist er auch mit einem normalen Pkw (kein Mietwagen!) befahrbar. Allerdings kann der Weg hier und da sehr schlammig, staubig oder holprig werden. Aber das gehört schließlich zu einem 4WD-Abenteuer dazu. Außerdem sollte die Strecke nicht im Sommer gefahren werden, da es dann extrem heiß in dieser Region wird.

Streckenverlauf: Marree – Marla
Streckenlänge: ca. 620 km
Empfohlene Reisedauer: 2-3 Tage
Empfohlene Reisezeit: April-Oktober

Weiterführende Infos:
- www.theoutbackloop.com.au
- www.traveloutbackaustralia.com
- www.pinkroadhouse.com.au
- www.southaustralia.com

Birdsville Track, South Australia & Queensland

Karte S. 256: rote Route

Auch der Birdsville Track ist eine ehemalige Viehtrieb-Strecke, quasi in direkter Nachbarschaft zum Strzelecki Track. Wo früher einst Rinder entlang liefen und Kamelkarawanen Vorräte und Post zu den entlegen lebenden Familien brachten, rauschen heute *road trains* über die Piste und sorgen für den Transport. Von Marree in South Australia verläuft die Route 520 Kilometer bis nach Birdsville direkt hinter der Grenze von Queensland. Die Strecke gehört zu den Offroad-Klassikern und liegt zwischen der Simpson Desert und Sturt Stony Desert.

Birdsville zählt zu den Ikonen unter den Outback-Städten. Mittelpunkt ist das Birdsville Hotel aus dem 19. Jahrhundert, das noch immer in Betrieb ist.

Einst wichtige Versorgungsstation für die umliegenden Farmen, ist es heute vor allem Treffpunkt für 4WD-Touristen. Die Birdsville Races gehören zu den populärsten Events im Outback. Anlässlich des alljährlichen Pferderennens im September strömen Tausende Besucher in die sonst knapp 100 Einwohner große Stadt. Ebenfalls sehenswert entlang des Tracks sind die Ruinen der Mulka Homestead, Cooper Creek sowie die Dulkaninna Wetlands.

Die Strecke gilt als gut befahrbar, wenngleich starke Regenfälle sie unpassierbar machen können und einzelne Abschnitte wie die Flussüberquerungen etwas schwieriges Terrain sind. Sie sollte ausschließlich in den Wintermonaten gefahren werden, da es sonst zu heiß ist.

Streckenverlauf: Marree – Birdsville
Streckenlänge: ca. 520 km
Empfohlene Reisedauer: 2-3 Tage
Empfohlene Reisezeit: April-Oktober

Weiterführende Infos:

- www.theoutbackloop.com.au
- www.traveloutbackaustralia.com
- www.visitbirdsville.com
- www.southaustralia.com

Das berühmte Birdsville Hotel

Simpson Desert French Line, South Australia & Queensland

Karte S. 256: grüne Route

Die Simpson Desert ist mit knapp 170.000 Quadratkilometern die viertgrößte Wüste Australiens und erstreckt sich über die Bundesstaaten South Australia, Northern Territory und Queensland. Berühmt ist sie vor allem für ihre Sanddünen – mehr als 1100 verlaufen durch die Wüste. Diese sind zum Teil über 200 Kilometer lang. Damit befinden sich in der Simpson Desert die längsten, parallel verlaufenden Sanddünen weltweit. Klingt nach einem Offroad-Abenteuer wie aus dem Bilderbuch, für das Erfahrung und Planung zwingend erforderlich sind.

Den Tag beim einem Lagerfeuer unter den Sternen ausklingen lassen

Die French Line gehört zu den malerischen, kürzesten und anspruchsvollsten Durchquerungen der sonnenverbrannten Region. Sie verläuft zwischen Dalhousie Springs in South Australia und Birdsville in Queensland. Auch wenn man auf dieser Strecke zahlreiche Dünen im rechten Winkel überqueren muss, sind nicht alle davon sehr hoch. Einige ragen nur wenige Meter empor. Das Highlight ist sicherlich die bis zu 40 Meter hohe Big-Red-Sanddüne kurz vor Birdsville. Dennoch ist die French-Line-Route nichts für Anfänger, zumal weit und breit kein größerer Versorgungsort vorhanden ist, nur vereinzelte Aborigines-Gemeinden.

Streckenverlauf: Dalhousie Springs – Birdsville
Streckenlänge: ca. 440 Kilometer
Empfohlene Reisedauer: 3-4 Tage
Empfohlene Reisezeit: Mai-September

Weiterführende Infos:
- www.traveloutbackaustralia.com
- www.outbackqueensland.com.au

Cape York Track / Old Telegraph Track, Queensland

Karte S. 256: türkisfarbene Route

Die Cape York-Halbinsel umfasst den nördlichsten Zipfel des australischen Festlandes. Sie ist abgeschieden sowie ungezähmt und zeigt je nach Saison völlig unterschiedliche Gesichter. Mal ist sie mehr, mal weniger zugänglich. Während der Regenzeit sind viele Gebiete der Halbinsel überschwemmt.

Um zur Spitze der Cape York-Halbinsel zu gelangen, sind ein 4WD und ausgeprägte Fahrkenntnisse unumgänglich. Bodenwellen, Flussüberquerungen und dichtes Wurzelwerk zeichnen die Route aus. Offroad-Touren in dieser Region sind nichts für Anfänger und sollten von langer Hand geplant werden.

Die grüne Wildnis der Cape York Halbinsel

Fahrverbote
Aufgrund der isolierten Lage und des anspruchsvollen Terrains sind Fahrten auf die Cape York-Halbinsel während der Regenzeit (Dezember-Mai) von vielen Vermietern untersagt. Die Befahrung des Old Telegraph Track ganz im Norden wird oft ganzjährig mit einem gemieteten Geländewagen ausgeschlossen.

Die knapp 950 Kilometer lange Strecke von Cairns über Mareeba ist in mehrere Abschnitte gegliedert. Der größte Abschnitt der Peninsula Developmental Road Richtung Weipa an der Westküste der Halbinsel ist mittlerweile befestigt. Ähnlich wie auf dem Strzelecki Track (siehe Seite 261 f.) sehen Pläne vor, die Strecke nach und nach durchgängig zu asphaltieren.

Die eigentliche Herausforderung für Fahrer und Auto beginnt auf der Telegraph Road bzw. dem Old Telegraph Track hinauf zum Kap. Steile Böschungen, schlammige Pisten, engste Straßenverläufe und stürmische Wasserdurchfahrten bestimmen den Erfolg des Fortkommens. Erfrischende Bäder unter Wasserfällen sind die Belohnung. Wer sich diesen Abschnitt nicht zutraut oder

aufgrund der Bedingungen des Mietvertrages nicht fahren darf, kann auf die Bamaga Road (Northern & Southern Bypass Roads) ausweichen.

Für die Befahrung bzw. das Campen auf dem Gebiet der Ureinwohner sind *permits* erforderlich. Zudem gelten Beschränkungen bzw. Verbote, was den Konsum von Alkohol in der Region betrifft.

Streckenverlauf: Cairns – Cape York
Streckenlänge: ca. 950 km
Empfohlene Reisedauer: 14 Tage
Empfohlene Reisezeit: Mai-Oktober

Weiterführende Infos:

- https://parks.qld.gov.au
- www.cooktownandcapeyork.com
- www.tropicalnorthqueensland.org.au

Bloomfield Track, Queensland

Karte S. 256: rosa Route

Wer nicht allzu viel Zeit im Gepäck hat und nur ein kurzes 4WD-Abenteuer wagen möchte oder auf dem Weg zum Cape York (siehe Seite 266 ff.) von Cairns nach Cooktown ausschließlich an der Küste entlang fahren mag, begibt sich auf den Bloomfield Track. Dieser ist auch für weniger erfahrene, aber sichere Offroad-Fahrer machbar.

Die knapp 100 Kilometer lange Piste verläuft zwischen Cape Tribulation und Cooktown. Panoramablicke hinaus aufs Meer auf der einen, dichter grüner Regenwald auf der anderen Seite – die Route ist eine äußerst malerische Kurzstrecke. Einige Flussüberquerungen, steile Auf- bzw. Abfahrten und tiefroter Sand sorgen für Abwechslung beim Fahren. Bloomfield Falls, das Bana Yirriji Art & Cultural Centre, Black Mountain (Kalkajaka) National Park und Trevethan Falls zählen zu den sehenswerten Highlights entlang der Strecke.

Streckenverlauf: Cape Tribulation – Cooktown
Streckenlänge: ca. 103 km
Empfohlene Reisedauer: 2 Tage
Empfohlene Reisezeit: Mai-Oktober

Weiterführende Infos:
- www.tropicalnorthqueensland.org.au
- www.destinationdaintree.com

Im Outback kommt man den australischen Tieren sehr nah.

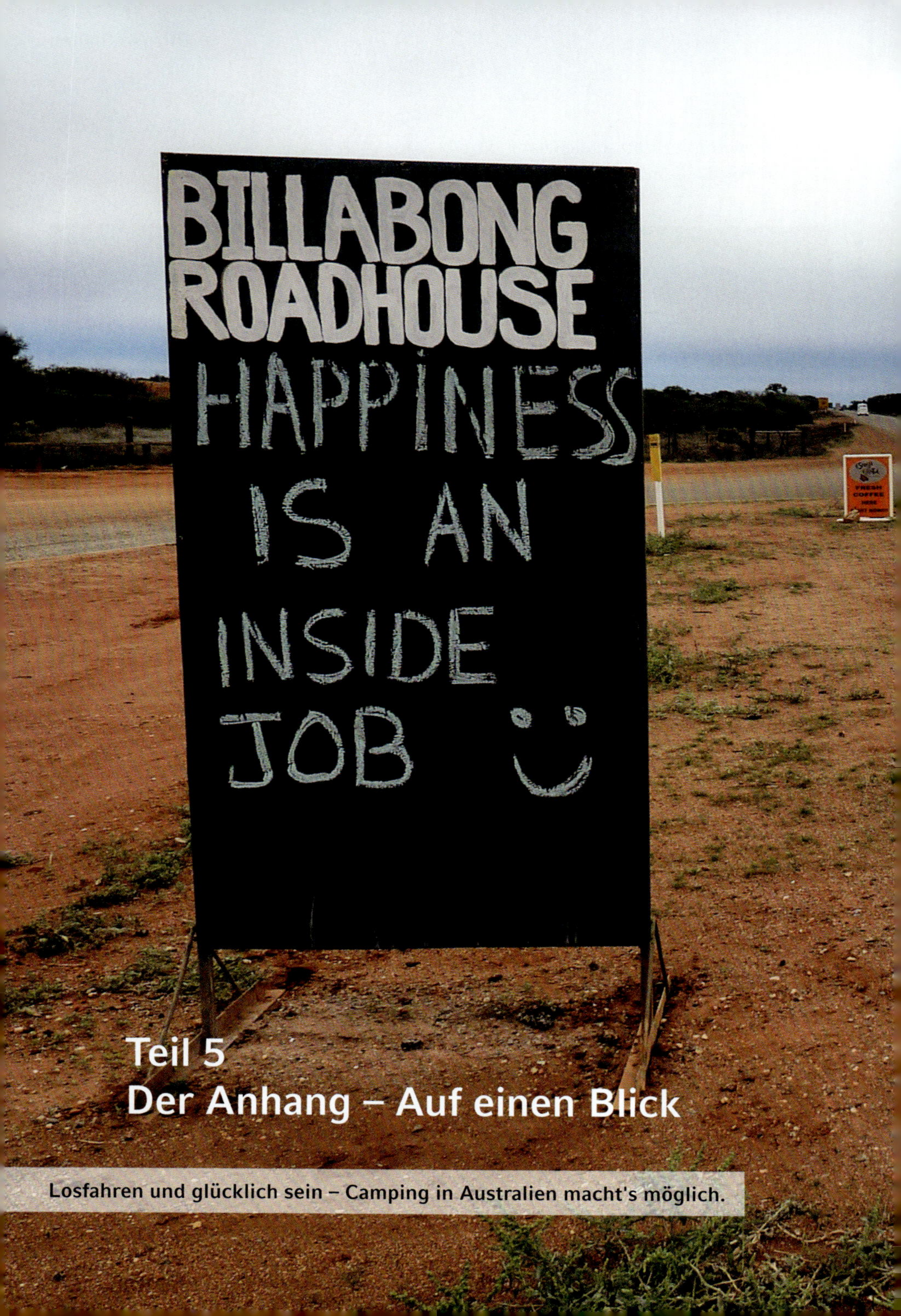

Teil 5
Der Anhang – Auf einen Blick

Losfahren und glücklich sein – Camping in Australien macht's möglich.

Zum Abschluss finden sich hier eine Auswahl hilfreicher Internetseiten und persönlicher Tipps, die die Reiseplanung und den Alltag unterwegs erleichtern. Mögliche Reiseveranstalter sowie Vermieter werden ebenso aufgeführt wie die Websites der Fremdenverkehrsämter, um nach Buchung ausgiebig die Route zu planen. Bevor man in den Flieger steigt, hilft eine Packliste dabei, das Wichtigste für eine Camperreise im Gepäck zu haben. Eine zu erstellende Playlist sorgt später für den richtigen Soundtrack auf der Fahrt. Vor Ort heißt es schließlich, das Wohnmobil startklar für die Reise zu machen und im Verlauf der nächsten Tage bzw. Wochen den perfekten Stellplatz für die Nacht zu finden. Damit der Urlauber während der gesamten Planung und vor Ort nicht sprachlos ist, hilft ein Camping-ABC bei der Überwindung etwaiger Deutsch-Englisch-Hürden.

Und auch wenn man gar nicht erst daran denken möchte – ein Überblick möglicher Bußgeldbeträge ist ebenso anbei wie die Notfallnummern und Websites der Automobilclubs.

I. Camping ABC

Fahrzeug

A

air conditioner = Klimaanlage
anchor point = Ankerpunkt im Fahrzeuggehäuse
automatic = Automatik
awning = Markise

B

baby seat = Babyschale
barbecue (barbie) = Grill
black water = Abwasser der Toilette
blinkers = Blinker
booster seat = Sitzerhöhung für Kinder
bowl = Schüssel
brakes = Bremsen
bull bar = Frontschutzbügel
bumper = Stoßstange

C

camping chair = Campingstuhl
camping table = Campingtisch
central locking = Zentralverriegelung
child seat = Kindersitz
cigarette lighter = Zigarettenanzünder
clutch = Kupplung
cooking utensils = Kochzubehör
cooling water = Kühlwasser
crockery = Geschirr
cruise control = Tempomat
cup = Tasse
cutlery = Besteck
cutting/chopping board = Schneidebrett

D

diesel = Diesel
dip stick = Peilstab für Ölstand
dual battery system = Duales Batteriesystem
duvet/doona = Decke

E

engine = Motor
engine hood/bonnet = Motorhaube
esky = Kühlbox
exhaust = Auspuff

F

fan = Ventilator
fire extinguisher = Feuerlöscher
fog lights = Nebelscheinwerfer
freezer = Tiefkühler
fridge = Kühlschrank
frying pan = Bratpfanne
fuel = Kraftstoff
fuse = Sicherung

G

gas bottle = Gasflasche
gas cooker = Gaskocher
gas stove = Gasherd
gas tap = Gasanschluss/-hahn
gear = Gang
gear box = Getriebe
glove box = Handschuhfach
GPS= Navigationsgerät
grey water = Abwasser der Spüle/Dusche
grill tray = Grillrost

H

hand brake = Handbremse
heater = Heizung
high beam = Fernlicht

I

immobilizer = Wegfahrsperre
indicator = Blinker

J

jack = Wagenheber

K

kettle = Wasserkocher, Teekessel

L

laundry = Waschküche
linen = Bettwäsche
long wheel base = langer Radstand
LPG = Liquid Petroleum Gas (Auto-/Propangas)

M

manual = Gangschaltung
microwave = Mikrowelle

O

oil = Öl

P

parkers/parking light = Standlicht
petrol = Benzin
pillow = Kissen
plate = Teller
plate number = Autokennzeichen
pot = Topf
power cord = Stromkabel
power point = Steckdose
power steering = Servolenkung
power windows = elektrische Fensterheber

R

radiator = Radiator
rear vehicle glass = Heckscheibe
rearview mirror = Rückspiegel
recharge = aufladen
roo bar = Frontschutzbügel
roof rack = Gepäckträger

S

seat belt = Sicherheitsgurt
self contained camper = Camper mit in sich geschlossenem Abwassersystem
sheet = Bettlaken
shower = Dusche
side mirror = Seitenspiegel
side vehicle glass = Seitenscheibe
sink = Spül-/Waschbecken
skylight = Dachfenster

sleeping bag = Schlafsack
spare wheel = Ersatzrad
steering wheel = Lenkrad
strainer = Sieb

T
tap = Anschluss, Hahn
teather strap = Fangleine, zusätzlich zum Dreipunktegurt
tow bar = Anhängerkupplung
towel = Handtuch
transmission = Getriebe
tyre = Reifen
tyre pressure = Reifendruck

V
vehicle registration = Autokennzeichen

W
water pump = Wasserpumpe
water tank = Wassertank
wheel = Rad
window wiper = Scheibenwischer
windscreen = Windschutzscheibe

Miete/Kauf

A
administration fee = Bearbeitungsgebühr
approval = Genehmigung
availability = Verfügbarkeit

B
bond = Kaution
booking = Buchung
branch = Niederlassung
breach of rental agreement = Vertragsbruch
business hours = Geschäftszeiten

C
cancellation = Stornierung
check in = Abgabe des Campers

check out = Abholung des Campers
compensation = Entschädigung
confirmation = Bestätigung
cover = Versicherungsdeckung
credit card imprint = Kreditkartendurchschlag
credit card surchage = Kreditkartengebühr
CTP = Personen-Haftpflichtversicherung
customer = Kunde

D

damage = Schaden
deposit = Anzahlung
depot = Niederlassung
differential/diff = Differenzial
driver = Fahrer
driving license = Führerschein
drop-off = Abgabe des Campers

E

excess = Selbstbehalt
exchange rate = Wechselkurs
exclusion = Ausschluss
extra driver = weiterer Fahrer

G

green slip = CTP

H

hirer = Mieter

I

indemnity = Schadensersatz
insurance = Versicherung
invoice = Rechnung

L

liability = Haftung
log book = Fahrzeugbrief

M

multiple rentals = Mehrfachmiete

O

oneway fee = Einweggebühr

P

payment = Bezahlung
permission = Erlaubnis
pick-up = Abholung des Campers
pink slip = mechanische Untersuchung des Fahrzeuges, ähnlich TÜV
pre-purchase fuel = im Voraus bezahlte Tankfüllung
pre-purchase gas (PGO) = im Voraus bezahlte Gasfüllung
processing fee = Bearbeitungsgebühr

R

receipt = Rechnung
refill charges = Auffüllgebühren
registration/rego = Registrierung des Fahrzeuges
refund = Erstattung
rental = Miete
rental agreement = Mietvertrag
rental duration = Mietdauer
rental extension = Mietverlängerung
renter = Mieter

S

soiling fee = Gebühr bei verschmutzter Fahrzeugrückgabe
stamp duty = administrative Gebühr beim Autokauf
statutory declaration = eidesstattliche Versicherung

T

terms & conditions = Vertragsbedingungen
third party vehicle/liability insurance = Kfz-Haftpflichtversicherung
tyre cover = Reifenversicherung

U

unlimited kilometres = unbegrenzte Freikilometer

V

vehicle = Fahrzeug
vehicle condition report = Übergabeprotokoll
vehicle exchange = Fahrzeugaustausch

W

warranty = Garantie
willful misconduct = mutwilliges Fehlverhalten
windscreen cover = Versicherung für die Windschutzscheibe

Fahren/Campen

A

accident = Unfall

B

barbie = Barbecue, Grillen
black ice = Eis auf der Fahrbahn
to bog = sich festfahren
breakdown = Panne

C

cabin = Mietbungalow auf einem Campingplatz
campground = Campingplatz/Zeltplatz
campsite = Stellplatz auf Campingplatz
caravan park = Wohnwagen/Holiday-Park
car park = Parkplatz
car wash = Waschanlage
cattle crossing = Viehtrieb
CBD = Central Business District
chipped windscreen = Steinschlag in der Windschutzscheibe
construction site = Baustelle
cross wind = Seitenwind

D

dead end = Sackgasse
dip = Senke
dirt road = unbefestigte Straße
dump point = Entsorgungsstation für Abwasser
dunny = Komposttoilette

E

ensuite = mit eigenem Bad

F

fatigue = Erschöpfung/Ermüdung
ferry = Fähre
fireplace = Feuerstelle
flat tire = Platten
flooding = Überschwemmung der Straße

G

garage = Werkstatt
give way = Vorfahrt
gravel road = Schotter-/Kiesstraße
grid = Gitter in der Straße zwecks Viehtrieb
guard rail = Leitplanke

H

hard shoulder = befestigter Seitenstreifen
height limit = max. erlaubte Fahrzeughöhe
hose = Schlauch

I

infringement = Verstoß gegen die Verkehrsordnung
intersection = Kreuzung

J

jerry can = Benzinkanister

L

leak = Leck, undichte Stelle
lookout = Aussichtspunkt

M

maintenance = Wartung, Instandhaltung
malfunction = Fehlfunktion
map = Land- oder Straßenkarte
mechanic = Mechaniker
microsleep = Sekundenschlaf
motor vehicle accident report = Unfallbericht/Schadensanzeige
motorway = Schnellstraße

N

no parking = Parkverbot
no standing = Halteverbot

O

offroad = auf unbefestigten Straßen unterwegs sein
on site tent/van = Zelt/Wohnwagen zur Miete auf Campingplatz
to overheat = überhitzen
to overtake = überholen
overtaking lane = Überholspur

P

pedestrian crossing = Fußgängerübergang
penalty = Strafe
permit = Durchfahrerlaubnis
petrol station = Tankstelle
playground = Spielplatz
power nap = kurzes Nickerchen gegen Müdigkeit
powered site = Stellplatz mit Stromanschluss
public toilet = öffentliche Toilette
puncture = Reifenpanne durch Einstich

Q

quarantine = Quarantäne

R

railway crossing = Bahnübergang
repair = Reparatur
rest area = Rastplatz
retrieval = Bergung des Autos
roadhouse = Raststätte mit Tankstelle (und oft Übernachtungsmöglichkeit)
roadside assistance = Australischer ADAC
road train = Lkw bis zu 53,5 m lang, bis zu 100 t schwer
road work = Straßenbauarbeiten
rollover = Überschlag
roundabout = Kreisverkehr

S

sealed road = befestigte Straße
service station (servo) = Tankstelle
side road = Seitenstraße
single vehicle rollover = Überschlag ohne Einwirkung Dritter

snow chain = Schneekette
soft shoulder = unbefestigter Seitenstreifen
speed camera = Blitzer
speed limit = zugelassene Höchstgeschwindigkeit
speeding fine = Bußgeld für überhöhte Geschwindigkeit
stock = Viehherden
swag = australischer Schlafsack mit integrierter Matratze

T

tent = Zelt
toll = Mautgebühr
toll free number = kostenlose Hotline
tollway/toll road = Mautstraße
tourist drive = sehenswerte Route, Panoramastrecke
tourist information = Touristeninformation
tow-away zone = Abschleppzone
towing = abschleppen
traffic = Verkehr
traffic offence = Verkehrsdelikt
traffic light = Ampel
traffic ticket = Strafzettel
to turn = abbiegen

U

u-turn = Kehrtwende
unleaded = bleifrei
unpowered site = Stellplatz ohne Stromzufuhr
unsealed road = unbefestigte Straße

V

vacancy = freie Stellplätze auf Campingplätzen
vehicle = Fahrzeug
vehicle write off = Totalschaden des Fahrzeuges
viewing platform = Aussichtspunkt
visitor centre = Besucherzentrum/Touristeninformation

W

waste point = Entsorgungsstation für Abwasser
wildlife crossing = Wildwechsel
workshop = Werkstatt

II. Wichtige Internetseiten und Kontaktadressen

Reisetipps und Länderinformationen rund um Australien

Offizielle Homepage von Tourism Australia	www.australia.com/de-de
Australian Capital Territory	www.visitcanberra.com.au
New South Wales	www.visitnsw.com, www.sydney.com
Northern Territory	northernterritory.com/de
Queensland	www.queensland.com/de/de
South Australia	https://de.southaustralia.com
Tasmania	www.discovertasmania.com.au
Victoria	www.visitmelbourne.com/de www.visitvictoria.com
Western Australia	www.westernaustralia.com/de

Automobilclubs

Australian Automobile Association	www.aaa.asn.au
National Roads and Motorists' Association (ACT, NSW)	www.mynrma.com.au
Automobile Association of the Northern Territory	www.aant.com.au
Royal Automobile Club of Queensland	www.racq.com.au
Royal Automobile Association of South Australia	www.raa.com.au
Royal Automobile Club of Tasmania	www.ract.com.au
Royal Automobile Club of Victoria	www.racv.com.au
Royal Automobil Club of Western Australia	www.rac.com.au

Notfallnummern

Polizei, Krankenwagen, Feuerwehr	000
State Emergency Service (Flut, Sturm)	132 500
Polizeiassistenz	131 444
Notrufnummer für Touristen	1300 555 135

Notfallnummern – Fortsetzung

Automobilclub	13 11 11
Poisons Information Hotline	13 11 26

Unwettergefahren

Informationen zum Wetter, inkl. aktueller Warnmeldungen	www.bom.gov.au
Australian Capital Territory	http://esa.act.gov.au
New South Wales	www.ses.nsw.gov.au/news
Northern Territory	www.pfes.nt.gov.au/fire-and-rescue-service/fire-incident-map
Queensland	www.qfes.qld.gov.au/Current-Incidents
South Australia	www.alert.sa.gov.au
Tasmania	www.alert.tas.gov.au
Victoria	www.emergency.vic.gov.au
Western Australia	www.emergency.wa.gov.au

Straßenbedingungen

Australian Capital Territory	www.cityservices.act.gov.au/roads-and-paths/act_public_road_closures
New South Wales	www.livetraffic.com
Northern Territory	www.roadreport.nt.gov.au/road-map
Queensland	https://qldtraffic.qld.gov.au/
South Australia	http://traffic.sa.gov.au www.dit.sa.gov.au/OutbackRoads
Tasmania	www.transport.tas.gov.au
Victoria	https://traffic.transport.vic.gov.au
Western Australia	www.mainroads.wa.gov.au/travelmap

III. Übersicht Vermieter

Vermieter	Intro	Kategorie
Travellers Autobarn www.travellers-autobarn.de	Seit 1993 im Geschäft und seit jeher vorrangig auf Backpacker spezialisiert. Neben der Miete auch Verkauf von Fahrzeugen.	Budget
Jucy Rentals www.jucy.com.au	2001 in Neuseeland gegründet. Junges Unternehmen mit jungem Publikum, knallige Fahrzeuge.	Budget
GoCheap www.gocheapcampervans.com.au	Preisgünstige Marke von Cruisin Motorhomes	Budget
Spaceships Rentals www.spaceshipsrentals.com.au	In Neuseeland gegründet und auch in Australien vertreten. Fahrgefühl wie PKW, mit der Ausstattung eines Campers.	Budget
Mighty Campers www.mightycampers.com.au	Preisgünstige Marke der thl Gruppe	Budget
Camperman www.campermanaustralia.com	Australisches Familienunternehmen mit Fokus auf Budget-Reisende. Neben der Miete auch Verkauf von Fahrzeugen.	Budget
Britz Rentals www.britz.com/au/en	Economy-Marke der thl Gruppe	Economy
Apollo Motorhome Holidays www.apollocamper.com	Economy-Marke der thl Gruppe	Economy
Cruisin Motorhomes www.cruisinmotorhomes.com.au	Familienunternehmen mit Wurzeln auf Tasmanien, seit 1999 auf dem Markt. Verkauf gebrauchter Wohnmobile.	Economy
Let`s Go Motorhomes www.letsgomotorhomes.com.au	Durch Zusammenschluss kleinerer Familienunternehmen entstanden. Mehr als 20-jährige Erfahrung. Breites Angebot regionaler Depots.	Economy

Niederlassungen	Mindestalter	Fahrzeugflotte	Fahrzeug-alter
Brisbane, Cairns, Darwin, Melbourne, Perth, Sydney	18 Jahre, Höchstalter 80 Jahre	Kombi, Minivans, Hochdachcamper für bis zu 5 Personen	5 Jahre und älter
Adelaide, Brisbane, Cairns, Melbourne, Perth, Sydney	18 Jahre	Minivans, Hochdachcamper, Sprintermodelle, Motorhomes für bis zu 6 Personen	5 Jahre und jünger (bezogen auf Innenausbau), Fahrzeuge meist älter
Brisbane, Cairns, Hobart, Melbourne, Perth, Sydney	21 Jahre Höchstalter 79 Jahre	Hochdachcamper, Sprintermodelle, Motorhomes für bis zu 6 Personen	ältere Modelle
Adelaide, Airlie Beach, Brisbane, Cairns, Hobart, Melbourne, Sydney	18 Jahre	Minivans für bis zu 2-4 Personen (variierende Anzahl an Sitz- und Schlafplätzen)	ältere Modelle
Adelaide, Alice Springs, Brisbane, Broome, Cairns, Darwin, Hobart, Melbourne, Perth, Sydney	18 bzw. 21 Jahre, je nach Modell	Hochdachcamper, Motorhomes, Sprintermodelle, Geländewagen für bis zu 6 Personen	4 Jahre oder älter
Airlie Beach, Brisbane, Cairns, Melbourne, Sydney	18 Jahre Höchstalter 85 Jahre	Hochdachcamper für bis zu 5 Personen	5 Jahre oder älter
Adelaide, Alice Springs, Brisbane, Broome, Cairns, Darwin, Hobart, Melbourne, Perth, Sydney	21 Jahre	Hochdachcamper, Sprintermodelle, Geländewagen für bis zu 4 Personen	bis zu 2 Jahre
Adelaide, Alice Springs, Brisbane, Broome, Cairns, Darwin, Hobart, Melbourne, Perth, Sydney	21 Jahre	Hochdachcamper, Sprintermodelle, Motorhomes, Geländewagen für bis zu 6 Personen	bis zu 4 Jahre
Brisbane, Cairns, Hobart, Melbourne, Sydney, Perth	21 Jahre Höchstalter 79 Jahre	Hochdachcamper, Sprintermodelle, Motorhomes für bis zu 6 Personen	bis zu 4 Jahre
Adelaide, Brisbane, Cairns, Canberra, Coffs Harbour, Darwin, Melbourne, Perth, Sydney, Townsville	21 Jahre	Sprintermodelle, Motorhomes für bis zu 6 Personen	bis zu 4 Jahre

Vermieter	Intro	Kategorie
Maui Rentals www.maui-rentals.com/au/en	Premium-Marke der thl Gruppe	Premium
Star RV Rentals www.starrv.com.au	Premium-Marke von Jucy Rentals	Premium
Adventure Rentals (Geländewagen-Anbieter) www.adventurerentals.com.au	2018 gegründetes Familienunternehmen	/
Redsands Campers (Geländewagen-Anbieter) www.redsandscampers.com	RedSands Campers bietet hochwertige und komfortable Fahrzeugen an. Ursprünglich nur 4WD, mittlerweile aber auch 2WD im Angebot.	/

Vermieter	Freikilometer	Mindest- und Einwegmiete	Standard Kaution/Selbstbehalt
Travellers Autobarn	unbegrenzt	Mindestmiete ab 5 Tage Einwegmiete ab 160 AUD	3500 AUD
Jucy Rentals	unbegrenzt	Ggf. Mindestmiete, abhängig von der Buchung Einwegmiete ab 195 AUD	3000/5000 AUD
GoCheap	unbegrenzt	Mindestmiete ab 5 Tage, Einwegmiete 165 AUD	3000/5000 AUD, je nach Modell
Spaceships Rentals	unbegrenzt	Mindestmiete ab 5 Tage keine Gebühr für Einwegmieten	5000 AUD

Niederlassungen	Mindestalter	Fahrzeugflotte	Fahrzeug-alter
Adelaide, Alice Springs, Brisbane, Broome, Cairns, Darwin, Geelong, Hobart, Melbourne, Perth, Sydney	21 Jahre	Sprintermodelle, Motorhomes für bis zu 6 Personen	bis zu 2 Jahre
Adelaide, Brisbane, Cairns, Melbourne, Perth, Sydney	21 Jahre	Sprintermodelle, Motorhomes für bis zu 6 Personen	bis zu 12 Monate
Adelaide, Alice Springs, Broome, Cairns, Darwin, Perth	25 Jahre	Geländewagen, Anhänger für bis zu 4 Personen	bis zu 3 Jahre
Adelaide, Broome, Darwin, Perth	25 Jahre	Geländeagen und Sprintermodelle 2WD inkl. Zelt für bis zu 5 Personen	max. 4 Jahre

Zusatzversicherungen	Mitnahme von Kindern	Durch. Tagesmietpreis *
- Protection Plus (30/35 AUD/Tag, 0 AUD Selbstbehalt) - Protection Plus Value Pack (35/45 AUD/Tag, 0 AUD Selbstbehalt, plus Zusatzleistungen)	Je nach Modell Anbringung von Baby- oder Kindersitzen möglich, ggf. Altersbegrenzung.	ca. 40-140 AUD
- Stress Free (35 AUD /Tag, 0 AUD Selbstbehalt) - Stress Free Plus (50 AUD/Tag, 0 AUD Selbstbehalt, plus Zusatzleistungen)	Keine Mitnahme von Kindern jünger als 6 Monate. Darüber hinaus je nach Modell Anbringung von Baby- oder Kindersitzen möglich.	ca. 60-170 AUD
- Liability Reduction Option (ab 29 AUD/Tag, 0 AUD Selbstbehalt, je nach Modell) - Maximum Cover Package (ab 39 AUD/Tag, 0 AUD Selbstbehalt, je nach Modell, plus Zusatzleistungen)	Je nach Modell Anbringung von Baby- oder Kindersitzen möglich	ca. 120-250 AUD
- Partial Platinum Pack (25 AUD /Tag, 3000 AUD Selbstbehalt) - Stress-Free (35 AUD/Tag, 0 AUD Selbstbehalt)	Keine Mitnahme von Kindern unter 8 kg. Darüber hinaus je nach Modell Anbringung von Baby- oder Kindersitzen möglich.	ca. 65-110 AUD

Vermieter	Freikilometer	Mindest- & Einwegmiete	Standard Kaution/Selbstbehalt
Mighty Campers	unbegrenzt (2WD), 300 km/ Tag (4WD)	Mindestmiete ab 5 Tage Einwegmiete ab 200 AUD	3500/5000/8000 AUD, je nach Modell
Camperman	unbegrenzt	Mindestmiete ab 5 Tage ggf. Einwegmiete ab 250 AUD	500 AUD
Britz Rentals	unbegrenzt (2WD), 300 km/ Tag (4WD)	Mindestmiete ab 5 Tage Einwegmiete ab 200 AUD	5000/7500/8000 AUD, je nach Modell
Apollo Motorhome Holidays	unbegrenzt (2WD), 300 km/ Tag (4WD)	Mindestmiete ab 5 Tage Einwegmiete 200 AUD	5000/7500/8000 AUD, je nach Modell
Cruisin Motorhomes	unbegrenzt	Mindestmiete ab 5 Tage Einwegmiete 165 AUD	5000 AUD
Let's Go Motorhomes	unbegrenzt	Mindestmiete ab 7 Tage Einwegmiete ab 149 AUD	5000 AUD

Zusatzversicherungen	Mitnahme von Kindern	Durch. Tagesmietpreis *
- The High Road (ab 40 AUD/Tag, 0/750 AUD Selbstbehalt, je nach Modell) - Value Pack (ab 50 AUD/Tag, 0/750 AUD Selbstbehalt, je nach Modell, plus Zusatzleistungen) - Platinum Pack (ab 70 AUD/Tag, 0 AUD Selbstbehalt, je nach Modell, plus Zusatzleistungen)	Je nach Modell Anbringung von Baby- oder Kindersitzen möglich.	ca. 140-290 AUD
- keine weitere Zusatzversicherung	Je nach Modell Anbringung von Baby- oder Kindersitzen möglich.	ca. 100-150 AUD
- The High Road (ab 55 AUD/Tag, 0/750 AUD Selbstbehalt, je nach Modell) - Value Pack (ab 65 AUD/Tag, 0/750 AUD Selbstbehalt, je nach Modell, plus Zusatzleistungen) - Platinum Pack (ab 80 AUD/Tag, 0 AUD Selbstbehalt, je nach Modell, plus Zusatzleistungen)	Je nach Modell Anbringung von Baby- oder Kindersitzen möglich.	ca. 150-230 AUD
- The High Road (ab 55 AUD/Tag, 0/750 AUD Selbstbehalt, je nach Modell) - Value Pack (ab 65 AUD/Tag, 0/750 AUD Selbstbehalt, je nach Modell, plus Zusatzleistungen) - Platinum Pack (ab 80 AUD/Tag, 0 AUD Selbstbehalt, je nach Modell, plus Zusatzleistungen)	Je nach Modell Anbringung von Baby- oder Kindersitzen möglich.	ca. 180-320 AUD
- Liability Reduction Option (45 AUD/Tag, 0 AUD Selbstbehalt - Maximum Cover Package (55 AUD/Tag, 0 AUD Selbstbehalt, plus Zusatzleistungen)	Je nach Modell Anbringung von Baby- oder Kindersitzen möglich.	ca. 170-300 AUD
- Silver (39 AUD/Tag, 2500 AUD Selbstbehalt - Gold (49 AUD/Tag, 1250 AUD Selbstbehalt) - Platinum (77 AUD/Tag, 750 AUD Selbstbehalt) - Platinum Plus (130 AUD/Tag, 0 AUD Selbstbehalt)	Je nach Modell Anbringung von Baby- oder Kindersitzen möglich.	ca. 150-290 AUD

Vermieter	Freikilometer	Mindest- und Einwegmiete	Standard Kaution/Selbstbehalt
Maui Rentals	unbegrenzt	Mindestmiete ab 5 Tage Einwegmiete ab 200 AUD	7500 AUD
Star RV Rentals	unbegrenzt	Ggf. Mindestmiete, abhängig von der Buchung Einwegmiete 295 AUD	7500 AUD
Adventure Travels (Geländewagen-Anbieter)	unbegrenzt	Mindestmiete ab 7 Tage Einwegmiete ab 300 AUD	5000 AUD
Redsands Campers (Geländewagen-Anbieter)	unbegrenzt	Mindestmiete ab 10 Tage keine Einweggebühren	2500/5000 AUD, je nach Modell

* Die Tagesmietpreise variieren stark und sind abhängig von vielen Faktoren. Die hier angegeben Preisspannen sollen lediglich eine Vorstellung geben. Sie beziehen sich auf eine dreiwöchige Miete im Juli von Sydney nach Cairns und berücksichtigen jeweils das kleinste und größte verfügbare Fahrzeugmodell des Vermieters. Preise für 4WD-Anbieter basieren saisonbedingt auf einer dreiwöchigen Miete im Juli von Perth nach Darwin.
Die Preise wurden recherchiert im März für Juli des selben Jahres.

Zusatzversicherungen	Mitnahme von Kindern	Durch. Tagesmietpreis *
- The High Road (65 AUD/Tag, 0 AUD Selbstbehalt) - Value Pack (75 AUD/Tag, 0 AUD Selbstbehalt, plus Zusatzleistungen) - Platinum Pack (ab 90 AUD/Tag, 0 AUD Selbstbehalt, plus Zusatzleistungen)	Je nach Modell Anbringung von Baby- oder Kindersitzen möglich.	ca. 280-400 AUD
- Stress Free (55 AUD /Tag, 0 AUD Selbstbehalt) - Stress Free Plus (70 AUD/Tag, 0 AUD Selbstbehalt, plus Zusatzleistungen)	Je nach Modell Anbringung von Baby- oder Kindersitzen möglich.	ca. 230-270 AUD
- Option I ab 60 AUD/Tag, 500 AUD Selbstbehalt, je nach Modell	Je nach Modell Anbringung von Baby- oder Kindersitzen möglich.	ca. 310-530 AUD
- Wander Far (ab 59 AUD/Tag, 500 AUD Selbstbehalt)	Je nach Modell Anbringung von Baby- oder Kindersitzen möglich.	ca. 550-600 AUD

IV. Reiseveranstalter im deutschsprachigen Raum

Fokus auf Campervermietung

- www.australiaplus.de
- www.autofahren-australien.de
- www.bestcamper.de
- www.camperboerse.de
- www.camperdays.de
- www.camperoase.de
- www.cu-camper.com
- www.mietcamperaustralien.de
- www.rentacamper.de
- www.tuicamper.com

Weitere Reiseveranstalter

- www.adacreisen.de
- https://boomerang-reisen.de
- www.explorer.de
- www.meiers-weltreisen.de
- www.tmc-reisen.de

V. Unterkunftsverzeichnisse

Landesweite Campingplatzketten

BIG4 Holiday Parks	www.big4.com.au
Discovery Holiday Parks	www.discoveryholidayparks.com.au
Family Parks	www.familyparks.com.au
G'Day Parks	www.gdayparks.com.au

Campingplatz-Verzeichnisse

Allgemein	www.campsaustraliawide.com www.letsgocaravanandcamping.com.au
Australian Capital Territory	www.visitcanberra.com.au/accommodation
New South Wales	www.caravancampingnsw.com www.visitnsw.com/things-to-do/caravan-and-camping
Northern Territory	https://caravanningnt.com.au www.northernterritory.com/plan/accommodation
Queensland	www.caravanqld.com.au www.queensland.com/de/de/plan-your-holiday/accommoda-tion/camping-and-caravan-parks
South Australia	www.sa-parks.com.au www.southaustralia.com/plan-a-trip/places-to-stay
Tasmania	www.campingtasmania.com www.caravanningtas.com.au www.discovertasmania.com.au/accommodation
Victoria	www.visitvictoria.com/places-to-stay
Western Australia	www.caravanwa.com.au www.westernaustralia.com/au/plan-my-trip/accommodation

Rest Areas

Australien gesamt	www.wikicamps.com.au www.campsaustraliawide.com
Australian Capital Territory New South Wales	https://maps.transport.nsw.gov.au/egeomaps/rest-areas/index.html
Northern Territory	https://nt.gov.au/driving/safety/road-rest-stops-in-nt
Queensland	www.qld.gov.au/transport/safety/holiday-travel/stops
South Australia	data.sa.gov.au/data/dataset/rest-areas-state-maintained
Tasmania	www.freecampingtasmania.com/map-campsites-tasmania
Victoria	https://transport.vic.gov.au/plan-a-journey/maps/rest-area-map
Western Australia	www.mainroads.wa.gov.au/travelmap

Nationalparks

Australien gesamt	www.dcceew.gov.au/parks-heritage/national-parks
Australian Capital Territory	www.act.gov.au/environment/parks-and-conservation/parks
New South Wales	www.nationalparks.nsw.gov.au
Northern Territory	https://nt.gov.au/parks
Queensland	https://parks.des.qld.gov.au/
South Australia	www.parks.sa.gov.au
Tasmania	www.parks.tas.gov.au
Victoria	www.parks.vic.gov.au
Western Australia	https://exploreparks.dbca.wa.gov.au/

VI. Packliste

Nach mehreren Campertouren in Australien gehören folgende Dinge unserer Erfahrung nach auf jeden Fall ins Gepäck:

Adapter für 240V Steckdosen	In Australien kosten diese deutlich mehr. Mit einem zusätzlichen Verteilerstecker lassen sich mit nur einem Adapter mehrere Dinge gleichzeitig aufladen.
Adapter für Zigarettenanzünder	So können Geräte wie Smartphone und Kamera während der Fahrt aufgeladen werden. Sehr praktisch, wenn man nicht jede Nacht auf einem Campingplatz mit Stromzufuhr übernachtet.
Taschenmesser	Kann in jeder Lebenslage behilflich sein, aber bitte nicht ins Handgepäck packen!
Stirn- und/oder Taschenlampe	Wer auf einer *rest area* übernachtet, tappt vor der Campertür sprichwörtlich im Dunkeln. Um beim nächtlichen Toilettengang nicht verloren zu gehen, ist eine Taschenlampe Retter in der Not. Mit einer Stirnlampe hat man darüber hinaus beide Hände frei, um z. B. den Gashahn von außen fürs Kochen aufzudrehen.
Ersatzbatterien für Stirnlampe	Besser bereits zu Hause mit einpacken. So steht man mitten im Nirgendwo nicht plötzlich ohne Licht da.
Erste-Hilfe-Set	Nicht jeder Camper verfügt über ein Erste-Hilfe-Set. Um für kleine Unfälle zwischendurch gewappnet zu sein, rentiert sich die Mitnahme eines eigenen Sets.
Mikrofaser-Handtücher	Die Handtücher, die sich bereits im Camper befinden, trocknen vor allem bei kälteren Temperaturen nur langsam. Mikrofaser-Handtücher hingegen sind vielleicht nicht ganz so weich auf der Haut, aber dafür besonders saugfähig und schnell trocknend. Sie bewähren sich vor allem für Trips außerhalb des Hochsommers und nehmen im Gepäck kaum Gewicht oder Platz ein.
Travelsheets	Die Inlets sind ähnlich wie Schlafsäcke, nur deutlich dünner und platzsparender. Wer nicht die Bettwäsche des Vermieters nutzen möchte, sondern lieber in seiner eigenen Decke schläft, nimmt am besten Travelsheet mit. Außerdem sind gerade im Sommer die Schlafsäcke bzw. Decken der Wohnmobile oft zu dick für einen angenehmen Schlaf.
Ohrstöpsel	Ohrstöpsel versprechen nicht nur auf dem Flug einen erholsamen Schlaf ohne Triebwerksgeräusche. Auch Camper sind sehr hellhörig. Vielleicht schnarcht der eigene Reisegefährte kaum, dafür aber der Mann im benachbarten Wohnmobil umso mehr. Und wer in der freien Natur nächtigt, überhört so auch einige unbekannte, beängstigende Geräusche im Busch gegenüber.

Wäscheleine	Es reicht jegliche Art von fester Schnur, um die Wäsche an der frischen Luft zu trocknen. Gerade im australischen Hochsommer geht das sehr schnell und man spart die Dollars für den Trockner.
Solardusche	Eine Solardusche empfiehlt sich vor allem für Reisende, die nicht vorhaben, jede Nacht auf dem Campingplatz zu verbringen. So muss man auf einer *rest area* nicht auf die erfrischende Dusche verzichten.
Mückennetz, Head-Net	Je tiefer man ins Hinterland fährt, desto häufiger trifft man auf wild vor dem Gesicht gestikulierende Australier. Ursache der augenscheinlichen Grobmotorik sind die ungemein lästigen *bush flies*. Um die Fliegen dauerhaft abzuwehren, hilft nur ein Mückennetz auf dem Kopf. Wer ganz sicher im Outback unterwegs ist und Geld sparen möchte, kauft es sich bereits in der Heimat.
Biologisch abbaubares Shampoo, Spülmittel etc.	Ein unbedingtes Muss für Reisende, die in „freier Natur" übernachten und keine Nasszelle in ihrem Camper haben.
Handseife bzw. -desinfektionsgel	Nicht nur für den Toilettengang, sondern auch für zwischendurch praktisch, wenn gerade kein Waschbecken inkl. Seife zur Hand ist. Denn das ständige Auftragen von Sonnencreme, kombiniert mit Schwitzen und Snacks lassen die Hände sehr schnell klebrig werden.
Stift und Papier	Unverzichtbar beim Schreiben von Postkarten oder Einkaufslisten.
Karten- und Würfelspiele	Diese lassen sich platzsparend verstauen und sorgen abends oder bei schlechtem Wetter auf dem Rast- oder Campingplatz für Unterhaltung, auch in größerer Gruppe mit den Platz-Nachbarn.

VII. Individuelle Camperausstattung

Grundausstattung

- ausreichend Wasser (3-5 l pro Person/Tag)
- Beleuchtung (Taschenlampe, Stirnlampe)
- Erste-Hilfe-Set, Sonnencreme
- Head-Net, Insektenschutzspray
- Toilettenartikel, Waschmittel, Seife
- Landkarten, Reiseführer, ggf. GPS
- bei Bedarf: Zelt mit Zubehör, Schlafsack
- Taschenmesser, Feuerzeug
- Lebensmittel

Offroad-Ausstattung

- Kompass, Satellitentelefon
- Spaten, Schaufel, Axt
- Seil, Panzerband, Sekundenkleber
- Wasseraufbereiter, Wasseraufbereitungstabletten
- noch mehr Wasser (mindestens 6 l/Tag plus Reserve für weitere 3-4 Tage)
- Nahrungsmittel (für geplante Reisezeit plus Reserve für 3-4 Tage)
- Erste-Hilfe-Set
- Reservebenzin
- mindestens 2 Ersatzreifen
- Werkzeug/Zubehör: Reifenmontierhebel, Reifendruck-Messgerät, Druckluftkompressor, Isolierband (Elektro-Band), Ersatzkeilriemen, Kühlerschlauch, Kühlwasser, Motoröl, Getriebeöl, Zündkerzen, Sicherungen, Kraftstofffilter etc.
- Bergungszubehör: Karten, Kompass, GPS, Wagenheber, Kreuzschlüssel, Reifen-Reparatur-Kits, Abschleppseil, Winde (Schlinge), *tree trunk protector*, Schäkel, Fußblock, Riemen, Überbrückungskabel etc.

Persönliche Ausstattung

- Reiseunterlagen, Reisepass
- internetfähiges Smartphone, Tablet, Netbook
- Musik, tragbarer Lautsprecher
- Fotoapparat
- Ladezubehör, solarbetriebenes Ladegerät
- Kleidung für jedes Wetter
- Kopfbedeckung, Sonnenbrille
- feste und leichte Schuhe
- Wanderrucksack (Daypack)

VIII. Playlist

Fahrten ins Hinterland Australiens bringen es leider mit sich, dass nicht nur der Handy-, sondern auch der Radioempfang häufig auf der Strecke bleibt, sobald der letzte Sendemast im Rückspiegel verschwindet. Wer also nicht nur den Motoren des Campers lauschen möchte, sollte sich vor Abfahrt einen guten Soundtrack zusammenstellen. Viele Wohnmobile verfügen über einen USB- bzw. AUX-Eingang oder Bluetooth. Allerdings gehören diese gerade bei älteren Campermodellen nicht zur Standardausstattung. In diesem Fall muss wohl auf die CD-Sammlung zurückgegriffen oder ein tragbarer Lautsprecher gekauft werden.

Musik ist natürlich immer pure Geschmackssache, aber folgende Songs untermalen regelmäßig unsere Touren durch Down Under und geben daher vielleicht ein wenig Inspiration:

- Beautiful Day – U2
- Big Love – Lindsay Buckingham
- Blister in the sun – Violent Femmes
- Bohemian Rapsody – Queen
- Born to be wild – Steppenwolf
- Bright side of the road – Van Morrison
- California Dreamin' – Mamas and The Papas
- Cassy O' – George Ezra
- Disparate Youth – Santigold
- Dog Days are over – Florence and the Machine
- Drive – R.E.M.
- Fast car – Tracy Chapman
- Fly away – Lenny Kravitz
- Free – Rudimental fet. Emeli Sande
- Go your own way – Fleetwood Mac
- Going up the country – Canned Heat
- Home – Edward Sharpe & The Magnetic Zeros
- I'm gonna be – The Proclaimers
- Island in the sun – Weezer
- Learn to fly – Foo Fighters
- Learning to fly – Tom Petty
- Life is a highway – Tom Cochrane
- Little Lion Man – Mumford & Sons
- Living on a prayer – Bon Jovi
- On the road again – Willie Nelson
- Rather be – Clean Bandit feat. Jess Glynne
- Route 66 – Nat King Cole

- Running on empty – Jackson Browne
- Sitting on the dock of a bay – Otis Redding
- Soak up the sun – Sheryl Crow
- Something in the water – Brooke Fraser
- Someway over the rainbow – Israel Kamakawiwo'ole
- Stay the night – James Blunt
- Sultans of swing – Dire Straits
- Summerlong – Kathleen Edwards
- Sweet home Alabama – Lynyrd Skynyrd
- Take it easy – The Eagles
- Take me home (country roads) – John Denver
- Taking the long way – Dixie Chicks
- The Wanderer – Dion

Aussie Klassiker

- Beds are burning – Midnight Oil
- Boys from the bush – Lee Kernaghan
- Don't dream it's over – Crowded House
- Do the stomp – The Snowdroppers
- Down Under – Men at Work
- Follow the sun – Xavier Rudd
- G'day g'day – Slim Dusty
- Give me a home among the gum trees – John Williamson
- Going back home – Stephen Pigram
- Highway to Hell – AC/DC
- Into the blue – Kylie Minogue
- I touch myself - Divinyls
- I've been everywhere – Lucky Starr
- Khe Sanh – Cold Chisel
- Resolution – Matt Corby
- Somebody likes you – Keith Urban
- Time to wander – Gypsy & the Cat
- You're the voice – John Farnham

IX. Bußgelder in Australien (Richtwerte)*

Verstöße im Straßenverkehr werden in Australien konsequent geahndet und können schnell teuer werden. Besonders Geschwindigkeitsüberschreitungen, Alkohol am Steuer oder die Nutzung des Smartphones während der Fahrt werden streng kontrolliert.

Je nach Bundesstaat und Verstoß können zusätzliche Maßnahmen wie Punkte oder Fahrverbote verhängt werden.

Verstoß	Richtwerte* (AUD)
Fahren unter Alkoholeinfluss	ca. 500-3000+ AUD
Geschwindigkeitsüberschreitung	ca. 200-2500+ AUD
Fahren ohne Gurt	ca. 300-600 AUD
Telefonieren beim Fahren	ca. 400-1200 AUD
Rote Ampel überfahren	ca. 400-600 AUD
Vorfahrt missachtet	ca. 300-500 AUD
Stopp-Schild überfahren	ca. 300-500 AUD
Blinken vergessen	ca. 100-300 AUD

* Die Höhe der Bußgelder variiert je nach Bundesstaat.

Notizen

Stichwortverzeichnis

A

B

C

D

E

R

S

T

U

V

W

Z

Notizen

360°

In der Reihe sind u.a. bisher erschienen:

Jan de Jonge
ISBN 978-3-96855-562-1
Preis 16,95 €

Anke Fietzek
ISBN 978-3-96855-565-2
Preis 16,95 €

Corinna Melville, Melanie Ritter
ISBN 978-3-96855-311-5
Preis 16,95 €

Jenny Menzel
ISBN 978-3-96855-567-6
Preis 16,95 €

Jenny Menzel
ISBN 978-3-96855-568-3
Preis 16,95

Sicherheitshinweis

Wir möchten Sie darauf aufmerksam machen, dass bei der Nutzung dieses Reiseführers bestimmte Risiken bestehen können, die im Zusammenhang mit den beschriebenen Aktivitäten und Attraktionen stehen. Bitte beachten Sie daher die folgenden Hinweise:

- **Umgang mit diesem Buch:** Beim Blättern können scharfkantige Papierbögen kleine Schnittverletzungen verursachen. Seien Sie vorsichtig.
- **Outdoor-Aktivitäten:** Wanderungen und Radtouren bergen Sturz- und Unfallgefahren. Prüfen Sie vor Ihrem Aufbruch den aktuellen Wetterbericht, da Wege bei Nässe schnell rutschig werden können.
- **Attraktionen und Sehenswürdigkeiten:** Befolgen Sie stets die Sicherheits- und Warnhinweise sowie Anweisungen der Betreiber vor Ort, um Gefahren zu vermeiden.
- **Aktualität der Informationen:** Die Angaben in diesem Buch wurden sorgfältig zusammengestellt, können jedoch Änderungen unterliegen. Überprüfen Sie Öffnungszeiten, Routenbeschreibungen und andere relevante Informationen vorab.
- **Unzureichende Vorbereitung:** Die Beschreibungen im Reiseführer dienen als Grundlage, ersetzen aber nicht eine gründliche Vorbereitung. Informieren Sie sich zusätzlich zu Schwierigkeitsgraden, Routen und notwendiger Ausrüstung.
- **Umwelt- und Tierschutz:** Nehmen Sie Rücksicht auf die Natur und vermeiden Sie Verhaltensweisen, die Flora und Fauna schädigen könnten. Begegnungen mit Wildtieren können potenziell gefährlich sein.
- **Überfüllung und Infrastruktur:** Beliebte Attraktionen können stark frequentiert sein, was Gedränge und Einschränkungen bei Sicherheitsmaßnahmen mit sich bringen kann. Planen Sie entsprechend.
- **Eigenverantwortung bei Empfehlungen:** Die im Buch enthaltenen Tipps und Empfehlungen garantieren keine absolute Sicherheit oder Eignung. Prüfen Sie vor Ort die Bedingungen und entscheiden Sie nach eigener Einschätzung.

Sollten Sie darüber hinaus potenzielle Gefahren feststellen, Beschwerden zur Produktsicherheit haben oder sollte es zu Unfällen oder Verletzungen in Zusammenhang mit unseren Produkten kommen, nehmen Sie bitte Kontakt mit uns auf.

Ansprechperson:
Andreas Walter, Tel.: +49 (0)2104 5063-104
E-Mail: produktsicherheit@360grad-medien.de

Bildnachweis

Alle Fotos stammen von Stefanie & Corey Stadon, außer Mark Clinton, Tourism Holdings Limited S. 48; Great Ocean Road Marketing S. 12; Julie Fletcher S. 261, 262; James Harris, Tourism Holdings Limited S. 46; Karten – Mapcreator.io, OSM.org, ©DLR, ©Airbus Defense and Space, ©Copernicus S. 38, 70/71, 217, 220, 223, 226, 234, 241, 243, 251, 256; Tourism Australia S. 18/19, 42/43, 65, 245, 253, 260, 264, 265, 266/267; Tourism Western Australia S. 257, 259; World Expeditions /Great Walks of Australia S. 269